Kierkegaard

UMA VIDA EXTRAORDINÁRIA

Stephen Backhouse

Kierkegaard

Uma vida extraordinária

Tradução:
Nirio de Jesus Moraes

Thomas Nelson
Brasil®

Rio de Janeiro, 2019

Título original: *Kierkegaard: a extraordinary life*

GERENTE EDITORIAL	Samuel Coto
EDITOR	André Lodos Tangerino
PRODUÇÃO EDITORIAL	Bruna Gomes
COPIDESQUE	Mauro Nogueira
REVISÃO	Davi Freitas e Manuela Gonçalves
CAPA	Rafael Brum
DIAGRAMAÇÃO	Caio Cardoso

Dados Internacionais de Catalogação na Publicação (CIP)
Angélica Ilacqua CRB-8/7057

B122k

Backhouse, Stephen
Kierkegaard : uma vida extraordinária / Stephen Backhouse ; tradução de Nírio de Jesus Moraes. – Rio de Janeiro : Thomas Nelson, 2019.
272 p.

ISBN 978-85-7167-037-2
Título original: Kierkegaard: a single life

1. Kierkegaard, Soren, 1813-1855 – Biografia 2. Filósofos – Dinamarca – Biografia I. Título II. Moraes, Nírio de Jesus

19-0853 CDD 198.9
CDU 1(489)929

Thomas Nelson Brasil é uma marca licenciada à Vida Melhor Editora LTDA.

Rua da Quitanda, 86, sala 218 - Centro
Rio de Janeiro – RJ – CEP 20091-005
Tel.: (21) 3175-1030
www.thomasnelson.com.br

Para Norman e Vaila.

Sumário

Prefácio

Certa vez, meu colega Lincoln Harvey me pediu um livro sobre a vida e o pensamento de Søren Kierkegaard, para que pudesse ler nas férias. Dei a ele o que eu tinha na estante. Quando voltou, Harvey, um padre anglicano, professor e teólogo de ideias consideráveis, confessou que não conseguira passar do primeiro capítulo. O Kierkegaard que ele encontrou parecia denso, distante e desagradável. Então, entendi que, se um discípulo de Karl Barth e ministro da igreja oficial da Inglaterra havia pensado que Kierkegaard era irrelevante para ele, de fato, algo tinha saído espetacularmente errado. Este foi o incentivo para o presente livro.

Lincoln não está sozinho. Não são apenas os teólogos que encontram a influência de Kierkegaard pairando atrás de boa parte do seu trabalho, e que descobrem que a vida e o pensamento desse homem são difíceis de entender. Jornalistas, filósofos, artistas, romancistas, músicos, psicólogos, pastores, políticos, dramaturgos, terapeutas, antropólogos, cineastas, críticos culturais, historiadores e professores – ou qualquer pessoa influenciada por essas profissões – também se deparam ocasionalmente com esse estranho nome dinamarquês do século XIX (que se pronuncia SOO-ren KEER-ka-gor) e se perguntam o que está acontecendo.

Para deixar as coisas ainda mais confusas, a influência de Kierkegaard parece transcender qualquer uma das esferas onde ele é encontrado. Os modernistas desconfiam desse pensador aparentemente pós-moderno que nunca falou nada diretamente e escreveu principalmente sob pseudônimos. Os pós-modernistas adoram suas múltiplas vozes, mas suspeitam de sua adesão insistente à Verdade revelada com um V maiúsculo. As pessoas religiosas ouvem que Kierkegaard é o "pai do existencialismo" e suspeitam que ele seja ateu. Os ateus não se convencem quando ouvem que Kierkegaard está por trás da ideia popular de um "salto de fé". Os apologistas cristãos adoram seu ataque à idolatria da racionalidade científica, mas estão menos interessados no seu ataque à apologética cristã. Os liberais apreciam seu amor pelo homem comum e suas percepções sobre a natureza insípida dos meios de comunicação e da política impulsionados pelo mercado, mas não gostam de sua crítica vigorosa sobre as soluções sociais para os problemas individuais ou sobre a crença ilusória dos tempos modernos no progresso histórico. Os conservadores valem-se muito do foco altamente cristão de Kierkegaard sobre a liberdade do indivíduo, mas não gostam quando ele considera como os principais inimigos dessa liberdade a própria cultura cristã e muito do que é chamado de valores familiares tradicionais. Seja qual for a opinião que você tem sobre a vida moderna, existem duas coisas verdadeiras que podem ser ditas sobre Kierkegaard: sua influência sobre os nossos vários modos de pensamento é bastante difundida, e a natureza exata dessa influência é difícil de articular.

Há um punhado de biografias sobre Kierkegaard. Os livros de Walter Lowrie (1938), Josiah Thompson (1973), Alastair Hannay (2001) e Joakim Garff (em dinamarquês, 2000; tradução em inglês, 2005) são todos excelentes por direito próprio. A de Lowrie foi a primeira, e foi projetada para apresentar o filósofo dinamarquês a um público desconhecido e, como tal, reproduz grandes trechos das próprias palavras de Kierkegaard, que, à época, não eram encontradas em nenhum outro lugar. Além de ser talvez menos atrativa agora do que Lowrie pretendia na época, a obra também extrai do material pseudônimo de Kierkegaard dados biográficos de uma maneira que agora é questionável. A biografia altamente legível de Thompson é a mais literária, mas ele não é um especialista em Kierkegaard, pois ignora basicamente o conteúdo da produção literária kierkegaardiana. Além disso, seu livro, que se propôs a ser um tipo de correção para a hagiografia de Lowrie, dá passos enormes na psicologia amadora que, agora, poucos kierkegaardianos desejam seguir. Hannay e Garff são meticulosos nos detalhes e exaustivos na dissecação da vida e do pensamento de Kierkegaard. De fato, o trabalho deles é grandioso, substancial e indispensável para os especialistas kierkegaardianos.

O mundo não precisa de outra biografia acadêmica de Søren Kierkegaard. O que ele pode usar é algo para pessoas instruídas que não são especialistas e não precisam saber nem se preocupar com as profundezas do desenvolvimento intelectual de Kierkegaard ou com as minúcias do seu contexto cultural na Idade de Ouro da Dinamarca. A vida de Søren teve muitas reviravoltas dramáticas, românticas, melancólicas e engraçadas, que são bem conhecidas pelos especialistas, mas talvez menos conhecidas pelos leitores comuns. Além disso, Kierkegaard influenciou alguns dos desenvolvimentos mais importantes, vivificantes e controversos da era moderna. Como Charles Williams predisse corretamente: "Seus dizeres serão tão moderados em nossas mentes, que logo não serão mais os seus dizeres, mas os nossos".[1] Kierkegaard se tornou parte da nossa cultura, quer reconheçamos isso ou não. Na atual conjuntura, apenas os acadêmicos têm ciência disso. Que pena! Que desperdício! Vale a pena tentar restabelecer o equilíbrio.

Kierkegaard levou uma vida interessante, mas, no fim, foi a vida de um autor produtivo.

Inevitavelmente, qualquer relato de sua vida envolverá uma boa quantidade de escritos sobre o ato de escrever. Parte deste material é altamente técnico, e estou bem ciente de que isso tem o potencial de sobrecarregar a narrativa. Por outro lado, é apenas por causa das ideias dele que o conhecemos, e algumas pessoas se importam mais com seus livros do que com sua vida. Com esta finalidade, eu separei amplamente a discussão biográfica da discussão dos seus trabalhos. O presente volume contém breves visões gerais de todos os livros de Kierkegaard que foram publicados (durante sua vida e postumamente). Esse material é claramente delimitado do resto do texto e pode ser ignorado facilmente (ou acessado), como o leitor preferir.

Uma palavra de confissão e advertência: o próprio Kierkegaard desdenhava da prática de visões gerais. Ele escreveu detalhadamente a fim de evitar a sumarização e tudo mais. Se você utilizar essas visões gerais a fim de evitar se envolver com a coisa real, então poderá ser um pequeno consolo saber que a única pessoa que Kierkegaard detestaria mais do que você sou eu. Ler Kierkegaard pode ser um trabalho árduo. Minhas visões gerais se destinam a ajudar e orientar o leitor da biografia. Elas também são, invariavelmente, minha interpretação. Você deve ler os originais e decidir por si mesmo. Outro aviso: isso poderá mudar a sua vida. Eu sei que ele mudou a minha.

---

1 WILLIAMS, Charles. *Descent of the Dove*. Londres: Longman, 1939. p. 194.

AGRADECIMENTOS

Agradeço ao St. Mellitus College por me conceder a licença de pesquisa durante a qual escrevi este livro. Amo estar com todos os funcionários e estudantes do St. Mellitus. É um lugar notável. Uma menção especial deve ser feita a Jane Williams, Lincoln Harvey e Chris Tilling, pelo apoio pessoal e pelos conselhos práticos. Simone Odendaal e Hannah Kennedy, meus colegas atarefados, leram as primeiras versões do meu capítulo de abertura, e o parecer deles foi muito apreciado. Tive a felicidade de estudar e, às vezes, ensinar sobre Kierkegaard na Universidade McGill, em Montreal, e na Universidade de Oxford. Sou grato pela orientação, oposição útil e apoio amigável que recebi nesses lugares, especialmente de George Pattison, Joel Rasmussen, Torrance Kirby, Douglas Farrow, Johannes Zachhuber e Oliver O'Donovan. Elsbeth Wulf foi o meu paciente professor de língua dinamarquesa e a primeira porta para a Copenhague de Søren. As conversas com os colegas kierkegaardianos Matthew Kirkpatrick e Christopher Barnett ajudaram a formar a minha opinião, assim como o lembrete oportuno de Luke Tarassenko sobre o sentimento inconstante do capitão Kierk em seu papel de poeta. Gordon Marino, Eileen Shimota e a equipe da biblioteca ofereceram ajuda e conselhos durante minha permanência na excelente Biblioteca Kierkegaard, no St. Olaf's College, em Minnesota. Os agradecimentos também vão para Bruce Kirmmse, Elizabeth Rowbottom e Tom Perridge, da Oxford University Press, e para Jon Stewart, editor da série Danish Golden Age, de C. A. Reitzel, e professor associado do Centro de Pesquisa Søren Kierkegaard, da Universidade de Copenhague. Apreciei muito trabalhar com os meus editores Katya Covrett e Bob Hudson e a equipe da Zondervan. Minha esposa, Clare, uma historiadora de vestuário e cultura, estava escrevendo seu livro ao mesmo tempo em que eu estava escrevendo o meu. O senso altruísta de diversão, paciência e interesse dela, durante esse tempo, era uma fonte constante de alegria e um modelo para eu imitar. Agradeço a meu pai, Norman, e a minha mãe, Vaila. O entusiasmo dele me deu muito incentivo, e o olhar aguçado dela como leitora forneceu sugestões editoriais inestimáveis, e é para eles que este livro é dedicado.

CAPÍTULO 1

Uma vida controversa

O novo bispo olha através da janela para a multidão no pátio abaixo. Ele estica o pescoço, tentando ter uma melhor visão da porta da igreja em frente, mas é difícil. Ele não consegue ver, mas ao mesmo tempo não quer ser visto. Isso jamais poderia acontecer. O bispo arriscou toda a sua reputação para evitar qualquer conexão com o funeral desagradável que está acontecendo no meio do caminho. Porém, ele sabe, juntamente com toda Copenhague, que todos estão falando do que está acontecendo ali. Eles serão notícia em todos os jornais matinais, e no dia seguinte, e no próximo. É de suma importância que esses jornais registrem que o recém-ordenado bispo de toda a Dinamarca, Hans L. Martensen, pastor da nação, não estava presente no enterro de seu ex-aluno, agora o flagelo de toda a cristandade, Søren Kierkegaard.

× × ×

Martensen tinha bons motivos para esperar por maior interesse público. Todos os jornais respeitáveis da Dinamarca, assim como suas revistas menos respeitáveis (porém mais populares), vinham apresentando comentários constantes sobre os acontecimentos que antecederam a partida de Søren e os que se seguiram. Afinal, os detalhes de sua vida eram irresistíveis para qualquer jornalista digno de renome.

Solitário, enigmático e brilhante, havendo mais do que um leve cheiro de escândalo a seu respeito, Søren Kierkegaard há muito desfrutava da reputação de um perigoso dândi[1] na cidade. Todos os cidadãos instruídos, e mesmo

[1] Costumava-se chamar de "dândi" ao cavalheiro de caráter elegante, intelectual, mas que não pertencia necessariamente à nobreza. A palavra originou-se do inglês *dandy*. [N. de T.]

alguns que não liam nada, tinham uma opinião. Cidadãos sofisticados, com sensibilidade artística, reconheciam seu talento, mesmo que não entendessem seus livros.

Ele era o tipo de autor a quem importava ser visto para ser lido ou intencionalmente ignorado. Cidadãos moralmente honrados admitiam que ele era um bom escritor; mas será que era um bom homem? As constantes idas ao teatro e as flagrantes andanças pela cidade com todo tipo de gente sugeriam uma ausência de fibra moral. Søren não desprezou o seu irmão Peter Christian, recusando-se a recebê-lo no seu leito de morte? Em todo caso, Peter, tão sério e indeciso, quase certamente detestava seu brilhante e infame irmão mais novo. Cidadãos religiosos lembravam-se dele como o teólogo promissor que falava e escrevia incessantemente sobre o cristianismo e, ainda assim, que não se tornara pastor e que agora nem sequer frequentava a igreja. Cidadãos românticos suspeitavam vagamente que essa carreira eclesiástica natimorta estava de alguma forma ligada ao escândalo de seu noivado rompido anos antes. "Uma jovem tão doce", sussurravam uns aos outros, "e levada por seu novo marido para as Índias Ocidentais! É quase como se estivessem fugindo de alguma coisa, ou de *alguém*". Cidadãos mais velhos de Copenhague poderiam balançar suas cabeças e dizer que sempre souberam que Søren chegaria a um trágico final. Havia algo não muito certo sobre Michael, seu pai. Ele era um velho avarento e miserável. O momento do segundo matrimônio de Michael, tão logo após a morte de sua primeira esposa, com a mãe de Søren, foi positivamente escandaloso, pois ela era a empregada!

Cidadãos mais jovens o conheciam das caricaturas e desenhos que a revista satírica *Corsaren*[2] estava sempre produzindo. Uma revista que eles se apressavam em dar uma espiada quando seus mais respeitáveis anciãos não estavam olhando. Esses cidadãos respeitáveis conheciam-no como aquele que o rei da Dinamarca havia marcado com um favor especial. Cidadãos menos respeitáveis ou conheciam Søren como aquele que parava para conversar com eles em seus passeios pela cidade, ou como aquele em quem atiravam pedras quando passava. Cidadãos que eram estudantes sabiam que o primeiro nome dele, quando ligado a um personagem em uma revista de comédia, ganharia risadas automaticamente. Pela mesma razão, as mulheres da cidade que estavam grávidas removeram esse nome da sua lista de possíveis nomes

[2] *Corsaren*, em dinamarquês *O corsário*, foi um periódico semanal de conteúdo satírico e político publicado em Copenhague, Dinamarca, no século XIX. Seu editor, Meïr Aron Goldschmidt, um jornalista dinamarquês, era de origem judaica. [N. de T.]

A Igreja de Nossa Senhora, a "igreja matriz" de Copenhague e o local de culto da família Kierkegaard. Martensen morava do outro lado do pórtico frontal e Søren morava a cerca de cinco minutos de caminhada.

de bebês. Os romancistas da Idade de Ouro da Dinamarca, incluindo Hans Christian Andersen, anteciparam e ainda temeram as críticas de Søren sobre seus últimos trabalhos. Poetas e dramaturgos admiravam o homem que escrevia ficção provocativa. Filósofos o liam devido a suas declarações sobre a natureza do tempo, da existência e do significado da vida. Os conservadores gostavam de Søren por sua oposição à democracia e à revolução. Os liberais gostavam de Søren por sua defesa do indivíduo e do homem comum contra as forças da tradição herdada. Os ateus adoravam seus ataques ao clero e à religião oficial da cristandade. Os reformadores, ansiando por uma renovação do cristianismo na terra, também adoravam seus ataques ao clero e à religião oficial da cristandade. Claramente, este era um homem de contradições afiadas e paradoxos enigmáticos. Entretanto, todos os cidadãos concordavam que ele era rico. Não era? Devia ser. Para quem ele vai deixar todo o seu dinheiro?

Foi assim que, na sexta-feira, 16 de novembro de 1855, quando o mais venerável jornal da Dinamarca anunciou: "Na noite de domingo, dia 11 deste mês, depois de uma doença de seis semanas, o Dr. Søren Aabye Kierkegaard foi levado desta vida terrena, no seu quadragésimo terceiro ano, por uma morte serena, que por este meio é tristemente anunciada em seu próprio nome e do resto da família por seu irmão / P. Chr. Kierkegaard".[3] Fez isso com o pleno conhecimento de que, nessas linhas simples uma tempestade ameaçava se espalhar pelas ruas tranquilas de Copenhague e mais além. Ou pelo menos eles assim esperavam. Afinal, todos esses cidadãos tiveram de obter e compartilhar suas opiniões em algum lugar. Era um bom momento para ser um jornalista.

Se os editores que escreveram as linhas gerais dessa história esperavam que alguém fizesse um comentário floreado, não ficaram desapontados. Outras figuras públicas não foram reticentes em opinar sobre a morte de Søren. Escrevendo no jornal *Norte e Sul*, um editor e jornalista (não sem ambições literárias), Aron Goldschmidt falou para muitos dos admiradores de Kierkegaard: "Ele foi sem dúvida um dos maiores intelectos que a Dinamarca

A antiga Copenhague.

---

[3] *Berlingske Tidende* (16 de novembro de 1855). In: KIRMMSE, Bruce (ed.). *Encounters with Kierkegaard*. Princeton: Princeton University Press, 1996. p. 145.

produziu, mas teve uma morte oportuna porque suas atividades mais recentes começaram a conquistar-lhe precisamente o tipo de popularidade que ele jamais conseguiria ter harmonizado com sua personalidade. A parte mais perigosa de suas ações contra o clero e a igreja oficial está apenas começando agora, porque seu destino inegavelmente tem algo de mártir sobre isso".[4]

O judeu Goldschmidt estava escrevendo fora dos muros da igreja oficial. Figuras-chave do cristianismo dinamarquês estavam menos preocupadas com a morte de Søren e mais seguras sobre o seu *status* de herói cristão. Ou seja, ele não era nada disso. O célebre pastor Nicolai Grundtvig, um gigante cultural e eclesial da vida dinamarquesa, também falou por muitos quando pregou um sermão no dia do enterro de Kierkegaard, dando graças que um dos pingentes de gelo pendurados no telhado da igreja agora tinha derretido e caído. Em uma carta a um amigo, Grundtvig disse sobre Kierkegaard: "Não me admiro que ele tenha sido surpreendido pela morte, pois enquanto o dia do anticristo ainda não chega, aqueles que mexerem com [a igreja nacional] acabarão sempre em aflição, e rapidamente, assim como os falsos messias".[5]

Ser rotulado como um grande intelecto, mártir e falso messias de uma só vez não era uma tarefa fácil, mas não eram apenas as instituições religiosas e literárias que tinham seus pontos de vista. A irmandade científica também fez ouvir a sua voz. Kierkegaard era, evidentemente, um prodígio médico, de acordo com um grupo de estudantes pesquisadores que se queixaram da decisão de enterrar Søren. Ele deveria, segundo eles, receber uma autópsia em vez de um enterro tradicional. Um cérebro poderoso como o de Søren merecia ser preservado para a ciência. Que o motor que impulsionou tal produção literária e uma personalidade tão peculiar deveria desmanchar-se na terra como qualquer homem comum era um absurdo para a pesquisa. Eles se queixaram ao hospital, que acabou atendendo aos desejos da família. Isso foi um grande alívio para um dos amigos de Søren que se fez presente na petição e que escreveu em suas memórias: "Achei isso decente da parte do hospital, mas aqueles que eram entusiastas da ciência não achavam que se devia levar esse tipo de coisa em consideração".[6] A decência venceu, mas a especulação sobre o conteúdo do crânio de Kierkegaard

---

4 KIRMMSE, Bruce (ed.). *Encounters with Kierkegaard*. Princeton: Princeton University Press, 1996. p. 130.

5 GRUNDTVIG. In: GARFF, Joakim. *Søren Kiekegaard: a biography*. Princeton: Princeton University Press, 2005. p. 796.

6 MØLLER. In: KIRMMSE, Bruce (ed.). *Encounters with Kierkegaard*. Princeton: Princeton University Press, 1996. p. 132.

permaneceu. "Dizia-se que ele sofria de uma fraqueza no cérebro", escreveu um dos dedicados inimigos de Søren. "Isso foi responsável por seus escritos, ou foram os seus escritos responsáveis por isso?"[7]

Aqui estava o problema. Foram os escritos de Søren, em particular os que integraram o estágio final de sua vida e carreira, que estavam na raiz de toda a confusão. Essa coleção de panfletos e artigos de jornal é agora conhecida coletivamente como o "ataque de Kierkegaard à cristandade", e foi durante esse ataque que Søren morreu. Foi precisamente por causa desses escritos que admiradores e inimigos de Søren concordavam que ele absolutamente não deveria ser posto para descansar de uma maneira tradicional. E foi precisamente por causa desses escritos que muitos familiares de Søren desejavam desesperadamente que ele fosse.

Søren disse que queria perturbar os hábitos cegos e derrubar suposições fáceis. Nisto, se nada mais, ele teve sucesso. Sua sobrinha, Henriette Lund, estava presente na casa após a morte do seu tio. Ela retrata a imagem de uma família dividida entre sofrimento privado e responsabilidade pública. Ninguém estava pensando claramente sobre o futuro, mas estavam, diz ela, "vivendo minuto a minuto do presente".[8] Como resultado, ninguém fez planos definitivos para o funeral, e cada um estava deixando as decisões para os outros. Tinha de haver um funeral. Mas quando e onde ele deveria acontecer? Se acontecesse em silêncio, então pareceria que a família tinha vergonha de Søren e do trabalho de sua vida, o que era tudo que se falava na época. Por outro lado, como Troels Frederik, sobrinho de Søren (e meio-irmão mais novo de Henriette), observa em suas memórias, um funeral tradicional na igreja teria ocasionado uma nota "fortemente discordante".[9] Troels resumiu bem o dilema: "Todos sabiam que o falecido havia caracterizado os pastores como mentirosos, enganadores, perjuros; literalmente, sem exceção, não há pastor honesto".[10]

Søren declarara publicamente mais de uma vez que o mundo confortável, civilizado e cultural da cristandade dinamarquesa acabara com o cristianismo. Ele havia repetidamente negado que era mesmo cristão, e, em seu leito de morte, havia mandado embora seu irmão ordenado, recusando-se a receber a

---

7 PAULLI. In: GARFF, Joakim. *Søren Kiekegaard: a biography*. Princeton: Princeton University Press, 2005. p. 793.

8 LUND. In: KIRMMSE, Bruce (ed.). *Encounters with Kierkegaard*. Princeton: Princeton University Press, 1996. p. 172.

9 Ibidem, p. 190.

10 Ibidem, p. 190-1.

comunhão de um clérigo. E agora a expectativa era de que Søren recebesse um funeral completo dessa mesma Igreja Luterana dinamarquesa oficial! A turba repugnante que gostava do ataque de Søren e o clero sofisticado que suportava o fardo concordavam, da mesma forma, que isso seria impossível. No entanto, Søren era irmão de um pastor, filho de um membro da igreja conhecido publicamente, amigo dos bispos. Além do mais, apesar de suas declarações ofensivas posteriores, qualquer um que estivesse familiarizado com o trabalho de Søren poderia perceber que o ataque dele não era simplista em todas as coisas sagradas. Ele nunca parou de invocar o nome de Jesus Cristo em todas as suas obras. Certamente, ainda era um coração cristão que parou de bater quando aquela figura pública sarcástica morreu em seu leito de hospital.

O caminho a seguir não estava claro e a família hesitou. De acordo com Henriette, "Foi provavelmente assim, por mero acaso, que algumas coisas foram decididas - por exemplo, a escolha do dia do funeral. Isso não deveria ter caído no domingo".[11] Henriette relata que vários clérigos vieram a seu tio Peter, irmão de Søren, para convencê-lo a mudar a data. Todavia, Peter, sem

Henriette Lund, sobrinha de Søren, forneceu muitos relatos notáveis de testemunhas oculares a respeito do seu famoso tio. Mais tarde, ela defendeu zelosamente a reputação dele.

[11] Ibidem, p. 172.

dúvida de olho no inevitável relato do jornal, pensou que uma mudança poderia parecer uma covardia. Assim, os preparativos prosseguiram conforme o planejado. Peter resolveu fazer o enterro em um domingo na Igreja de Nossa Senhora, a igreja matriz da Dinamarca, e ele mesmo faria o discurso fúnebre.

Em 24 de novembro de 1855, Hans Christian Andersen escreveu a um amigo sobre o funeral e suas consequências. Suas observações ajudam a preparar o palco para o desenrolar dos acontecimentos.

> Søren Kierkegaard foi enterrado no último domingo [18 de novembro] depois de um culto na Igreja de Nossa Senhora. As partes envolvidas fizeram muito pouco. Os bancos da igreja estavam lotados e a multidão nos corredores era extraordinariamente grande. Damas de chapéus vermelhos e azuis iam e vinham. Detalhe: um cachorro de focinheira. No próprio local do túmulo havia um escândalo: quando toda a cerimônia terminou lá fora (ou seja, quando [o deão] Tryde tinha jogado terra sobre o caixão), um filho de uma irmã do falecido deu um passo à frente e condenou o fato de que ele tinha sido enterrado dessa maneira. Ele declarou – esse era o assunto, mais ou menos – que Søren Kierkegaard havia renunciado à nossa sociedade e, portanto, não deveríamos enterrá-lo de acordo com os nossos costumes! Eu não estava lá, mas foi desagradável, disseram. Os jornais comentam

Hans Christian Andersen, poeta, autor e dramaturgo. Søren e Hans Christian atuaram em círculos semelhantes, mas nunca foram amigos íntimos. Um dos primeiros trabalhos de Kierkegaard publicados foi uma resenha do romance de Andersen, Nada como um menestrel (1837), em que acusou o autor de não ter um ponto de vista autêntico.

> um pouco sobre isso. Na edição de *A pátria*[12] da última quinta-feira, esse sobrinho publicou seu discurso juntamente com algumas observações finais. Para mim, o caso todo é uma imagem distorcida de Søren K. Eu não entendo isso![13]

Andersen não estava sozinho, seja em sua confusão ou em sua opinião de que, com a multidão, os chapéus coloridos, os cães de focinheira e os protestos ao lado do túmulo, todo o caso fora grosseiramente negligenciado.

Cada um que testemunhou a cena comenta sobre o edifício lotado, com turistas fúnebres descrevendo a enorme multidão presente no culto, onde "a igreja estava cheia a ponto de estourar".[14] Muitos tinham que se contentar com o espaço no chão atrás de uma coluna nos fundos. Antes de serem todos trancados, Troels, o sobrinho adolescente de Søren, conseguiu encontrar um lugar na fileira de bancos imediatamente atrás da família. "Um homem que ouvi depois foi o prof. Rasmus Nielsen, que estava sentado no mesmo banco que eu e fechou a porta [da divisória de madeira do banco] com tanta força que ela se trancou".[15] Nielsen, que se considerava um discípulo e sucessor de Kierkegaard, era uma das muitas pessoas que estavam lá por motivos diversos.

A pobre Henriette Lund, que estava sofrendo pela morte de seu amado tio, foi dominada por um bando de curiosos que entrou na igreja. A cena que ela relata foi a de uma cerimônia à beira do caos, muito parecida com uma turba inquieta esperando que algo, *qualquer coisa*, acontecesse. "A massa compacta de pessoas cresceu como um mar revolto", ela escreveu, "enquanto uma roda de personagens de aparência desagradável se posicionava em volta do pequeno caixão enfeitado com flores".[16] Esse grupo era em grande parte composto por defensores autodeclarados de Søren, preocupados que, com esse funeral, a igreja estava tentando absorver em si mesma um de seus oponentes mais francos. Parecia que esse grupo de durões iria suportar o dia quando, de repente, a porta da igreja se abriu e um grupo menor de "aparência

---

[12] *Fædrelandet*, que significa "pátria", foi um dos jornais mais populares da Dinamarca no século XIX. [N. de T.]

[13] ANDERSEN. In: KIRMMSE, Bruce (ed.). *Encounters with Kierkegaard*. Princeton: Princeton University Press, 1996. p. 136.

[14] SODERMAN. In: KIRMMSE, Bruce (ed.). *Encounters with Kierkegaard*. Princeton: Princeton University Press, 1996. p. 132.

[15] TROELS-LUND. In: KIRMMSE, Bruce (ed.). *Encounters with Kierkegaard*. Princeton: Princeton University Press, 1996. p. 191.

[16] Ibidem, p. 173.

completamente diferente"[17] se infiltrou no meio da multidão para agraciar "o grande pensador da Dinamarca em seu túmulo" com uma guarda de honra em volta do seu caixão. Eram estudantes da universidade, também apoiadores de Kierkegaard, mas com um senso de decência que os seus companheiros não tinham. "Eles conquistaram o espaço", conta-nos Henriette, "e a sua roda substituiu a outra como uma parede sólida".[18]

A gangue de rufiões, convencida de que as melhores e mais brilhantes estrelas da igreja dinamarquesa iriam empalidecer o legado de Søren com um derramamento de palavreado cristianizado e egoísta, não precisava se preocupar. No final, todo o clero se recusou a falar. Um boato dizia que isso era a mando do bispo Martensen. A animosidade entre Martensen e Kierkegaard era bem conhecida; sua decisão aqui, se de fato foi sua decisão, não foi devido apenas a pequenas fraquezas. A igreja estava em uma enrascada. Se os pastores falassem severamente de Søren, isso seria considerado falar mal dos mortos. Se o elogiassem, pareceria que concordavam com seu notório ataque ou, pior, que estavam procurando o dinheiro da família.

Assim, apenas dois membros do clero estavam presentes com suas vestimentas oficiais. Tryde, o velho deão[19] de Nossa Senhora, estava lá porque tinha que estar. Em visível desconforto, Tryde apressou-se, empurrando sua boina para frente e para trás em um ritmo febril, "enquanto seu rosto, geralmente tão benigno, exibia uma expressão de aborrecimento profundo".[20] O outro clérigo presente com suas vestes era Peter Kierkegaard. Ele podia estar usando as vestimentas de sua vocação, porém, quando tomou seu lugar diante dos presentes, fez isso não como sacerdote, mas como irmão.

O sobrinho Troels observou, talvez com alguma surpresa, considerando a hesitação anterior de Peter e a antipatia conhecida em relação a Søren, que o discurso fúnebre de seu tio foi poderosamente realizado.[21] Outras testemunhas do acontecimento concordam que o irmão mais velho foi gentil e calmo, sem aludir diretamente às polêmicas mais recentes. O discurso não foi publicado na íntegra até 1881 (que até então, em todo o caso, era uma

---

[17] Ibidem.

[18] Ibidem.

[19] "Deão" era o membro do clero que dirigia o conjunto de clérigos de uma congregação. [N. de T.]

[20] LUND. In: KIRMMSE, Bruce (ed.). *Encounters with Kierkegaard*. Princeton: Princeton University Press, 1996. p. 173.

[21] Ibidem, p. 175.

Troels Frederik Troels-Lund, sobrinho de Søren. Troels foi uma das últimas pessoas que viu o seu tio vivo.

reconstrução das memórias do próprio Peter). Em sua reconstrução, Peter nos conta que lamentou não ter convencido Søren a descansar de seus trabalhos ou a se recompor com calma. Peter falou sobre o pai deles ter crescido nas charnecas da Jutlândia,[22] como ele amou intensamente todos os seus sete filhos, e como ele, Peter, agora era o único que restara. Ele não achava que aquele era o momento ou o local para discutir os atos de Søren – no entanto, Peter declarou claramente que não concordava com seu irmão e que Søren não percebeu que havia ido longe demais. Finalmente, Peter disse que não podia agradecer a multidão reunida em nome de seu irmão, salientando que, afinal, Søren sempre buscou a solidão em vez de fazer parte de um rebanho. Mostrando um pouco da propensão de seu irmão para um confronto honesto, Peter foi mais longe – ele não pôde agradecer a multidão em nome da família Kierkegaard porque suspeitava que a multidão estava lá por motivos diversos e desejava apenas ver um espetáculo. Peter concluiu com uma oração para que os esforços prodigiosos de Søren não fossem mal interpretados e que o que era verdadeiro neles teria um efeito positivo sobre a igreja.

---

[22] Em dinamarquês, *Jylland*, uma península da Dinamarca que faz fronteira com o norte da Alemanha. [N. de T.]

Conta-nos ainda Henriette que, quando o seu tio vivo fez o discurso para o seu tio falecido, a multidão inquieta "ficou imóvel como uma estátua".[23]

O velho deão Tryde, em sua vestimenta clerical, mostrou-se menos capaz de manter a paz quando a multidão se dispersou pela rua indo para o enterro. Tryde foi arrastado junto com a multidão, cujos membros estavam mais uma vez competindo por um lugar com uma vista melhor. O jovem Troels também foi atingido pela correria. "Havia gente por toda a parte, que subiu sobre as sepulturas e cercas de treliça, seguindo para o seu objetivo comum".[24] Ele chegou, ofegante, com o resto da multidão ao túmulo, e viu que a terra recém-cavada formava uma colina amarelo-acinzentada, em um impressionante contraste com a grama verde que crescia sob a grade de ferro que cercava o terreno. Essa cerca tinha sido removida para dar acesso ao túmulo, e a multidão empurrava a lama amarelada, pisoteando a grama. Estando todos reunidos, o deão limpou a garganta e começou a liturgia de sepultamento.

"Lovet være Gud og vor Herre Jesus Kristus..."[25] A bênção de "Deus, o Pai de nosso Senhor Jesus Cristo" fraquejava nos lábios de Tryde. Uma pessoa se destacou da multidão e estava em pé diante dela. De onde estava, Troels viu aquele jovem alto e pálido vestido de preto. O homem, nervoso, olhou em volta e pediu permissão para dizer uma palavra: "Em nome de Deus – um momento, cavalheiros, se me permitirem!"[26] Que estava acontecendo? O deão queixou-se de que, como aquele homem não foi ordenado, não lhe era permitido falar. Tryde achou tudo muito irregular e profundamente ofensivo. Ele estava certo, mas a multidão não tinha ido até ali para ver um funeral tranquilo de um homem comum. Eles gritaram com Tryde e exigiram a aprovação do intruso. "Deixe-o falar!".

Seu nome era Henrik Lund, um desconhecido para muitas das pessoas ali presentes, mas logo ficou claro que se tratava de outro sobrinho do falecido, que também era médico no hospital onde Søren havia morrido. "Estou ligado a ele por laços de sangue", disse Henrik, "e estou preso a ele, afinal, em concordância com suas ideias e opiniões, e talvez esse seja o laço mais forte". Henrik respirou fundo. "Ele, meu falecido amigo, se levanta e cai com seus escritos,

---

23 KIERKEGAARD, P. In: KIRMMSE, Bruce (ed.). *Encounters with Kierkegaard.* Princeton: Princeton University Press, 1996. p. 146-50, 173.

24 Ibidem, p. 191.

25 Literalmente, em língua dinamarquesa: "Bendito seja Deus e nosso Senhor Jesus Cristo". [N. de T.]

26 LUND. In: KIRMMSE, Bruce (ed.). *Encounters with Kierkegaard.* Princeton: Princeton University Press, 1996. p. 133-35.

[...] mas eu não ouvi uma única palavra os mencionando; [...] portanto, vamos investigar aqui se suas ideias são verdadeiras ou não!".

A multidão ficou em silêncio, cheia de expectativa. "Isso nunca aconteceria em uma sociedade judaica, e nunca entre os turcos e os maometanos: que um membro de sua sociedade, que a deixara tão decisivamente, fosse, depois de sua morte e sem qualquer retratação prévia de seus pontos de vista, no entanto, visto como um membro dessa sociedade". "Não!", exclamou Henrik, "essa falta contra a honestidade é um crime reservado ao 'cristianismo oficial'". Henrik se perguntou até que ponto o clero iria manter em seus lábios a cerimônia para Kierkegaard – ele insinuou que eles estavam buscando apenas uma boa soma porque ouviram que Søren era rico. Se ele fosse pobre, então o clero teria tratado aquela cerimônia de maneira diferente. Todos os olhos devem ter se voltado para Tryde, representante infeliz de toda a cristandade, que permaneceu em silêncio, com o livro de cerimônia tremendo em sua mão. "Então, o que é esse 'cristianismo oficial'?", perguntou o médico, respondendo à sua própria pergunta com uma citação do livro do Apocalipse. "É a grande prostituta, Babilônia, com quem todos os reis da terra fornicaram, o vinho cuja prostituição embriagou todos os povos da terra.[27] [...] Portanto, o falecido também estava certo quando, no final de sua vida, de modo tão urgente e incisivo disse o que devia ser dito, a saber, que todos, ao deixarem de participar do culto oficial a Deus como é atualmente, terão sempre um pecado a menos – e um grande pecado! – isto é, o pecado de participar em fazer Deus de bobo ao chamar de cristianismo do Novo Testamento o que não é o cristianismo do Novo Testamento".[28] Henrik concluiu com um floreio final: "Portanto, tanto em seu nome como no meu, eu protesto vendo nossa presença aqui como uma participação no culto a Deus patrocinado pelo 'cristianismo oficial'; [...] Eu falei e libertei o meu espírito!".[29]

Alguns da multidão gritaram: "Bravo!", e aqui e ali vozes clamavam: "Abaixo o clero!", mas na maioria houve apenas aplausos dispersos. Troels nos conta que a maioria das pessoas "ficou em uma expectativa tensa e silenciosa sobre

---

[27] O orador se refere ao seguinte texto bíblico: "Um dos sete anjos que tinham as sete taças aproximou-se e me disse: 'Venha, eu lhe mostrarei o julgamento da grande prostituta que está sentada sobre muitas águas, com quem os reis da terra se prostituíram; os habitantes da terra se embriagaram com o vinho da sua prostituição'" (Apocalipse 17:1,2). [N. de T.]

[28] LUND. In: KIRMMSE, Bruce (ed.). *Encounters with Kierkegaard*. Princeton: Princeton University Press, 1996. p. 135.

[29] Ibidem.

o que aconteceria a seguir".[30] O jovem esperava um tumulto, um grande grito, *alguma coisa*. Mas nada aconteceu. "O orador foi embora. Eu vi o homem que estava no banco da igreja, Rasmus Nielsen – que eu tinha novamente avistado perto do túmulo e que provavelmente queria ter falado lá – partir com uma expressão irritada em seu rosto".[31]

Se algum dos presentes percebeu a ironia de que os acontecimentos em torno do funeral do mais articulado defensor dinamarquês da individualidade foram em grande parte ditados por uma multidão desajeitada e confusa, essa pessoa guardou sua opinião consigo mesma. O comentário de jornal nos dias seguintes foi moderado, tratando o caso de forma breve e cuidadosa. "Como se eles estivessem com uma batata quente nas mãos", disse um dos amigos de Søren.[32] As avaliações mais contundentes foram reservadas para consumo privado. Centravam-se menos na oração do irmão Peter, para que as palavras de Søren não fossem mal compreendidas, e mais nos preparativos desajeitados do irmão Peter e nos defensores desajeitados de Søren.

O bispo Martensen tinha se mantido habilmente longe do envolvimento público com a família de Kierkegaard, mas isso não o impediu de comentar maliciosamente em uma carta particular: "Hoje, depois de uma cerimônia na Igreja de Nossa Senhora, Kierkegaard foi sepultado; havia um grande cortejo de pessoas de luto. [...] Eu entendo que o cortejo era composto principalmente de jovens e um grande número de personalidades obscuras. Não havia dignitários, a menos que se queira incluir R. Nielsen. [...] Quase não vimos o mesmo na *falta de tato* demonstrada por sua família em tê-lo enterrado em um *domingo*, entre dois cultos religiosos, da *igreja mais importante* da nação".[33] O presunçoso Dr. Lund também não deixou de se fazer notar. "Eu ainda não fui informado sobre isso por meio de canais oficiais, mas causou uma grande ofensa, que, até onde posso ver, deve ser tratada com sérias medidas".

No ano seguinte, em 5 de junho de 1856, Henrik Lund foi multado em 100 rixdólares[34] por esse discurso ilegal. Ele também teve que se desculpar com o deão Eggert Tryde e com a congregação de Nossa Senhora por seu flagrante ataque à honra da igreja mais importante da nação.

---

[30] TROELS-LUND. In: KIRMMSE, Bruce (ed.). *Encounters with Kierkegaard*. Princeton: Princeton University Press, 1996. p. 192.

[31] Ibidem.

[32] Ibidem, p. 133.

[33] Ibidem, p. 135.

[34] "Rixdollar" é o termo dado em inglês a diversas moedas de prata europeias. [N. de T.]

× × ×

Henrik Lund estava preocupado em mais do que apenas preservar a verdade da reputação espiritual e literária do seu tio. A complicada questão sobre as supostas riquezas de Søren também não desapareceria. Alguns do público podem ter sido reticentes na guerra de Søren contra a cristandade, mas não temeram especular sobre o que poderia ter acontecido com a riqueza desse solteiro de classe média. Nas semanas que se seguiram à morte de Søren, circulava um rumor de que todo o seu dinheiro seria destinado aos pobres. Outros se perguntavam se potes de moedas foram deixados sob as pilhas de papéis e livros em sua residência literária.

O fato era que ninguém ainda havia descoberto o que Kierkegaard queria fazer com seus pertences, como Henrik sabia muito bem. Como autoproclamado guardião do legado de seu tio, Lund havia acompanhado o tabelião em uma visita à casa, onde ele afirma ter encontrado uma "grande quantidade de papel, principalmente manuscritos, situados em vários lugares".[35] Eles encontraram muitos livros, mas nenhum testamento e nenhum dinheiro. De fato, ao inspecionar suas contas, parece que Søren passou a vida toda nesses livros, nas despesas domésticas e nas pessoas necessitadas. Não sobrou nada. Em uma carta a seu irmão, Lund escreveu com exasperação: "Se alguém quiser falar sobre a grande fortuna que ele deixou, deixe que falem".[36]

Peter Kierkegaard também fez uma visita à casa. Se ele estava à procura de um simples documento que esclarecesse qualquer confusão, ou talvez uma carta que curasse as feridas fraternas, também ficou profundamente desapontado. Em uma gaveta trancada da escrivaninha de Søren, Peter encontrou não um testamento, mas duas cartas que vinham com instruções firmes de que só seriam abertas depois da morte de Søren. Ambas as cartas dirigiam-se a Peter, mas nenhuma delas tinha Peter como tema. Uma carta datava de quatro anos antes, e não continha uma única palavra de reconciliação, mas, em vez disso, lia-se simplesmente: "'A pessoa não nomeada, cujo nome um dia será chamado' a quem toda a minha atividade autoral é dedicada, é minha ex-noiva, a sra. Regine Schlegel".[37] A outra carta, sem data, aberta sem dúvida com medo e tremor, era

---

35 CAPPELØRN, Niels Jørgen *et al. Kierkegaard's Journals and Notebooks: Volume I.* Princeton: Princeton University Press, 2006. p. vii.

36 LUND. In: KIRMMSE, Bruce (ed.). *Encounters with Kierkegaard.* Princeton: Princeton University Press, 1996. p. 131.

37 KIERKEGAARD, Søren. In: GARFF, Joakim. *Søren Kiekegaard: a biography.* Princeton: Princeton University Press, 2005. p. 801.

igualmente concisa, uma espécie de testamento, que deixava todos os pertences de Søren para sua ex-noiva. Se Regine se recusasse a aceitá-lo por si mesma, então tudo deveria ser entregue a ela, para que pudesse distribuí-lo aos pobres, como julgasse conveniente. "O que eu desejo expressar", escreveu Søren, "é que para mim o noivado era e é tão vinculativo quanto um casamento".[38]

Søren tinha deixado outro conjunto de instruções, dessa vez em relação ao seu local de enterro. Esses documentos, datados de 1846, listavam um conjunto de detalhes elaborados sobre a disposição e a decoração da pedra memorial no jazigo da família. De particular interesse era o poema que Søren queria ter gravado em sua lápide:

Daqui a pouco,
Eu vencerei.
Então toda batalha
Vai desaparecer de uma só vez.
Então eu poderei descansar
Nos salões de rosas,
E ininterruptamente,
Sem cessar,
Falar com o meu Jesus.[39]

Aqui havia uma dupla curiosidade. De todos os falatórios nos jornais, toda a conversa pela cidade, os desejos de sua família, as declarações de seus amigos e os pronunciamentos de seus inimigos, nenhum se estabelecera de modo tão claro e simples no legado que o próprio homem queria deixar. Parece que esse flagelo da cristandade morreu amando Jesus, e o defensor da individualidade morreu amando Regine. Que as pessoas digam o que quiserem sobre o significado e o propósito de Søren Kierkegaard; ninguém poderia negar que sua vida, na verdade, foi singular.

---

[38] KIERKEGAARD, Søren. In: KIRMMSE, Bruce (ed.). *Encounters with Kierkegaard*. Princeton: Princeton University Press, 1996. p. 48.

[39] BUKDAHL, Jørgen. *Kierkegaard and the Common Man*. Cambridge: William B. Eerdmans, 2001. p. 130.

Capítulo 2

Vida escolar

"Não sei quando S. K. entrou na Escola Borgerdyd [...]"[1] O pastor Frederik Welding recostou-se e colocou sua caneta na boca. Essa foi uma boa maneira de começar? Como responder à solicitação de informações elegantemente formulada – mas ainda bastante impertinente – diante dele? Elegante, porque o jovem de letras Hans Peter Barfod sempre foi infalivelmente educado e solícito com os mais velhos. Impertinente, porque estava claro para Welding, como ficou claro para os outros homens que haviam recebido cartas semelhantes, que Barfod estava reivindicando seus direitos, procurando ligar o seu nome ao do velho vilão Søren Kierkegaard.

É 1869. O interesse em Kierkegaard não diminuiu desde seu notório enterro passados quatorze anos. Pelo contrário, graças à recente publicação de Barfod das antigas cartas e diários de Kierkegaard, o interesse estava aumentando. Welding bufou. Parecia ser moda no mundo de hoje que os homens errados se tornassem célebres. Onde estava a enxurrada de atividades do mentor de Welding, o falecido bispo Mynster? Kierkegaard certamente não fez nada para preservar a memória daquele homem gentil e educado. Por que Søren deveria ser tratado de forma diferente?

No entanto, ali estava em sua mesa o pedido de Barfod das lembranças escolares de Søren dos velhos tempos que tiveram na Escola Borgerdyd. Que irônico que o graduado mais famoso da "Escola de Virtude Cívica" tenha sido o único homem que parecia fazer tudo o que pudesse para ofender e rejeitar a cristandade civilizada! Ah, bem, pensa Frederik consigo mesmo, não faria muito mal falar do herói falecido.

---

[1] WELDING. In: KIRMMSE, Bruce (ed.). *Encounters with Kierkegaard*. Princeton: Princeton University Press, 1996. p. 6-8.

"Não sei quando S. K. entrou na Escola Borgerdyd. Em 1826, quando entrei na segunda série – a primeira série é a mais elevada –, conheci S. K. lá. [...] Ele sempre foi o número dois ou o número três nas várias turmas em que éramos estudantes, até nos formarmos em 1830". Lá, pensa Welding com uma satisfação sombria. Que isso corrija o equívoco sobre a mente brilhante de Søren. "Se ele era o número um da turma, era apenas por alguns curtos períodos de tempo". Depois, com uma pontada de honestidade relutante: "Muitas vezes fiquei surpreso com o trabalho dele, mas não entendia por que os professores ficavam satisfeitos com suas composições escritas".

Welding faz uma pausa para considerar, em seguida, a melhor maneira de descrever o caráter do garoto de olhos azuis, rosto abatido e cabelos desgrenhados, que estava sempre correndo pelo pátio da escola. Que palavra resume a estranha mistura de interioridade reservada pontuada por explosões inesperadas de risos e insultos que alguém experimentava quando se encontrava ao redor de Søren? Como explicar a Barfod o modo como os outros garotos, instintivamente, mantinham-se afastados do rapaz, e que ele também "seguia o seu próprio caminho, quase contido, e nunca falava de sua casa?" *Fremmed.*[2] Era isso. "Estrangeiro." Søren era um estrangeiro, um refugiado. Ele atravessou o seu mundo como um estrangeiro exilado em uma terra estranha. "Para o resto de nós, que conhecia e vivia uma vida mais genuinamente infantil, S. K. era estrangeiro e digno de pena. [...] Na maioria de seus contatos conosco, ele se mostrava tão estranho aos nossos interesses que rapidamente interrompíamos o contato com ele, que muitas vezes demonstrava uma atitude superior e provocadora, o que deixava claro que ele sempre foi uma fonte do inesperado."

"Parece-me", conclui Welding, "que um garoto como S. K. geralmente tinha um bom olho para enxergar os pontos fracos das pessoas, para as características incoerentes e ofensivas do comportamento delas. Por isso, ele se debruçou sobre companheiros altos que eram anões intelectuais [...] em geral, sobre aqueles que eram rápidos em se desenvolver fisicamente, porém mais lentos intelectualmente". Frederik suspira enquanto mergulha a ponta da caneta em busca de mais tinta. "Eu mesmo fazia parte desse último grupo".

× × ×

---

2 *Fremmed* quer dizer "estrangeiro" na língua de Søren. [N. de T.]

Barfod receberia muitas outras respostas de maneira semelhante. Por exemplo, "Li agora a carta de Welding várias vezes, e duvido que qualquer um dos colegas de S. K. pudesse fazer melhor ou escrever algo mais completo sobre ele", escreveu Edward Anger, agora pastor, acrescentando: "Apesar de muitas batalhas, permaneceu uma questão indecisa se era ele ou eu o mais fraco e o menos capaz nos esportes".[3] O autor Hans Holst fez questão de salientar o costume regular que tinha com Kierkegaard, pelo qual escrevia as composições dinamarquesas de Søren, e Søren escrevia as latinas. "Em sua meninice, S. K. não era objeto de grandes expectativas".[4] Peter Lind (que um dia iria suceder Peter, irmão de Søren, como bispo de Aalborg) confessou: "Não tínhamos a mínima suspeita de que um dia ele se tornaria um grande antagonista de seus tempos. Ele parecia ser muito conservador, honrar o rei, amar a Igreja e respeitar as autoridades".[5]

Todas as cartas eram de homens que haviam assumido suas posições legítimas na sociedade dinamarquesa, para as quais a Escola de Virtude Cívica os havia preparado. Alguns homens narram pequenos momentos de amizade. Alguns, como Welding, lembram-se da inteligência provocante, projetada para explorar as fraquezas. Alguns se lembram de um garoto quieto e distante que nunca falou de casa ou pediu ajuda. Alguns atestam o intelecto de Kierkegaard, outros difamam sua capacidade. *"Fremmed"* aparece muito, o que pode explicar as memórias idiossincráticas. Os retratos da caneta são inconsistentes em pequenos detalhes, mas todos concordam que Søren era uma figura estranha. Seu caráter era estranho para os outros meninos, assim como sua aparência. Como um espécime físico, Søren parece ter sido desengonçado e inquieto. Todos os colegas de escola de Søren também aludem ao professor Nielsen, geralmente com uma nota excêntrica reconhecendo a preferência, mas não explicando o que o velho diretor via no filho do comerciante mais sagaz de Copenhague.

> Esse jovem, que foi criado e educado dessa maneira, de acordo com os costumes de nossos antepassados e com a disciplina que promoverá o bem-estar do Estado – e

---

[3] ANGER. In: KIRMMSE, Bruce (ed.). *Encounters with Kierkegaard.* Princeton: Princeton University Press, 1996. p. 10.

[4] HOLST. In: KIRMMSE, Bruce (ed.). *Encounters with Kierkegaard.* Princeton: Princeton University Press, 1996. p. 13.

[5] LIND. In: KIRMMSE, Bruce (ed.). *Encounters with Kierkegaard.* Princeton: Princeton University Press, 1996. p. 11.

Talvez tenha sido algo como esses momentos de independência de espírito e sagacidade que impressionaram Nielsen quando ele relatou o seguinte a respeito de Søren:

> Quando ele foi confiado aos nossos cuidados aos nove anos de idade, não se permitiu ser confundido por aqueles que são ignorantes de como devem agir, sendo como aqueles que nadam em uma correnteza forte, arrastados por maus companheiros como se por um rio poderoso.[15]

Essa independência de espírito certamente não fez com que Søren fosse benquisto por muitos dos outros garotos. Como Barfod descobriu, por todos os relatos, Søren tinha poucos amigos na escola. Quando adulto, suas anotações no diário e nos escritos autobiográficos também trazem à mente um eu solitário mais jovem que confiava em sua capacidade:

> Pequeno, esbelto e frágil, e, comparado aos outros, com praticamente nenhuma das qualificações físicas que fazem de um homem completo; melancólico, de coração doente, profunda e interiormente devastado de várias maneiras, apesar disso, eu recebi uma coisa: sagacidade eminente, ao que tudo indica, para me guardar de ser completamente inútil. Uma vez jovem, eu estava ciente dos meus dotes intelectuais e que eles constituíam meu poder sobre esses companheiros muito mais fortes.[16]

Um ataque preventivo geralmente é a melhor defesa. Søren era um provocador inveterado. Embora fosse o "menor e o mais fraco nos esportes", Søren visava especialmente os garotos maiores, mais altos e mais fortes e tinha um jeito de fazê-los parecer ridículos. Quando seu colega de classe Hans (aquele da ajuda na lição de casa em dinamarquês) tentou ler o seu poema em voz alta, hesitando, "S. K. sempre foi um dos primeiros a interromper sua leitura jogando-lhe um livro em sua cabeça".[17] Além de sugerir uma apreciação precoce e altamente sintonizada pela poesia, o incidente reforça a ideia de que Søren

---

15 NIELSEN. In: KIRMMSE, Bruce (ed.). *Encounters with Kierkegaard*. Princeton: Princeton University Press, 1996. p. 18.

16 *Kierkegaard's Journals and Papers*. Editores: Howard V. Hong e Edna H. Hong. 7 volumes. Bloomington: Indiana University Press, 1967-1968. Entrada 6890.

17 WELDING. In: KIRMMSE, Bruce (ed.). *Encounters with Kierkegaard*. Princeton: Princeton University Press, 1996. p. 8.

era adepto de explorar os pontos fracos para obter o melhor de uma situação. Às vezes, a provocação de Søren fazia com que os garotos chorassem. Certa vez, quando um professor ouviu falar nisso, disse ao garoto maior: "E daí? Você poderia facilmente colocá-lo no seu bolso".[18]

Søren pode ter sido um estrangeiro em uma terra estranha, mas não gozava de imunidade diplomática. Sua linguagem era "irritante e provocativa, e ele estava ciente de que isso tinha esse efeito, embora muitas vezes fosse o único a pagar por isso".[19] Ele fazia caretas e dava apelidos para os outros garotos, "mesmo que isso muitas vezes lhe rendesse uma surra".[20] Um dia, alguns dos garotos decidiram ensinar a esse pequeno e estranho arrogante uma lição. Jogando Søren sobre uma carteira, dois lhe seguraram as pernas enquanto outros lhe prenderam os braços. Em seguida, eles encheram as calças dele "com réguas, alças de livros etc."[21]

Eles não eram elegantes. Todas as fontes de Barfod concordaram que o corpo magro de Søren exibia uma jaqueta de *tweed*[22] áspera e profundamente antiquada com a parte de trás curta, sapatos e meias de lã até os joelhos. "Jamais botas",[23] como todos os outros garotos usavam. "Søren Meias",[24] assim era chamado, ou "Garoto do Coral", em relação ao seu uniforme anacrônico e ao seu pai, um comerciante de roupas e tecidos.

De uma forma indireta, isso leva à principal razão para a apreciação do professor Nielsen. Michael Pedersen Kierkegaard era um homem notoriamente sensato, rigoroso com dinheiro e de postura austera. Embora fosse um dos comerciantes mais bem-sucedidos de Copenhague, e um importador de lã, linho e seda, ele não permitiu que nenhum de seus sete filhos se vestisse com estilo. Suas filhas não se vestiam bem. Seus filhos eram econômicos. Apesar de ser uma figura pública de destaque no comércio e nos círculos

---

18 BRUN. In: KIRMMSE, Bruce (ed.). *Encounters with Kierkegaard*. Princeton: Princeton University Press, 1996. p. 6.

19 WELDING. In: KIRMMSE, Bruce (ed.). *Encounters with Kierkegaard*. Princeton: Princeton University Press, 1996. p. 7.

20 Ibidem.

21 MEIDELL. In: KIRMMSE, Bruce (ed.). *Encounters with Kierkegaard*. Princeton: Princeton University Press, 1996. p. 4.

22 *Tweed* é um tipo de tecido originalmente fabricado na Escócia. [N. de T.]

23 WELDING. In: KIRMMSE, Bruce (ed.). *Encounters with Kierkegaard*. Princeton: Princeton University Press, 1996. p. 7.

24 "Meias", em língua dinamarquesa, é *sokker*, o que também justifica o trocadilho com o nome de Søren. [N. de T.]

religiosos, Michael só se permitiu virar o seu paletó pelo avesso (daquele que se pode usar dos dois lados) quando o lado original estava totalmente desgastado. A postura rígida contra gastar dinheiro com coisas desnecessárias veio de um homem sério, dirigindo-se a uma casa de verdadeira virtude cívica. Assim é que o relatório escolar do professor Nielsen parece ser menos sobre Kierkegaard e mais sobre os *Kierkegaards*:

> Desde muito cedo, [Søren] trilhava os passos sérios de seus pais e o bom exemplo do seu forte senso de reverência religiosa, devoção a Deus e responsabilidade moral, e isso foi subsequentemente nutrido na primeira infância com a instrução fornecida por professores cuidadosamente escolhidos com esse objetivo em mente. [...] Pode-se certamente esperar que ele será como seu irmão, já que ele é igual em talento.
>
> A raiz dessas virtudes é a devoção pura a Deus que foi implantada em seu caráter desde o início de sua vida. De fato, seu pai conduziu seus negócios de acordo com os preceitos da filosofia e uniu sua vida profissional à leitura de obras de teologia, filosofia e literatura. [...] Porque a casa de seu pai é assim um modelo [...] e é organizada em conformidade com os princípios pelos quais as crianças são criadas na virtude e na sabedoria que é dada por Deus, ele encarregou seu filho de considerar todas as coisas à luz do temor de Deus e de um senso de dever [...] E fez de tudo para despertar o amor do menino pela cultura erudita, que é a base de todos os esforços louváveis.[25]

O bom diretor certamente tinha razão em credenciar a família de Søren, mais do que a sua escola, pelas forças que estavam moldando o homem que ele seria.

---

[25] NIELSEN. In: KIRMMSE, Bruce (ed.). *Encounters with Kierkegaard*. Princeton: Princeton University Press, 1996. p. 15-7.

CAPÍTULO 3

Vida familiar

Perguntaram ao jovem Søren o que ele queria ser quando crescer.

"Um garfo".

"Por quê?"

"Bem, assim eu poderia fisgar tudo o que eu quiser na mesa de jantar!"

"E se a gente for atrás de você?"

"Então eu vou fisgar vocês".[1]

× × ×

Søren Aabye Kierkegaard nasceu em 5 de maio de 1813. Ele se juntou à sua mãe Anne (quarenta e cinco anos), ao seu pai Michael (cinquenta e seis anos), a suas irmãs Maren (dezesseis anos), Nicoline (treze anos) e Petrea (onze anos), e a seus irmãos Søren Michael (sete anos), Niels Andreas (cinco anos) e Peter Christian (quatro anos). Todos moravam no número 2 da Nytorv ("Praça Nova"),[2] uma casa íntegra e respeitável para uma família íntegra e respeitável. O nº 2 ficava a uma caminhada de dez minutos até a escola e de cinco minutos até a Igreja de Nossa Senhora. A espaçosa praça em frente abrigava o principal mercado de carne de Copenhague e estava cheia da agitação e do esplendor de vida que havia na cidade. À direita, ficavam os escritórios da prefeitura e dos tribunais superiores. À esquerda, uma farmácia e, mais à frente, a

---

1 TROELS-LUND. In: KIRMMSE, Bruce (ed.). *Encounters with Kierkegaard*. Princeton: Princeton University Press, 1996. p. 3.

2 A *Nytorv* (Praça Nova) era a praça mais famosa de Copenhague, situada ao centro, sendo hoje um dos locais mais visitados da cidade. [N. de T.]

Gammeltorv ("Praça Velha")[3] com sua famosa fonte, onde os cidadãos patrióticos exibiam maçãs douradas[4] no aniversário do rei.

Como poderia ser o ambiente da família Kierkegaard? Como toda a família, o tom da casa dos Kierkegaards foi criado pelo toque de algumas notas musicais em repetição.

Uma dessas notas foi o dinheiro. Os Kierkegaards eram confortavelmente bem de vida, tendo sua segurança supervisionada por um homem econômico e sério que adquirira sua fortuna através de uma mistura de trabalho duro, investimentos sagazes e pura sorte. Michael Pedersen Kierkegaard nasceu em uma família de pastores de ovelhas em 1756. Sua família era de camponeses unidos, tradicionalmente ligados ao território da igreja de Sædling, um povoado nas charnecas da Jutlândia Ocidental (daí o nome *Kierkegaard*, ou "pátio da igreja").

Quando Michael tinha doze anos, foi enviado a fim de trabalhar para seu tio, um comerciante de lã em Copenhague. Esse acontecimento salvou a família, que era pobre, de outra boca para alimentar, assim como salvou

O número 2 da Praça Nytorv, o lar da família Kierkegaard. Søren ocupava os quartos do segundo andar. A casa ficava ao lado da prefeitura e a cinco minutos a pé da Igreja de Nossa Senhora. O edifício foi demolido no começo do século XX.

---

3 A *Gammeltorv* (Praça Velha), também localizada no centro da cidade, fica ao lado da *Nytorv*. [N. de T.]

4 A "maçã" ou "pomo de ouro" é um elemento frequente em lendas e contos de fadas. A tradição dos cidadãos copenhaguenses era uma forma de desejar uma vida longa ao rei. [N. de T.]

Michael de uma vida condenada à pobreza. Como sinal de sua salvação, ele orgulhosamente guardou entre os seus pertences o documento do sacerdote do povoado, de 1777, liberando-o do trabalho obrigatório. Em 1780, Michael obteve sua cidadania, e cinco anos depois se associou a Mads Røyen, outro comerciante de roupas e tecidos. O mundo mercantil de Copenhague era altamente regulamentado, e Mads e Michael tiveram que lutar nos tribunais pelo direito de vender todos os tipos de produtos que normalmente eram barrados aos mercadores de sua esfera. Em 1788, Michael obteve outra concessão do rei, adquirindo permissão real para comercializar produtos têxteis das Índias Orientais e da China, e também açúcar, xarope de cana-de-açúcar[5] e grãos de café das Índias Ocidentais. Michael estava rapidamente se tornando mais do que um simples comerciante de roupas e tecidos. Em 1794, Michael se casou com Kirstine Røyen, irmã de Mads. Kirstine morreu sem filhos em 1796, assim como o tio de Michael, que deixou tudo para ele. Michael se casou novamente e começou uma família. Durante dez anos, a fortuna de Michael parecia garantida, porém, em 1807, os acontecimentos mundiais alcançaram a pacata cidade mercantil e seus comerciantes litigiosos.

Napoleão Bonaparte atravessava a Europa. Como parte de sua longa guerra contra a Inglaterra, Napoleão estava tentando fechar todos os portos europeus para o comércio britânico.[6] Para a Dinamarca, que era oficialmente neutra, a pressão estava aumentando. Os ingleses, temendo a prevaricação da Dinamarca e desconfiados da lealdade do rei Frederico VI,[7] realizaram um controverso ataque preventivo. Em agosto de 1807, a Marinha Britânica bloqueou os portos de Copenhague e exigiu a rendição da frota dinamarquesa. Como não houve resposta, a Marinha Britânica atacou, aproveitando a oportunidade de testar sua mais recente tecnologia militar – os foguetes de artilharia de William Congreve.[8] Copenhague foi incendiada, muitas pessoas morreram e o rei Frederico foi obrigado a se render de forma humilhante.

---

5 A cana-de-açúcar é originária das regiões tropicais do Sul e do Sudeste da Ásia, e foi na Antiguidade que os persas, e depois os gregos, descobriram essa planta na Índia, dizendo que ela produzia mel sem o trabalho das abelhas. [N. de T.]

6 Trata-se do Bloqueio Continental, uma estratégia desenvolvida pelo imperador Napoleão Bonaparte, em 1806, que consistiu em fechar todos os portos da Europa para que não mais negociassem com a Inglaterra. [N. de T.]

7 Em dinamarquês, Frederik, que reinou de 1808 a 1839. Ele nasceu e também morreu em Copenhague. [N. de T.]

8 Sir William Congreve, inventor britânico, foi um dos pioneiros na construção de foguetes de guerra; não confundi-lo com o poeta e dramaturgo inglês de mesmo nome, nascido um século antes dele. [N. de T.]

O custo para reconstruir a cidade após o bombardeio foi caro o bastante, e, combinado com as medidas punitivas decorrentes da associação contínua do rei com Napoleão, a Dinamarca mergulhou em um caos econômico. O aumento da inflação levou o Banco Nacional a declarar falência e, em 1813, o "rixdollar" dinamarquês (r.d.) foi drasticamente desvalorizado. Quando adulto, Søren estava claramente ciente da mortalha que o dinheiro representava sobre sua própria identidade e a de sua família:

> Eu nasci em 1813, naquele ano fiscal ruim, quando tantas outras notas ruins foram colocadas em circulação, e minha vida parecia mais comparável a uma delas. Há uma sugestão de grandeza em mim, mas, por causa das condições ruins dos tempos, não valho muito. Uma nota como essa, às vezes, torna-se um infortúnio para a família.[9]

Há, no entanto, camada sobre camada de ironia aqui, como Søren sabia muito bem. E, para o infortúnio da família Kierkegaard, não era monetário.

Por meio de investimentos inteligentes e boa sorte, Michael, na verdade, emergiu dessa época de caos financeiro em boas condições. Foi anunciado que os títulos reais em que ele havia investido não se tornariam "notas ruins" como o restante da moeda dinamarquesa. Poupada dos efeitos da inflação, em 1813, a família Kierkegaard não foi condenada à pobreza. De fato, o dinheiro se tornaria a base da herança de Søren, assegurando sua carreira literária e o ataque ao sistema. Michael estava mais rico do que nunca, os Kierkegaards estavam amparados e, para o grande desgosto de sua família, Søren fora criado para bombardear os cidadãos sossegados de Copenhague.

A consciência constante que a família tinha do dinheiro tomava o aspecto de frugalidade, que em si era inextricável da nota de controle paternal rígido que permeava o lar. Henriette Lund lembrava-se de seu avô: "Obediência não era para ele meramente uma coisa de grande importância [...] foi o principal apoio de sua vida".[10] Um criado recordava-se de como "não se deveria brincar com Michael quando ele ficava bravo. Não que ele gritasse ou usasse linguagem abusiva, mas a seriedade com que suas reprovações eram proferidas os

---

9 *Kierkegaard's Journals and Papers*. Editores: Howard V. Hong e Edna H. Hong. 7 volumes. Bloomington: Indiana University Press, 1967-1968. Entrada 5725.

10 LUND. In: GARFF, Joakim; SØLTOFT, Pia. *Søren Kierkegaard: objects of love, works of love*. Copenhague: Museu de Copenhague, 2013. p. 18.

Michael Pedersen Kierkegaard, o pai de Søren.

fazia afundar mais profundamente do que se ele tivesse feito um escândalo".[11] Uma vez, quando a irmã Nicoline deixou cair uma sopeira cara, Michael não disse uma palavra. Ele não precisava. Sua desaprovação silenciosa foi profundamente sentida. Se ele tivesse ficado furioso, poderia ter sido mais fácil de lidar - apaziguado facilmente, logo dissipado, esquecido rapidamente. Que esse caso aparentemente insignificante sobreviveu como uma história familiar muito depois de os principais membros da família terem morrido é um testemunho do poder que o silêncio severo de Michael exercia sobre seus filhos. Mais grave é a história de Niels Andreas, o irmão mais velho de Søren. Niels era um rapaz estudioso que queria ingressar na universidade. Porém, Michael decidiu que era necessário que outro Kierkegaard entrasse nos negócios. Os dois entraram em conflito. Niels perdeu para seu pai implacável e, obedecendo-lhe, passou alguns anos atuando no comércio de Copenhague. Niels estava infeliz e não foi bem-sucedido, e logo partiu para fazer sua fortuna na América. Essa ferida com seu pai nunca foi curada.

A história de Niels é particularmente triste porque, na verdade, Michael também adorava ler e ostentava um intelecto aguçado. Assim, outra nota familiar

---

[11] In: GARFF, Joakim; SØLTOFT, Pia. *Søren Kierkegaard: objects of love, works of love*. Copenhague: Museu de Copenhague, 2013. p. 24.

dominante era a de um debate animado, discussões eruditas e discursos constantes. Em outras palavras, os Kierkegaards gostavam de conversar. E muito.

Em 1842, quando Søren começou a elaborar uma espécie de autobiografia intelectual, adotou o pseudônimo de "Johannes Climacus", relembrando os tempos de formação que o rapaz teve com seu pai. Ele era "um homem muito severo, aparentemente insensível e prosaico, mas, por baixo desse disfarce simples e rude, escondia uma imaginação brilhante que nem mesmo sua idade avançada conseguia ofuscar".[12] Johannes, querendo brincar, pede para sair, mas, em vez disso, seu pai lhe oferece uma conversa imaginativa. Pegando seu filho pela mão, o velho dá várias voltas ao redor da sala. "Enquanto eles andavam pelo chão, seu pai contava sobre tudo o que viam. Eles cumprimentaram os transeuntes; as carruagens faziam barulho, abafando a voz do pai; os produtos da mulher da confeitaria eram mais tentadores do que nunca".[13] A história é verdadeira? Mais tarde, os conhecidos da família de Søren afirmaram que poderia ser, pois um amigo descreve Michael afirmando orgulhosamente: "Quando não consigo dormir, eu me deito e converso com meus filhos, e não há melhor conversa aqui em Copenhague".[14]

Michael Kierkegaard não era apenas um sagaz homem de negócios, era também um erudito autodidata. Michael orgulhava-se merecidamente de suas realizações literárias e, muitas vezes, foi visto com um livro nas mãos. Ele favorecia o idioma alemão e o aprendeu, aconselhando seus filhos a não se apegarem demais à sua língua materna, para que não se tornassem mesquinhos e limitados. Michael atuaria fielmente por meio dos mais recentes sistemas filosóficos ou tratados religiosos. Ao contrário de muito do que se passava por discurso inteligente entre os grupos tagarelas de Copenhague, Michael realmente entendia o que estava lendo e podia defender suas opiniões adquiridas. No lar da família Kierkegaard, a articulação era uma mercadoria altamente valorizada. Os jovens irmãos Kierkegaard costumavam sentar-se aos pés do pai enquanto Michael recebia um convidado, conversando sobre alguma inovação teológica recente ou outra coisa. Em seu relato autobiográfico inédito, Søren relata como seu coração se emocionou com o domínio que seu pai tinha sobre o argumento. Michael,

---

[12] KIERKEGAARD, Søren. *Kierkegaard's Writings, VII, Volume 7: Philosophical Fragments, or a Fragment of Philosophy/Johannes Climacus, or De omnibus dubitandum est* (Dois livros em um volume). Editado e traduzido por Edna H. Hong e Howard V. Hong. p. 120.

[13] Ibidem.

[14] BRUN. In: KIRMMSE, Bruce (ed.). *Encounters with Kierkegaard.* Princeton: Princeton University Press, 1996. p. 6.

com calma e seriedade, permitiria ao visitante expressar sua opinião, dando-lhe tempo para construir seu argumento. Era uma armadilha! Exatamente quando parecia que o visitante havia criado uma fortaleza inatacável, Michael, com algumas perguntas habilidosas, fez todo o edifício desmoronar. "Meu pai", disse Peter Christian, "foi o homem mais talentoso que eu já conheci".[15]

A nota tocada pelas talentosas conversas familiares de Kierkegaard era estritamente masculina. Michael não valorizou a educação de suas três filhas e não as incluiu nos ambientes de conversa que ele criava em casa. Nem a mãe de Søren, Anne, entrava nos debates intelectuais das conversas familiares. De fato, ela provavelmente era analfabeta, se a caneta guiada que foi usada nos poucos documentos oficiais que ela teve que assinar for uma indicação.

Anne Sørensdatter Lund nasceu em 1768. Uma prima distante de Michael, ela também era de origem camponesa. Ela primeiro entrou devidamente no ambiente Kierkegaard quando, em 1794, foi contratada como empregada doméstica para Kirstine, a primeira esposa de Michael. Em 1796, Kirstine morreu de pneumonia, sem filhos. Dentro de um ano, Anne e Michael se casaram e a família Kierkegaard começou. Seu único retrato sobrevivente revela um queixo duplo e um sorriso satisfeito. Os netos de Anne lembram-se dela como uma mulher amável, muito preocupada com os filhos, que ficava especialmente satisfeita quando adoeciam, para que pudesse cuidar deles sem competir com as respostas espirituosas de seu pai. Anne vivia à sombra de sua família, e é provável que conservasse algo de empregada na atitude que tinham em relação a ela. Talvez nem isso. Michael fazia as compras diárias e não lhe confiava as contas domésticas. Não se contava com Anne para educar seus filhos, e Michael pediu a ajuda de outra mulher para criar suas filhas. No entanto, essa união foi evidentemente bem sucedida até certo ponto. O casamento de Anne e Michael foi longo, pacífico e fecundo com filhos. Quando Anne morreu, Michael providenciou um ostensivo cortejo fúnebre para levá-la ao seu derradeiro local de descanso. O memorial de Anne no cemitério (onde Michael também seria enterrado quatro anos depois) diz:

> Anne Kierkegaard, nascida Lund, partiu para junto do Senhor em 31 de julho de 1834, no seu sexagésimo sétimo ano de vida, amada por seus filhos que ainda vivem e sentem sua falta, e também por parentes e amigos, mas especialmente por

---

[15] LYBY, Thorkild. "Peter Christian Kierkegaard". In: *Kierkegaard and his Danish Contemporaries: Tome II Theology*. Burlington: Ashgate, 2009. p. 189.

Anne Sørensdatter Kierkegaard, nascida Lund, a mãe de Søren.

seu antigo marido, Michael Pedersen Kierkegaard, que, em 9 de agosto de 1838, a seguiu para a vida eterna, no seu octogésimo segundo ano de vida.[16]

Devemos esperar que ela foi amada e que sua falta será sentida. Não sabemos se esse é o caso porque a coisa mais importante sobre ela, do ponto de vista de uma biografia de Søren Kierkegaard, é que, nas milhares de páginas de seus numerosos registros, diários, artigos e livros, Søren Kierkegaard não a menciona diretamente uma só vez.

As pessoas que procuram qualquer migalha de alusão que Søren tenha feito à sua mãe devem ficar satisfeitas com este mingau ralo: em *O desespero humano*[17] há uma menção passageira de uma esposa "profundamente humilhada" de um "marido sério e santo"[18] que está desesperado pelo perdão. A mulher deve ser Anne, uma vez que o homem é certamente Michael Pedersen.

Se Søren foi um *Fremmed*[19] para os seus colegas da escola, então a palavra mais adequada para descrever o seu pai seria *Tungsind*, melancólico,

---

[16] GARFF, Joakim. *Søren Kiekegaard: a biography*. Traduzido por Bruce Kirmmse. Princeton: Princeton University Press, 2005. p. 130.

[17] Assim conhecida em português, essa obra de Søren Kierkegaard é de 1849, sendo chamada de *Sygdommen til Døden* em dinamarquês, e significa literalmente "A doença até à morte". [N. de T.]

[18] KIERKEGAARD, Søren. *Kierkegaard's Writings, XIX, Volume 19: Sickness unto Death: A Christian Psychological Exposition for Upbuilding and Awakening*. Editado e traduzido por Edna H. Hong e Howard V. Hong.

[19] *Fremmed*, como Søren foi descrito por um antigo colega de aula, significa "estrangeiro" em dinamarquês (cf. Capítulo 2). [N. de T.]

prostrado com um peso (*tung*) de espírito (*Sind*). Ao longo de seus escritos, Søren reflete com frequência sobre a nota de culpa tocada repetidamente no lar melancólico dos Kierkegaards.

> É terrível pensar, mesmo que por um único momento, sobre o fundo sombrio que há em minha vida desde o começo. A ansiedade com a qual meu pai encheu a minha alma, sua própria depressão assustadora, muita coisa da qual eu não posso nem escrever.[20]

Que o espírito abatido do pai deles permeou a família não está em questão. De onde isso veio sempre será uma questão de conjectura. Que carga Michael Pedersen Kierkegaard suportou? A questão é aquela sobre a qual muitas pessoas têm se perguntado, não menos que o próprio Søren. Em uma famosa anotação no diário, separada das demais, Søren escreveu as seguintes linhas:

> Foi então que ocorreu o grande terremoto, a perturbação assustadora que de repente me levou a um novo princípio infalível para interpretar todos os fenômenos. Imaginei, então, que a velhice do meu pai não era uma bênção divina, mas sim uma maldição; que as capacidades intelectuais e excepcionais de nossa família eram apenas para se atormentarem mutuamente. Depois, senti a quietude da morte se intensificar ao meu redor, quando vi em meu pai um homem infeliz que sobreviveria a todos nós, uma cruz memorial no túmulo de todas as suas esperanças pessoais. Uma culpa deve repousar sobre toda a família, um castigo de Deus deve estar sobre ela: espera-se que ela desapareça, obliterada pela poderosa mão de Deus, desvanecida como um erro. Só às vezes encontrei um pouco de alívio no pensamento, que meu pai recebera o árduo dever de tranquilizar a todos nós com o consolo da religião, dizendo-nos que um mundo melhor está aberto para nós, mesmo se perdermos este; mesmo que o castigo sempre invocado pelos judeus sobre os seus inimigos fosse nos atingir: nossa lembrança seria completamente obliterada, e não haveria nenhum vestígio nosso.[21]

O "terremoto" de Søren se juntou à categoria dos grandes mistérios literários de todas as épocas. Ele deliberadamente suprimiu os detalhes, mas duas histórias em particular vêm à tona.

---

[20] *Kierkegaard's Journals and Papers*. Editores: Howard V. Hong e Edna H. Hong. 7 volumes. Bloomington: Indiana University Press, 1967-1968. Entrada 6274.

[21] Ibidem, entrada 5430.

Em um diário de 1846, Kierkegaard escreveu o seguinte:

> Que espantoso para o homem que, como um garoto vigiando as ovelhas nas charnecas da Jutlândia, sofrendo dolorosamente, com fome e exausto, esteve uma vez sobre uma colina e amaldiçoou a Deus – e o mesmo homem foi incapaz de esquecer disso quando tinha oitenta e dois anos de idade.[22]

Ele tem o floreio artístico de um dos muitos experimentos mentais de Søren. No entanto, quando Barfod encontrou essa anotação entre os documentos de Søren, ele a mostrou ao irmão Peter. Sim, confirmou o último dos Kierkegaards, chorando. Essa é a história de nosso pai, "e a nossa também".[23] Havia verdade suficiente na história, pelo menos, mas, por respeito à família, Barfod suprimiu sua publicação.

A segunda história era menos obscura e mais socialmente sensível. Søren não era filho ilegítimo, mas sua irmã possivelmente era. Michael Kierkegaard, cidadão honrado, casou-se com Anne Lund um ano após a morte de sua primeira esposa. Que Anne era uma prima e uma governanta analfabeta teria sido suficiente para atrair o olhar coletivo de Copenhague. E para piorar, a primeira filha deles, Maren, nasceu apenas cinco meses após o casamento apressado. Michael estava ciente da impropriedade dessa união, formalizando sua reticência no próprio contrato de casamento. Um documento estranho e idiossincrático, o contrato precisava de uma dispensa especial dos tribunais reais para confirmar sua legalidade. Mencionava explicitamente a possibilidade de que "os temperamentos poderiam não ser harmoniosos"[24] entre marido e mulher. Nesse caso, uma quantia específica foi reservada para que Anne seguisse o seu caminho independentemente, e o contrato afastava-se do seu objetivo ao lhe negar os direitos e o *status* de uma esposa normal. O acordo indicava o valor exato que ela receberia em caso de morte do marido ou divórcio, mas lhe negava os direitos habituais de herança. Uma quantia anual de 200 rixdólares lhe foi atribuída – o equivalente ao salário anual de um aprendiz de artesão.

---

22 Ibidem, entrada 5874.

23 GARFF, Joakim. *Søren Kiekegaard: a biography*. Traduzido por Bruce Kirmmse. Princeton: Princeton University Press, 2005. p. 136.

24 THOMPSON, Josiah. *Kierkegaard*. Nova York: Alfred A Knopf, 1973. p. 27.

Mais tarde, Michael alteraria seu testamento para incluir sua esposa. Evidentemente, o amor e o afeto cresceram no casamento. No entanto, aquele início desfavorável de sua família, juntamente com a rebelião juvenil de um homem profundamente devoto, deve ter contribuído para a melancolia de Michael. Longe de dissipar a nuvem de destruição, o sucesso financeiro de Michael e sua família cada vez maior parecem ter tido o efeito oposto. Ele estava esperando o outro sapato cair.

Para as pessoas já predispostas à melancolia, a sensação de um dia iminente de avaliação não era totalmente implausível: outra nota repetidamente tocada na família Kierkegaard foi a de acidente e morte. Quando menino, Søren Aabye caiu de uma árvore, batendo as costas com força. Sua família ficou alarmada e atribuiu os problemas de saúde de Søren a esse acontecimento. Muito pior, em 14 de setembro de 1819, Søren Michael, de doze anos, morreu de uma hemorragia na cabeça após um acidente no pátio da escola, quando esbarrou em outro garoto no parquinho. Essa morte súbita traumatizou a família. Três anos depois, em 15 de março de 1822, Maren morreu em consequência de convulsões. Ela tinha vinte e quatro anos, sendo a filha mais velha e o fruto da união precipitada entre Michael e Anne. Maren nunca esteve bem e sua morte não foi uma surpresa. Nicoline, a irmã do meio, morreu de febre em 10 de setembro de 1832, poucas semanas depois de dar à luz um filho natimorto. Foi Michael quem se preparou para contar diretamente à sua amada filha sobre sua condição fatal. O médico queria suavizar essa desgraça, mas o pai insistiu: "Não, meus filhos não foram educados assim".[25] Ela deixou o marido, Johan Christian Lund, e as crianças Henrik (sete anos), Michael (seis anos), Sophie (cinco anos) e Carl (dois anos).

Ao romper com a família, o irmão Niels Andreas havia imigrado para a América. Passado menos de um ano, após se mudar de Boston para Providence, e depois para Nova York, ele finalmente tentou fazer sua fortuna em Paterson, Nova Jersey. Foi lá que Niels sucumbiu rapidamente devido à tuberculose em 21 de setembro de 1833. A notícia de sua morte atingiu duramente a família, e piorou ainda mais com a omissão aparente de Niels a respeito de seu pai nas declarações feitas em seu leito de morte. Michael estava convencido de que esse desprezo foi deliberado e mergulhou em uma dor inconsolável.

---

[25] HAMMERICH. In: KIRMMSE, Bruce (ed.). *Encounters with Kierkegaard*. Princeton: Princeton University Press, 1996. p. 3.

Em dezembro de 1834, Petrea, a filha mais nova, deu à luz um menino, no mesmo ano em que sua mãe, Anne, faleceu. O menino, Peter Severin, era saudável, mas Petrea não viveria para ver o Ano Novo. Ela deixou seu marido, Henrik Ferdinand Lund, pai solteiro de uma criança de duas semanas de idade, assim como Henriette (cinco anos), Vilhelm (três anos) e Peter Christian (um ano). Petrea tinha trinta e três anos de idade, assim como sua irmã Nicoline. A idade adquiriu um significado totêmico no lar dos Kierkegaards. Michael ficou convencido de que estava condenado a ver que nenhum dos seus filhos passaria dos trinta e três anos, uma idade carregada de significado.

Agora, agitando-se em uma casa tendo apenas Michael e Peter como companhia, Søren também absorveu algo desse simbolismo mórbido.

> É realmente notável que Cristo tenha precisamente 33 anos de idade, o número de anos que, de acordo com a opinião geral, denota uma geração, de modo que aqui também há algo normal, em que tudo o que passe por cima desse número é acidental.[26]

Søren estava bem ciente do absurdo dessa superstição, mas ainda assim isso prendia sua imaginação. Ao completarem trinta e quatro anos, Søren e Peter compartilharam cartas, parabenizando uns aos outros por provarem que o pai deles estava errado.

A religião constituiu a nota final que criou o tom da casa de Søren. "Eu adquiri uma ansiedade sobre o cristianismo e ainda me sentia poderosamente atraído por ele."[27] Como acontece com qualquer expressão profundamente enraizada e histórica do cristianismo, a cultura cristã da Dinamarca estava longe de ser monolítica. Todas as várias permutações de liberalismo político e teológico, conservadorismo, movimentos de renovação, zelo missionário, análise racionalista, patriotismo militarista, movimentos de paz, apologética, desafios filosóficos, estudos bíblicos, acomodação cultural, devoção pessoal, dúvida, fé, esperança e amor que se podem testemunhar no mundo cristão de hoje estavam presentes na Dinamarca do século XIX. Ao longo de sua vida, Søren teria motivos para se envolver com todos esses aspectos com tudo que representavam.

Para o jovem Søren, no entanto, duas estrelas principais dominavam o céu noturno de sua galáxia cristã: a religião pregada por Mynster e a fé da

---

[26] *Kierkegaard's Journals and Papers*. Editores: Howard V. Hong e Edna H. Hong. 7 volumes. Bloomington: Indiana University Press, 1967-1968. Entrada 277.

[27] Ibidem, entrada 6274.

Irmandade da Morávia. Tal como acontecia com tudo na família, o cristianismo era levado a sério no lar dos Kierkegaards. A religiosidade tranquila dos cidadãos cultos de Copenhague não era para Michael! Sua piedade não era um mero culto da boca para fora. Como a maioria dos bons dinamarqueses, Michael fielmente fez com que seus filhos fossem batizados e confirmados na Igreja Luterana do Estado.

Um ano antes do nascimento de Søren, um jovem pastor luterano chamado Jakob Peter Mynster havia sido designado para a igreja da rua.[28] O jovem e fervoroso pregador havia armado sua tenda *contra* o racionalismo intelectualista e iluminista que era moda nas universidades, e também *pela* devoção pessoal e o compromisso com a revelação bíblica. Ele também era um defensor firme da sofisticação cultural da igreja dinamarquesa e tinha um sentido vívido do evangelho como poesia. Essas qualidades se mostraram atraentes para Michael, e Mynster tornou-se amigo e pastor da família Kierkegaard. Ele continuaria assim, mesmo quando se tornasse o principal bispo da igreja nacional anos depois.

A marca do cristianismo de Mynster era especialmente atraente porque parecia oferecer a Michael o melhor dos dois mundos. Por um lado, ele podia incutir em seus filhos um senso de cristianismo socialmente aceitável e de mentalidade cívica. Por outro lado, ele podia ter certeza de que Mynster não iria negar o aspecto pessoal e sério da fé, que para Michael era a versão mais atraente de todas.

Michael era um morávio de longa data, ou *Hernuter*.[29] Sendo um ramo da Reforma Luterana, a Irmandade da Morávia tinha uma forte influência sobre a população rural e camponesa da Dinamarca. Era uma versão do cristianismo diametralmente oposta ao elevado liberalismo filosófico dos grandes setores da igreja oficial. Os morávios exercitavam o sacerdócio de todos os fiéis, buscavam a renovação interior e promoviam respostas emocionais aos textos do evangelho. Foi um morávio que estava pregando quando, em 1738, o padre anglicano e futuro reformador metodista, John Wesley, sentiu seu coração "estranhamente aquecido" na Inglaterra, e foram os morávios da Dinamarca que, da mesma forma, procuraram converter os cidadãos batizados de Copenhague. Michael era um patrono da irmandade, e os ajudou a se mudarem para uma casa de reunião nova e maior em 1816. Nas noites de domingo, as crianças Kierkegaards,

---

[28] Isto é, a Igreja de Nossa Senhora, a cinco minutos da casa de Søren, caminhando, e o local de culto da família Kierkegaard. [N. de T.]

[29] A Igreja dos Irmãos Morávios (ou *Herrnhuter Brüdergemeine*) é uma denominação protestante. Sua origem remonta ao século XV na Boêmia, hoje conhecida como República Tcheca. [N. de T.]

acompanhadas de seu pai, compareceriam às reuniões de oração dos morávios, depois de assistirem aos sermões de Mynster nas manhãs do mesmo dia.

A ênfase dos morávios no Cristo torturado e crucificado, em vez de no Espírito Santo ou na Ressurreição, nada fez para amenizar o sentimento de destruição iminente e o pecado imperdoável de Michael. Seu cristianismo era sério e sofredor, e não alegre ou gracioso. Os pseudônimos posteriores de Søren referem-se mais de uma vez a um menino a quem é mostrado um livro ilustrado de heróis nacionais e míticos. Havia nele um general que libertou o seu povo. Havia também um homem valente, celebrado por seus companheiros. Em seguida, o garoto se depara com uma fotografia colocada entre os heróis, deixada deliberadamente entre as páginas do livro. Ali estava um homem torturado, com feridas nas mãos e sangue escorrendo pelos braços. Quem teria feito isso? Quem teria feito mal àquele homem? Então, contam ao menino que foi ele quem fez isso, e que esse é o caminho do mundo. Mais tarde, Søren recordaria de como foi educado para acreditar com uma firme convicção de que neste mundo corrupto e egoísta tudo o que fosse Direito e Verdadeiro seria cuspido.

Michael e os morávios podem ter sido amplamente corretos em sua análise mundana, mas o efeito sobre o jovem Søren foi deletério. As *gravitas*[30] implacáveis provaram ser demais:

> Eu, quando criança, fui educado rigorosa e seriamente no cristianismo, educado de forma insana, humanamente falando – já na mais tenra infância, eu me sobrecarregara com a impressão de que o velho homem deprimido, que jazia sobre mim, estava sucumbindo – uma criança que se revestiu, quão insano, como um velho homem deprimido. Que assustador! Não é de admirar, então, que houve momentos em que o cristianismo me pareceu a crueldade mais desumana, embora eu, mesmo quando estava mais distante, nunca me abstive da veneração que tenho por ele.[31]

Não é de admirar que, quando jovem, Søren se mostrasse tão ambivalente em relação a seus estudos teológicos e à expectativa de que assumiria o seu lugar de direito na sociedade como um homem sério.

---

30 *Gravitas* é uma palavra de origem latina que significa "gravidade", no sentido de "seriedade", e designa uma das virtudes apreciadas pelo antigo povo romano. As outras virtudes eram *dignitas* (dignidade), *pietas* (piedade) e *iustitia* (justiça). [N. de T.]

31 KIERKEGAARD, Søren. *Kierkegaard's Writings, XXII, Volume 21: The Point of View*. Editado e traduzido por Howard V. Hong e Edna H. Hong. p. 79.

CAPÍTULO 4

Vida pública e privada

Enquanto observam o movimentado ambiente na Kongens Nytorv, Stefan e David tomam café na cafeteria *A Porta*.[1] A Nova Praça do Rei é uma das principais praças de Copenhague, um lugar para ver coisas e ser visto, e A Porta, situada proeminentemente na praça, é um excelente local para ambas as atividades. Os dois homens são muito respeitáveis para dar um passeio nessas circunstâncias, e, embora as jovens sejam atraentes e os jovens convencidos, olhar para os outros nunca perderá o seu encanto. Stefan acaba de avistar um desses rapazes agora, a bela figura de um homem alto de ombros largos, atravessando a praça.

"Ah, olhe, lá está o jovem Kierkegaard", diz ele, apontando sua colher de café enfaticamente para provar o fato, "uma honra para os ideais do pai dele. Eu já disse isso antes, meu amigo, e vou dizer de novo. Nenhum homem amadurece totalmente até sair de Copenhague. Esta cidade é pequena demais para formar pessoas adequadamente. Olhe para aquele sujeito agora – viveu em Paris durante os tumultos, em Berlim, em Utrecht, quem sabe onde mais? Agora ele voltou da Alemanha, e com doutorado!"

David já tinha ouvido esse comentário antes. Nunca tendo saído do mercado da cidade, ele não pôde deixar de se irritar. "Não sei, Stefan. Ouvi dizer que ele é arrogante. Sempre discutindo – eles o chamam de 'debatedor do diabo'. Você sabia que ele recusou uma nomeação perfeitamente boa na igreja da Jutlândia, e por quê? Ambição, pura e simples, eu acho. Uma paróquia do interior não é boa o suficiente para os gostos dele".

---

[1] *Kongens Nytorv*, em português, "Praça do Rei", é um local público situado no centro da cidade, sendo um dos pontos turísticos mais visitados, e a cafeteria *A Porta* ainda existe nos dias de hoje. [N. de T.]

Stefan é rápido em defender o seu herói. "Arrogante? Talvez. Mas quem poderá acusá-lo? Ele é inteligente. Passou no exame final. Há uma fila de pais do tamanho desta rua esperando tê-lo como professor de seus filhos. Ele tem uma boa posição na universidade e tem amigos em lugares importantes..."

Com um toque, David interrompe o seu companheiro. Uma moça acaba de aparecer. É a filha do velho bispo Boiesen. Com um sorriso tímido, a garota espera enquanto o homem se dirige intencionalmente em direção a ela.

"Guarde as minhas palavras", diz Stefan, batendo com a colher na xícara como um toque de triunfo, "aquele jovem Kierkegaard vai longe".

"Sim", admite David, "certamente ainda ouviremos falar de Peter Christian".

× × ×

Stefan e David estavam tão atentos assistindo ao passeio de Peter rumo à sua vida séria e digna de respeito, que não perceberam o outro filho de Michael Kierkegaard caminhando, não menos propositalmente, na outra direção até a cafeteria. Foi assim que falharam em notar o jovem que, com seu "olhar estranho e confuso"[2] e seu cabelo com um "topete desgrenhado" de quase

A Praça Gammeltorv e a Nova Praça do Rei, em Copenhague, a partir de uma litografia do artista dinamarquês Emil Bærentzen. A família Kierkegaard morava no edifício à direita da arcada à esquerda da imagem.

---

[2] BRØCHNER. In: KIRMMSE, Bruce (ed.). *Encounters with Kierkegaard*. Princeton: Princeton University Press, 1996. p. 225.

15 centímetros acima da testa, era às vezes confundido com um balconista no lugar errado e na hora errada. Eles não viram o "rosto espirituoso, um tanto sarcástico",[3] com sua "cor vivaz", posicionado sobre os ombros "curvados um pouco à frente", com um olhar "inteligente, vívido e convencido",[4] com uma "mistura de boa natureza e malícia".

Eles não viram Søren chegando, mas, quando esse homem estranho passou ao lado da mesa deles, com o braço estendido para pedir o seu terceiro café do dia e indo para o seu quarto charuto, eles teriam sido empurrados. Ao contrário do seu irmão mais velho, esse Kierkegaard não era uma pessoa graciosa. Havendo sido criado de maneira diferente, ele nunca pareceu seguir o caminho certo. Ao andar com Søren, seus companheiros estavam sempre sendo empurrados de um lado para o outro, e tinham sempre que mudar de lado para guiá-lo de volta ao caminho, desviando-se dos seus braços que gesticulavam imoderadamente. Sem dúvida, os dois homens devem ter ficado incomodados com esse adolescente desajeitado, mas provavelmente não o reconheceram. Ao contrário de Peter, Søren não estava fazendo nome entre os ambientes que os dois costumavam frequentar.

Ao reconstituir a história do jovem Søren Kierkegaard, vale a pena considerar em que tipo de círculos Søren *estava* se tornando conhecido e em quais ele *não* estava. Uma esfera pública onde não se via muito de Søren era a Faculdade de Teologia. Em 1830, Søren entrou na Universidade de Copenhague para estudar teologia. Ele tinha dezoito anos. Quando Peter, com a mesma idade, entrou no mesmo departamento, havia passado facilmente, concluindo a graduação em quatro anos com grande sucesso. Ainda em 1835, quando seus contemporâneos estavam se formando e encontrando emprego, Søren ainda tinha que fazer os exames finais, sendo o seu nome frequentemente ausente das listas de presença. A vida de Søren tem muitos mistérios. O motivo dessa omissão na graduação não é um deles. Søren estava entediado. Em 1835, ele escreveu ao seu cunhado: "Quanto aos pequenos aborrecimentos, eu direi apenas que estou começando a estudar para o exame de teologia, uma ocupação que não me interessa nem um pouco e que, portanto, não me preocupa que seja feito logo".[5] E para a grande tristeza de sua família, seriam

---

[3] SIBBERN. In: KIRMMSE, Bruce (ed.). *Encounters with Kierkegaard*. Princeton: Princeton University Press, 1996. p. 216.

[4] GOLDSCHMIDT. In: KIRMMSE, Bruce (ed.). *Encounters with Kierkegaard*. Princeton: Princeton University Press, 1996. p. 6

[5] *Kierkegaard's Journals and Papers*. Editores: Howard V. Hong e Edna H. Hong. 7 volumes. Bloomington: Indiana University Press, 1967-1968. Entrada 5092.

quase mais cinco anos a partir de então, antes que Søren resolvesse fazer os exames. Longe de seguir a vida séria de um pastor em treinamento, na década de 1830, Søren era um dândi,[6] trabalhando duro para cultivar a imagem de alguém conhecido por toda a cidade. Ao sair do ensino médio, "Søren Meias" tornou-se, em suas próprias palavras, "um homem vestido com roupas modernas, usando óculos e fumando um charuto".[7]

Uma das áreas públicas particularmente afetadas pelo enobrecimento de Søren foi o mercado. Donos de tabacarias, restaurantes, mercearias, diretores de teatro, donos de bares, livreiros e alfaiates, todos se beneficiaram pelo estilo de vida que Kierkegaard escolheu. Quando eles conseguiam cobrar a conta, é claro. Os recibos de 1837 revelam que Søren devia 235 r.d. a uma loja de chá, 280 r.d. ao alfaiate, e quase 400 r.d. para as livrarias.[8] A União dos Estudantes da universidade ameaçou banir Søren até que ele pagasse as suas dívidas. Os livros de contas da família revelam outras dívidas de várias magnitudes. Um registro dessa época mostra um reembolso de 1.262 r.d.[9] Eram contas enormes que o irresponsável Søren não poderia pagar. Michael Kierkegaard foi convencido a se responsabilizar por essas despesas, o que ele fez obedientemente várias outras vezes. Podemos apenas especular o que ele teria pensado ao pagar essas contas.

Na verdade, a especulação sobre a atitude de Michael não é muito difícil de entender. A célebre perspicácia financeira de Michael não o abandonou magicamente ao olhar para aquelas somas de encher os olhos de lágrimas. Não teria escapado à sua percepção, por exemplo, que a conta do livreiro de Søren, de 1837, equivalia ao dobro da quantia anual que Michael atribuíra à sua esposa Anne em seu primeiro contrato de casamento. Michael era um contador assíduo, tanto do ponto de vista moral como financeiro. Os livros que registram seus pagamentos são às vezes acompanhados de notas de Søren escritas à mão. São *memórias vergonhosas de um ajudante*, como o registro de 1.262 r.d., em que se lê: "Desta forma, meu pai me ajudou a sair do constrangimento financeiro, pelo qual eu dou graças".[10]

---

6 Era como se costumava chamar ao homem elegante e inteligente que nem sempre fazia parte da nobreza (cf. Capítulo 1). [N. de T.]

7 *Kierkegaard's Journals and Papers*. Editores: Howard V. Hong e Edna H. Hong. 7 volumes. Bloomington: Indiana University Press, 1967-1968. Entrada 5094.

8 Abrevia-se *rixdollar*, termo monetário europeu, como *r.d.* (cf. Capítulo 1). [N. de T.]

9 THOMPSON, Josiah. *Kierkegaard*. Nova York: Alfred A Knopf, 1973. p. 47.

10 Ibidem, p. 66.

O velho homem conseguiu o feito paradoxal de ser indulgente e relutante ao mesmo tempo. Essa indulgência levou ao ressentimento em casa. Michael, sendo econômico e esforçado, ressentia-se de pagar. Peter, o irmão sempre obediente, ressentia-se do aparente favor demonstrado a esse filho pródigo. Søren ressentia-se de viver em uma camisa de força e das comparações constantes com seu irmão. Seus diários contêm múltiplas reflexões sobre a dinâmica da família: "Peter sempre se considerou melhor do que eu e mesquinhamente [me considerava] o irmão pródigo. Ele está certo em pensar assim, pois sempre foi mais correto do que eu. A relação que ele tinha com nosso pai, por exemplo, era a de um filho correto – a minha, por outro lado, era muitas vezes censurável: ah, mesmo assim, Peter jamais amou nosso pai como eu amei".[11] Os três frequentemente não falavam uns com os outros. Isso era verdade, principalmente entre os dois irmãos. Suas brigas silenciosas levaram Michael a comentar mais de uma vez, exasperado, que simplesmente não sabia qual era o problema com Søren.

Uma abertura no relacionamento familiar, dessa vez, vem de outra área pública, a da igreja. Aí, os registros de comparecimento revelam com que frequência – ou quão pouco – os três compareciam à comunhão juntos. Há registros de pai e filhos comparecendo separados, e ocasionalmente em pares. Peter é especialmente notável por sua ausência. Muitas vezes, ele sofria crises de depressão, que associou em sua mente a crises religiosas diversas. Em março de 1834, por exemplo, Peter retirou-se da comunhão, dando como motivo o trecho de Mateus 5:22: "Mas eu lhes digo que qualquer que se irar contra seu irmão [ou irmã] estará sujeito a julgamento".[12,13] O adulto Søren viria admirar um homem que leva a sério os mandamentos de Jesus no Novo Testamento. Contudo, quando adolescente, Søren sentia que, nesses tempos, sofria por causa de seu irmão, "quando ele se tornou um religioso mórbido".[14]

A dinâmica mudaria novamente quando Peter introduzisse Marie na confusão. Filha de um bispo recentemente falecido e uma cantora entusiasta, Marie Boiesen aceitou a proposta de Peter em junho de 1836. Eles se casaram

---

[11] *Kierkegaard's Journals and Papers*. Editores: Howard V. Hong e Edna H. Hong. 7 volumes. Bloomington: Indiana University Press, 1967-1968. Entrada 6176.

[12] O texto é da NVI, porém, no original em inglês, o autor se refere tanto ao irmão como à irmã, razão porque mantemos as palavras entre colchetes. [N. de T.]

[13] HANNAY, Alistair. *Kierkegaard: a biography*. Cambridge: Cambridge University Press, 2001. p. 53.

[14] *Kierkegaard's Journals and Papers*. Editores: Howard V. Hong e Edna H. Hong. 7 volumes. Bloomington: Indiana University Press, 1967-1968. Entrada 6274.

em outubro daquele ano. Em vez de aproveitar esse acontecimento como uma oportunidade para fugir do ambiente familiar, Peter trouxe Marie para morar na casa de número 2 da Nytorv.[15] Mais tarde, ele recordou como ela trouxe uma nota de felicidade ao lar. Todavia, seria uma nota passageira. Em julho de 1837, enfraquecida por um surto de gripe e sofrendo com febre gástrica, Marie veio a falecer.

Os diários de Søren, nesse momento, não fazem referência direta ao falecimento da jovem. De fato, isso é típico em suas anotações, que mais são, frequentemente, "experimentos mentais" do que registros diários. Entretanto, datam dessa época numerosas alusões à tristeza, a acontecimentos trágicos e à falta de sentido na vida da pequena burguesia.[16] Como é habitual, o diário de Peter é mais prosaico e informativo:

> Talvez, nestes dias, Søren esteja, mais do que nunca, sobrecarregado de preocupações, quase mais do que sua saúde pode suportar [...] Uma viagem recreativa que ele fez no mesmo dia do funeral teve de ser interrompida no final, uma vez que deu errado, e não ajudou em nada.[17]

A partida de Marie, evidentemente, não fez nada para reaproximar os Kierkegaards. No mesmo mês do funeral dela, outra anotação de Søren aparece no livro de contas de Michael. Ao lado de mais um dos pagamentos de Michael em nome de seu filho, Søren é obrigado a escrever: "A partir do dia 1º de setembro de 1837, sairei da casa de meu pai e deixarei de participar dos negócios domésticos. Ele me prometeu 500 r.d. anuais para minha subsistência".[18] Quinhentos por ano não eram muito, especialmente à luz do estilo de vida libertino que Søren levava. Para complementar sua renda, Søren assumiu o trabalho de ensinar latim, do professor Nielsen, na antiga Escola de Virtude Cívica.

A saída de Søren de casa em 1837 obviamente marca uma mudança nos acontecimentos. Para o farrista errante, porém, a chave não poderia ter sido

---

15 Isto é, o lar da família Kierkegaard. Anne, a mãe, já havia falecido, e o pai, Michael, partiria não muitos anos depois. [N. de T.]

16 Havia entre os burgueses, desde a Revolução Industrial, a divisão em alta, média e pequena burguesia, de acordo com a riqueza que cada classe possuía, além das relações que mantinham com os meios de produção. [N. de T.]

17 HANNAY, Alistair. *Kierkegaard: a biography*. Cambridge: Cambridge University Press, 2001. p. 90.

18 THOMPSON, Josiah. *Kierkegaard*. Nova York: Alfred A Knopf, 1973. p. 68.

muito grande. Em todo o caso, Søren raramente estava na casa do seu pai. As enormes contas do restaurante são prova disso. Em vez de conduzir discussões moralmente aprimoradas sobre política e teologia com Peter e Michael durante um jantar de forma ajuizada, nessa época, Søren estava procurando uma companhia menos salutar.

Uma dessas pessoas foi Jørgen Jørgensen, dez anos mais velho que Søren. Jørgen tinha a reputação de viver da riqueza dos outros, fazendo com que eles custeassem suas bebidas e charutos. Em troca, Jørgen lhes daria histórias de seus dias na polícia. Ele era um contador de histórias bem conhecido, e Søren manteve contato com ele por alguns anos, desfrutando evidentemente da atmosfera mundana que Jørgen oferecia. Tudo parece ter sido motivo para os experimentos mentais que Søren escrevia. Embora houvesse alguma ambiguidade sobre esse assunto (graças a um punhado de comentários tipicamente enigmáticos nos jornais), é duvidoso que Søren tenha realmente acompanhado Jørgen em qualquer de suas bebedeiras nos bares e bordéis dos bairros mais sórdidos de Copenhague. Não há registro do que teria ocorrido com uma figura pública como Søren no aquário de peixinhos dourados que era Copenhague. Mesmo que Søren tivesse guardado silêncio em seus diários, seus contemporâneos certamente não teriam feito isso. Eles não teriam medo de bisbilhotar sobre as idas e vindas um do outro.

Uma dessas fontes de conversa pública era o teatro, onde Søren podia ser encontrado quase todas as noites. Søren adorava o melodrama de ópera e era um observador atento do ofício de ator. E se por acaso o olhar de uma linda mulher do outro lado da plateia lhe chamasse a atenção, que mal haveria nisso? O Teatro Real de Copenhague,[19] no entanto, forneceu mais do que apenas drama ou uma ocasião para flertes inocentes. O lugar era uma reunião de almas afins. Søren fazia parte de um grupo (que incluía Hans Christian Andersen) de contemporâneos civilizados, recém-chegados à classe tagarela de Copenhague. Todas as noites, figuras literárias, políticos ambiciosos, jornalistas e estudantes se reuniam. Entre os atos, o teatro estaria vivo com o burburinho de homens espirituosos discutindo as últimas ideias, isso quando não estavam discutindo entre si.

Søren estava ganhando a reputação de ser um dos mais inteligentes e espertos do grupo, o que se devia, em grande parte, às suas atividades estudantis. Søren

---

[19] O teatro, inaugurado em 1874, também está localizado na *Kongens Nytorv*, tendo capacidade para 1.600 espectadores sentados, e funciona até os dias de hoje. [N. de T.]

pode não ter sido um teólogo entusiasmado, mas ele era ativo em outros círculos universitários e estava se tornando conhecido nessa esfera. Søren assistiu a palestras de psicologia, poesia, história e filosofia. Ele parece não ter gostado de nenhuma dessas matérias, mas dois palestrantes de filosofia em particular chamaram sua atenção, e ele a deles. Søren tornou-se amigo de Frederik Christian Sibbern, que ensinava estética. Sibbern era um homem sério, contrário ao fingimento. Ele escreveu textos complicados e densos, mas também era poeta. Sua filha lembrava-se das visitas de Søren à casa da família, onde os dois homens conversavam na longa noite adentro, "quando o fogo brilhava no fogão".[20]

A outra pessoa-chave na educação de Søren foi Poul Martin Møller. Dos dois professores favoritos, a vida de Møller era a mais colorida. Antes de assumir seu cargo na universidade, Møller serviu como capelão de um navio. Ele também era um poeta e uma célebre figura pública. Há pouca indicação de quanto Søren realmente aprendeu com as palestras de Møller sobre filosofia: foi o estilo e a personalidade de Møller que o conquistaram. Møller também morava em uma casa na Nytorv e era conhecido por frequentar as mesmas cafeterias que Søren. Um dos primeiros defensores da ideia de que alguém deveria autenticamente habitar suas ideias, Møller era um crítico afiado e um satírico perspicaz, que, para o deleite de Søren, poderia facilmente perfurar a pompa da elite intelectual de Copenhague.

A principal fonte de superioridade cultural pomposa na Europa do século XIX foi o pensador alemão Georg Wilhelm Friedrich Hegel. Uma das grandes ideias de Hegel foi que o desenvolvimento histórico da arte, da religião e da filosofia nos disse algo verdadeiro sobre o desenvolvimento da Mente Divina no universo. A revelação de Deus não foi encontrada em uma pessoa ou em um texto sagrado, mas no desenvolvimento da história de uma cultura. O desdobramento do Espírito é encontrado pela primeira vez na arte de uma sociedade. Dá-se, então, a essa expressão artística, significado e explicação na religião dessa sociedade. Finalmente, é a filosofia que explica a religião. O Espírito está sempre se desenvolvendo e, portanto, o Divino é revelado nas maiores realizações da humanidade. Para ver a mais recente e melhor manifestação da Mente Divina no mundo, basta olhar para a mais recente e melhor manifestação da civilização mundial. O leitor não receberá prêmios por adivinhar qual arte, religião e filosofia o Hegel da Europa Ocidental achava que estava atualmente no topo da civilização.

---

[20] MØLLER, Sibbern. In: KIRMMSE, Bruce (ed.). *Encounters with Kierkegaard*. Princeton: Princeton University Press, 1996. p. 19.

Hegel foi (e é) uma figura imponente na filosofia ocidental. Sua influência foi (e é) imensa, mesmo onde seu nome não é reconhecido. Hegel e seus seguidores participaram de movimentos aparentemente opostos, como o Destino Manifesto do excepcionalismo americano, a luta de classes do materialismo dialético de Marx e o triunfalismo do Terceiro Reich.[21] Tanto o mito liberal do progresso como o mito conservador da Idade de Ouro têm uma dívida de gratidão para com Hegel. Onde quer que se encontre um compromisso com a cultura e a história de alguém como sendo um veículo para a verdade, encontram-se as impressões digitais de Hegel.

Se você fosse uma figura acadêmica ou literária na Dinamarca pelos anos de 1830, não poderia escapar de Hegel. Ou você estaria se posicionando contra ele e sua visão sistemática da cultura, ou estaria procurando alinhar suas teorias favoritas com as dele. De qualquer maneira, você estaria lutando contra o complicado suábio.[22] Como aconteceu no restante da Europa, nessa época grande parte do cenário dinamarquês viu autores, filósofos, teólogos e eclesiásticos encontrarem maneiras de articular o seu senso inato de superioridade cultural ao longo das linhas hegelianas.

Sibbern e Møller não foram diferentes. Sibbern teve que explicar a dialética hegeliana em sua própria filosofia estética. Ele questionou a suposição hegeliana de que alguém poderia abordar um assunto sem pressuposições e alcançar algum tipo de ponto de vista neutro e objetivo. Em 1837, Møller estava oferecendo uma simpática crítica ao hegelianismo, baseada em parte na incapacidade de Hegel em explicar as experiências individuais. O que diferencia Sibbern e Møller de muitos dos seus contemporâneos na universidade é um ceticismo saudável sobre as pretensões de muitos dos seguidores dinamarqueses de Hegel. É a partir deles que Søren deve ter começado a formar sua própria abordagem a Hegel: uma leitura respeitosa embora crítica do mestre, associada a ataques ferozes e implacáveis às afeições de seus discípulos

---

21 (1) O "destino manifesto", no século XIX, era uma crença comum nos Estados Unidos de que os colonizadores deveriam se expandir por todo o território norte-americano, e de que esse povo havia sido eleito por Deus para desempenhar tal missão; e o "excepcionalismo americano", sendo uma variante da doutrina do destino manifesto, era uma crença segundo a qual os Estados Unidos seriam um país diferente das demais nações. (2) O "materialismo dialético", que faz parte do marxismo socialista, é uma concepção filosófica que utiliza o conceito de dialética a fim de compreender os processos sociais no decorrer da história da civilização. (3) O "Terceiro Reich" refere-se à Alemanha durante o regime nazista, sendo o "triunfalismo" a crença de que determinado credo religioso, filosófico, científico ou político seria superior a todos os outros existentes. [N. de T.]

22 Designa-se "suábio" o natural ou habitante da Suábia, uma região histórica e cultural do sudoeste da Alemanha. [N. de T.]

autoproclamados. Hegel, sim, mas especialmente os hegelianos dinamarqueses seriam o alvo principal de Søren para o resto da vida.

O principal discípulo foi Hans Lassen Martensen. Muito antes que ele se tornasse o bispo que estava observando o funeral de Søren de longe, Martensen era um jovem teólogo promissor. Na década de 1830, ele ganhou uma reputação nos círculos da igreja e da universidade como um emocionante comunicador de ideias complexas, especialmente o hegelianismo, do qual Martensen foi um dos primeiros defensores. Em suas palestras e publicações durante todo esse tempo, Martensen desenvolveu sua opinião sobre a típica visão hegeliana de que a igreja oficial, a cultura e o estado são cruciais para a religião e parte do inevitável progresso do cristianismo. Martensen também era perito em ensinar sobre temas como filosofia cartesiana e teologia moderna, e Søren o contratou como seu tutor pessoal no verão de 1834. Segundo o costume de Søren, os estudos com Martensen não eram focados, e parece que Martensen teve a liberdade de escolher o assunto. Martensen conduziu Søren pelas leituras de Schleiermacher, o "pai da teologia liberal" do século XVIII. Faltavam ainda alguns anos para a guerra declarada entre os dois homens, mas é seguro dizer que os dois não se deram bem. Aos vinte e seis anos, Martensen era cinco anos mais velho que Søren, e não tinha idade suficiente para exigir respeito, porém, ainda jovem o bastante para representar um rival profissional. É claro que tanto o estilo popular de Martensen quanto o assunto tratado deixavam Kierkegaard irritado. O fato de um conjunto tão complexo de pensamentos ser apresentado de forma tão simples incomodava Søren. Nos últimos anos, ele lançaria um olhar crítico sobre o jovem Martensen, pois ele "fascinava os jovens, dando-lhes a ideia de que poderiam engolir tudo em meio ano".[23]

Por sua vez, Martensen afirma não ter ficado impressionado com o imaturo Søren. Em suas memórias, também escritas muito depois de Kierkegaard ter se tornado um inimigo declarado, Martensen pinta o retrato de um homem mentalmente perspicaz, mas emocionalmente desequilibrado, com "uma rachadura em sua caixa de ressonância".[24] É a partir das memórias de Martensen que recebemos uma anedota única, pela qual ele pretende demonstrar o temperamento de Søren. Foi no mesmo verão de 1834, quando sua mãe, Anne Kierkegaard, morreu, que Søren contratou Martensen. Nesse

[23] KIERKEGAARD, Søren. *Papers and Journals: a selection*. Londres: Penguin, 2015. p. 49.

[24] MARTENSEN, Hans Lassen. "Af mit Levnet III". In: *Kierkegaard Commentary*. Londres: James Nisbet, 1956. p. 244-45.

Hans Lassen Martensen, um acadêmico promissor e popular, foi professor particular de Kierkegaard. Søren demitiu Martensen como alguém que "fascinava os jovens, dando-lhes a ideia de que poderiam engolir tudo em meio ano". Por sua vez, Martensen afirmou que Kierkegaard tinha "uma rachadura em sua caixa de ressonância".

momento, Søren fez uma visita à casa da família Martensen e se encontrou com a mãe de Martensen. "Minha mãe confirmou repetidas vezes", escreve Martensen, "que nunca em sua vida [...] tinha visto um ser humano tão profundamente angustiado, como S. Kierkegaard, pela morte de sua mãe".[25] A partir disso, a sra. Martensen concluiu que Søren tinha "uma sensibilidade excepcionalmente profunda". Por que Martensen incluiu essa curiosa história? Certamente não foi para reparar a falta total de referência a Anne Kierkegaard nos próprios escritos de Søren. Em vez disso, Martensen oferece esse incidente como uma demonstração de como o desenvolvimento de Søren se tornou atrofiado. Com o passar dos anos, "a natureza doentia de sua profunda sensibilidade" ganhou cada vez mais "vantagem". De suas aulas particulares juntos, Martensen comenta: "Reconheci imediatamente que o intelecto dele não era comum, mas que ele também tinha um anseio irresistível por sofismas, por desafios de quebrar a cabeça, que se mostravam em todas as oportunidades e muitas vezes eram cansativos".[26]

Não foram apenas os inimigos de Søren que notaram sua tendência de se agarrar, como um cão de guarda, a uma discussão e não abandoná-la. Seus

---

[25] MARTENSEN. In: KIRMMSE, Bruce (ed.). *Encounters with Kierkegaard*. Princeton: Princeton University Press, 1996. p. 196.

[26] Ibidem.

amigos também estavam preocupados que sua natureza contenciosa iria atrapalhá-lo. Depois de um compromisso social, Møller repreendeu Søren por ser tão polêmico o tempo todo, uma advertência que Søren levou a sério e mencionou em seus diários mais de uma vez. Isso, contudo, foi o seu triunfo, uma maneira argumentativa que projetou Søren na consciência pública.

Os primeiros trabalhos publicados de Søren foram exemplos de retórica e sátira juvenil. Um ensaio de 1834 intitulado "Uma defesa da capacidade superior da mulher" foi impresso em *O Correio Voador*,[27] uma vitrine para novos escritores e suas ideias. O ensaio se esforçava para ser inteligente e engraçado acerca de questões sérias, uma forma típica do jornalismo estudantil da época, como agora. Mais significativo para a reputação de Søren foi o debate público que ele realizou no outono de 1835. Em novembro, J. A. Ostermann, um líder político em ascensão, entregou um documento à União dos Estudantes em favor do aumento da liberdade de imprensa. Duas semanas depois, Søren se ofereceu para fazer uma refutação. Seria sua primeira incursão no debate público. No discurso, intitulado "Nossa literatura jornalística", Kierkegaard assumiu a posição contra a liberdade de imprensa e, crucialmente, seu senso de autoimportância. Ele argumentou que as recentes reformas políticas

Vista da antiga Copenhague.

---

[27] *Kjøbenhavns flyvende Post*, ou "Correio Voador de Copenhague", foi um periódico semanal sob a responsabilidade do escritor e poeta dinamarquês Johan Ludvig Heiberg, casado com a famosa atriz, também dinamarquesa, Johanne Luise Heiberg. [N. de T.]

pelas quais a imprensa estava afirmando ser responsável originaram-se, na verdade, do governo. A apresentação foi aclamada como um sucesso em muitos lugares. Ostermann ficou impressionado com "a brilhante dialética e a sagacidade"[28] que Søren mostrou ao rebater seus argumentos, mas não se preocupou em se envolver mais com o diletante. Ostermann reconheceu que Søren não era um parceiro sério de luta política. "Eu sabia que [ele] tinha apenas um pequeno interesse na realidade do assunto". Søren parece ter adotado essa postura por razões retóricas, em grande parte polêmicas, mas, em todo caso, continuou o ataque nos jornais pelos próximos meses sob o pseudônimo de "B." Esses artigos também foram festejados e, depois de um pouco de especulação na imprensa estudantil, Søren foi "revelado" como sendo a verdadeira fonte.

Como resultado, Søren conquistou uma reputação entre os literatos de Copenhague. O círculo era liderado por Johan Ludvig Heiberg e sua esposa, Johanne, atriz e beldade célebre. Uma luz importante para o que viria a ser conhecido como a "Idade de Ouro" da Dinamarca foi J. L. Heiberg, um dos primeiros a apresentar Hegel ao cenário de Copenhague. Ele também foi um dramaturgo talentoso e teórico dramático que alinhava sua estética com a sistemática hegeliana. Heiberg foi o editor de *O Correio Voador* e de outras revistas literárias. Sua atenção poderia criar ou destruir carreiras, e ele sabia disso. Não é difícil imaginar o coração acelerado do jovem Søren e seus dedos trêmulos enquanto rompia o selo do convite para o seu primeiro sarau com Heiberg.

Søren foi um sucesso. Ele logo conquistou uma reputação por seu raciocínio rápido e respostas espirituosas. Kierkegaard continuaria sendo um frequentador assíduo das festas de salão, que incluíam personalidades da época, como o cientista H. C. Ørsted, Hans Christian Andersen, Møller e Martensen. Søren parecia estar gostando desse mundo como um pato gosta de água. Porém, os jornais dessa época revelam uma tempestade furiosa se formando em águas rasas. Em uma anotação, Søren se compara a um Jano[29] de duas faces: "com um rosto eu rio, com o outro eu choro".[30] "As pessoas me entendem

---

[28] OSTERMANN. In: KIRMMSE, Bruce (ed.). *Encounters with Kierkegaard*. Princeton: Princeton University Press, 1996. p. 20-22.

[29] Em latim, *Ianus*, uma divindade romana de duas faces, uma olhando para a frente e a outra para trás, quer dizer, o passado e o futuro; deus dos inícios e dos términos, da passagem do tempo, das transições. É dele que vem o nome do primeiro mês do ano. [N. de T.]

[30] *Kierkegaard's Journals and Papers*. Editores: Howard V. Hong e Edna H. Hong. 7 volumes. Bloomington: Indiana University Press, 1967-1968. Entrada 5260.

tão pouco que não são capazes de entender os meus lamentos por não me entenderem",[31] escreveu ele depois de um desses saraus. E depois de outro:

> Acabo de chegar de uma reunião onde eu era a vida e a alma da festa; coisas espirituosas fluíam da minha boca; todos riam, admiravam-me – mas eu saí, sim, o círculo devia ser tão grande quanto o raio da órbita da Terra __________________ ___________________________________ e queria me matar.[32]

× × ×

O público podia perceber a comparação entre Søren e seu irmão Peter, seu relacionamento com o pai, seus hábitos, seus modos estranhos, seus estudos desconexos, sua perspicácia, seus modos polêmicos e seus amigos impressionantes. Eles viram um cavalheiro jovem e convencido com pouco senso prático, muito tempo livre, bastante dinheiro e muito talento desfocado. E viram isso corretamente. O que ninguém poderia saber, no entanto, era que Søren também viu isso.

Søren começou a manter um diário em 1833 e continuaria a preencher páginas de volumes até sua morte em 1855. De qualquer maneira, não é um diário convencional e raramente menciona os tipos de acontecimentos diários que outras pessoas tendem a incluir em seus diários de bordo. A maioria das anotações no diário não tem data. Algumas são lidas como rascunhos de ensaios ou experimentos psicológicos escritos traçando as implicações dessa ou daquela suposição. Algumas anotações são fragmentos improvisados; outras são cuidadosamente editadas com a plena percepção de que um dia seriam lidas pelos outros. O tom dos registros no estágio inicial da vida de Søren é introspectivo, demonstrando um alto nível de autoconsciência e uma percepção do que está acontecendo ao seu redor. Seu papel de arquiobservador que participa de uma sociedade sofisticada, percebendo ao mesmo tempo as fraquezas desta, era algo que Søren reconhecia, mas de que não gostava. Seus diários revelam um desgosto crescente pelos acontecimentos e pela parte pela qual era responsável. "Ainda que tudo se exploda, eu consigo me abstrair de todas as coisas, mas não de mim mesmo; nem consigo esquecer-me enquanto estou dormindo".[33]

---

[31] Ibidem, entrada 5119.

[32] Ibidem, entrada 5141.

[33] Ibidem, entrada 5142.

Na década de 1830, Søren estava fazendo uso dos diários a fim de testar diferentes partes de si mesmo, com algumas das quais ele jogaria pelo resto de sua vida. Um desses papéis é o do "ladrão principal". Essas primeiras anotações mostram Søren trabalhando no tema de um forasteiro rebelde que enfrenta o sistema e, como resultado, sofre punições. Os diários não são todos sobre desgraça e tristeza, mesmo quando são mórbidos. Como o soldado na trincheira ou a enfermeira na ala do hospital, Søren, o "ladrão principal" que aguarda sua punição, era perito no tipo de humor que utiliza situações mórbidas. "Aquele que caminhou contemplando o suicídio", escreveu ele em 1836, "naquele exato momento uma pedra caiu e o matou, e ele terminou com as palavras: Louvado seja o Senhor!"[34] Ou em 1837: "Situação: Uma pessoa quer escrever um romance em que um dos personagens enlouquece. Durante o processo de composição, ele próprio enlouquece gradualmente e termina na primeira pessoa".[35] Søren está atento à ridicularização do seu próprio tédio: "Não sinto vontade de fazer nada. Não tenho vontade de caminhar – é cansativo; não tenho vontade de me deitar, pois ou me deitaria por muito tempo, e não sinto vontade de fazer isso, ou me levantaria imediatamente, e também não sinto vontade de fazer isso [...] não tenho vontade de escrever o que escrevi aqui, e não tenho vontade de apagá-lo".[36]

De fato, o espírito inquieto que acompanhava o farrista aparentemente despreocupado fora despertado em 1835. O pai Michael estava preocupado e desconcertado com seu filho desobediente. Naquele ano, a fim de tirar Søren da atmosfera mortal que havia em casa e dos seus companheiros desocupados e espirituosos de Copenhague, Michael pagou para Søren passar o verão bem longe da cidade. Em junho, Søren viajou para Gilleleje, na Zelândia do Norte, uma região que a família Kierkegaard aclamou. Para alguém de vinte e dois anos que sempre morou na cidade, o tempo que passou ao ar livre no interior foi uma revelação. Se Michael esperava causar em Søren um senso de perspectiva, é provável que nunca soube o quão bem-sucedido foi seu esquema. Externamente, em público, Søren parece continuar com sua vida diletante nos próximos anos. Internamente, porém, os diários de Gilleleje sugerem que um trabalho sério havia começado. O registro de 1º de agosto de 1835 tornou-se particularmente famoso. Seu tema, que é sobre conhecer a si mesmo e seu caminho no mundo, merece ser citado detalhadamente:

---

[34] Ibidem, entrada 1672.

[35] Ibidem, entrada 5249.

[36] Ibidem, entrada 5251.

O que eu realmente preciso é deixar claro o que devo fazer. [...] O que importa é encontrar o meu propósito, descobrir o que realmente Deus quer que eu faça. O ponto crucial é encontrar uma verdade que seja a verdade para mim, encontrar a ideia pela qual estou disposto a viver e a morrer. De que me serviria descobrir uma suposta verdade objetiva, trabalhar através dos sistemas filosóficos, de modo que eu pudesse, caso indagado, fazer julgamentos críticos sobre eles, e pudesse apontar as falácias de cada sistema? De que me serviria ser capaz de desenvolver uma teoria do estado, obtendo detalhes de várias fontes, combinando-os em um todo e construindo um mundo em que não vivi, porém, esperando apenas que os outros o vissem? De que me serviria ser capaz de formular o significado do cristianismo, ser capaz de explicar muitos pontos específicos – se ele não tivesse um significado mais profundo para mim e para minha vida? [...] [A verdade] deve surgir viva em mim, e isso é agora o que eu reconheço como o mais importante de tudo. Minha alma anseia por isso tanto quanto os desertos africanos são sedentos por água. Isso é o que está faltando, e, por isso, sou semelhante a um homem que reuniu a mobília e alugou um aposento, mas ainda não encontrou a pessoa amada para compartilhar os altos e baixos da vida com ela. Mas, a fim de encontrar essa ideia – ou, para ser mais correto – para me encontrar, não adianta mergulhar ainda mais no mundo. Isso foi exatamente o que eu fiz antes. [...] Procurei em vão uma âncora no mar infinito do prazer, bem como nas profundezas do conhecimento. Senti o poder quase irresistível com que um prazer passa de uma mão para a outra; senti o falso entusiasmo que isso é capaz de produzir. Também senti o tédio e a destruição que o segue em seus calcanhares. Provei os frutos da árvore do conhecimento e do tempo e novamente me deleitei nos seus sabores. [...] Assim, encontro-me de novo no ponto em que devo recomeçar de outra maneira. Vou agora calmamente tentar olhar para mim mesmo e dar início à ação interior; pois somente assim, como uma criança que se autodenomina "eu" em seu primeiro ato conscientemente assumido, serei capaz de me denominar "eu" em um sentido mais profundo. Mas isso exige resistência, e não é possível colher imediatamente o que se semeia. [...] Vou me apressar ao longo do caminho que encontrei e gritar para todos que passarem por mim: Não olhem para trás como fez a esposa de Ló,[37] mas lembrem-se de que estamos lutando para subir uma colina.[38]

---

[37] O filósofo faz referência ao episódio bíblico que sucedeu à destruição de Sodoma, quando Ló e sua família, havendo sido salvos pelos anjos, fugiam do incêndio da cidade. A esposa de Ló, arrependida, voltou-se para trás e foi transformada em uma coluna de sal (Gênesis 19:1-29). [N. de T.]

[38] *Kierkegaard's Journals and Papers.* Editores: Howard V. Hong e Edna H. Hong. 7 volumes. Bloomington: Indiana University Press, 1967-1968. Entrada 5100.

A busca de Søren pela verdade que era pessoalmente envolvente – pela qual ele poderia "viver e morrer" – resultou em uma rejeição inicial de grande parte do cristianismo que ele havia encontrado até então. Em uma carta de 1835 para o seu cunhado, Søren admite: "Cresci na ortodoxia, por assim dizer",[39] no entanto, "assim que comecei a pensar por mim mesmo, o enorme colosso gradualmente começou a cair". Isso foi, sem dúvida, uma situação embaraçosa para alguém que estava se preparando para ser ministro da igreja oficial do estado. A prevaricação de Søren não nasceu da hostilidade ao cristianismo, mas sim da aversão ao modo como o cristianismo tomou a forma de facções na cristandade. O irmão, Peter, parecia ser capaz de alinhar sua seriedade religiosa com a disposição em se associar a facções específicas na política da igreja. Durante alguns anos, Peter havia sido um defensor de N. S. F. Grundtvig, um nacionalista dinamarquês, poeta, político populista e reformador da igreja cujo grupo colocou o cristianismo baseado em credos contra o cristianismo liberal de Mynster e de entusiastas bíblicos como os morávios, que por sua vez se opuseram ao elitismo cultural representado por Martensen e Heiberg. O tribalismo infinito e barulhento da cristandade estava desgastando Søren. Ele não pretendia encontrar o propósito de sua vida juntando-se a um *grupo*. Søren escreve frequentemente sobre o entusiasmo de se unir e defender alguma expressão do cristianismo como um tipo de traição ao ideal original.

> O cristianismo era uma figura impressionante quando entrou vigorosamente no mundo manifestando a si mesmo. Porém, a partir do momento em que procurou estabelecer limites através de um papa, ou acertar as pessoas na cabeça com a Bíblia, ou, recentemente, com o Credo dos Apóstolos, assemelhou-se a um ancião que acredita ter vivido o suficiente no mundo e quer acabar com as coisas.[40]

As divisões na cristandade não pareciam ser boas notícias para o cristianismo nem para os cristãos individualmente.

> Quando eu vejo um bom número de exemplos particulares da vida cristã, parece-me que o cristianismo, em vez de derramar força sobre eles – sim, na verdade, em

---

[39] Ibidem, entrada 5092.

[40] Ibidem, entrada 418.

> contraste com o paganismo – tais indivíduos são despojados de sua virilidade pelo cristianismo e agora são como o cavalo castrado comparado ao garanhão.[41]

Sem que os outros percebessem, ao mesmo tempo em que Søren estava se endividando, empreendendo políticas estudantis sarcásticas e subindo a escala social, ele também estava ocupado resolvendo sua relação com o cristianismo. Søren sabia cada vez mais que tinha de fazer uma escolha pessoal. Como resultado, Søren ficou fascinado com o estilo de vida oferecido por pessoas que rejeitam o cristianismo. Seus escritos pessoais dessa época estão repletos de reflexões sobre três figuras lendárias: Don Juan, Fausto e Assuero, o judeu errante, que representavam, para Søren, diferentes modos de vida fora da religião. Søren conheceu primeiramente a figura de Don Juan pela apresentação frequente de *Don Giovanni* de Mozart no Teatro Real. Don Juan era um sedutor em série e hedonista, que levava uma vida constante de sensualidade. Fausto era decidido e monógamo em sua busca por conhecimento e poder. Ele é um questionador que mergulha em segredos profundos para fins egoístas. Dizem que Assuero zombou de Jesus no caminho até a cruz e, como consequência, foi amaldiçoado a vagar pela terra, sem nunca morrer, até que Jesus retornasse.[42] Na mente de Søren, os três apresentavam estágios ascendentes de rejeição a Jesus Cristo, culminando em Assuero, cuja rejeição foi consciente e escarnecedora. Ele representa o ápice do desespero porque somente ele reconhece quão profundamente pessoal é a relação com o cristianismo.

Søren pretendia claramente que suas reflexões sobre essas três figuras viessem a formar a base de sua primeira publicação propriamente dita, o livro que o colocaria no mapa como um escritor sério. Ele estava trabalhando nesse material há anos. Infelizmente, grande parte dessas reflexões de Søren permaneceria confinada a seus documentos particulares. Ele foi ultrapassado na linha de chegada. Em 1837, em um dos periódicos editados por Heiberg, apareceu um novo e significativo ensaio do seu professor desprezado: "Oh, quão infeliz estou – Martensen escreveu um ensaio sobre [...] *Fausto*!".[43]

Não tem importância. Logo haveria mais assuntos para ocupar a atenção do jovem. Pois, durante um café na casa de um amigo em uma manhã fria de maio de 1837, Søren Kierkegaard conheceu Regine Olsen.

---

[41] Ibidem, entrada 417.

[42] A história de Assuero, o judeu errante, é uma lenda originada na literatura apócrifa. [N. de T.]

[43] *Kierkegaard's Journals and Papers*. Editores: Howard V. Hong e Edna H. Hong. 7 volumes. Bloomington: Indiana University Press, 1967-1968. Entrada 5225.

CAPÍTULO 5

Vida amorosa

É o ano 1837, dia 8 de maio, no meio da manhã. É início da primavera e o frio ainda está no ar. Como de costume, Søren faz uma visita sem avisar ao seu amigo Peter Rørdam, que é amigo da família e professor na Escola de Virtude Cívica. Porém, na verdade, é Bolette, irmã de Peter, a principal razão dessa visita. Aos vinte e um anos de idade, Bolette, de família exemplar, parece uma perspectiva natural para Søren, de vinte e quatro anos, se casar. No entanto, não é o romance que está em sua mente nessa manhã. O espírito polêmico e a atmosfera espirituosa em que Søren atua têm chegado até ele ultimamente. Søren teme que represálias e argumentos afiados estejam se tornando um hábito. Ele vive refletindo muito e sabe disso. Mas poderia continuar conversando normalmente? Hoje, Søren está simplesmente procurando conversas reais com pessoas reais. Em Bolette, Søren espera encontrar alguém que ajude "o diabo da minha inteligência a ficar em casa".[1]

Chegando à casa de Rørdam, Søren encontra um grupo de jovens senhoras que já estavam lá. Seu plano para uma interação simples parece estar se desvanecendo rápido e, de qualquer modo, está muito frio para sair com Bolette para caminhar. Søren concorda em se juntar às garotas que estão tomando café na sala de estar, e é ali que ele conhece Regine Olsen. Ela tem quinze anos, é inteligente, serena e surpreendentemente bonita. Naquela noite, Søren não a menciona pelo nome em seu diário, mas anota o acontecimento e, mais tarde, descreverá o efeito que ela teve sobre ele como algo semelhante a um feitiço. Søren está apaixonado. Sem nervosismo, com o desejo de impressionar, ou talvez simplesmente pela memória muscular derivada do uso habitual, ele retoma seus modos espirituosos. Suas palavras fluem incessantemente.

---

[1] *Kierkegaard's Journals and Papers*. Editores: Howard V. Hong e Edna H. Hong. 7 volumes. Bloomington: Indiana University Press, 1967-1968. Entrada 5219.

a dores de cabeça, insônia, sensibilidade à luz forte e a mudanças de temperatura, câimbras, constipação e dor. Há indícios de que ele sofria de ataques e convulsões, embora os diários de Søren contenham evidência escassa sobre isso. Durante a vida de Søren e depois, uma ladainha de diagnósticos foi sugerida para explicar o seu estado: compressão da medula espinhal;[5] epilepsia do lobo temporal; transtorno convulsivo parcial complexo; paralisia ascendente de Landry (síndrome de Guillain–Barré); porfiria aguda intermitente; porfiria induzida por cânfora; sífilis (contraída); sífilis (herdada); sifilofobia; paraplegia de Pott; mielite. Cada item é contestado e ninguém sabe ao certo. De sua parte, Søren atribuía essa fragilidade à sua queda da árvore durante a infância, mas, seja qual for o caso, continua sendo verdade que ele não foi o que alguém descreveria como um rapaz robusto.

Essa fragilidade física tinha um componente mental e emocional. Um diagnóstico de poltrona que ocorre de tempos em tempos é o da depressão. É fácil olhar para o fluxo constante de textos sombrios (sejam nos diários ou em publicações) e concluir que Søren era alguém deprimido. Ele também descreveu repetidas vezes sua melancolia como "depressão". Contudo, esse diagnóstico é muito superficial, ainda que a depressão seja uma doença debilitante. Pessoas verdadeiramente deprimidas não tendem a produzir resmas e resmas de material, trabalhando e reformulando suas ideias por um longo tempo até à noite. Por outro lado, os escritos de Kierkegaard não são todos infelizes. Seus diários e, mais tarde, seus livros revelam um homem fascinado com *todas* as reviravoltas que a vida interior oferece. Os acontecimentos da vida de Søren despertaram nele sentimentos, pensamentos e reações que todos experimentam, mas que a maioria de nós não sabe aproveitar. Søren capturou essas sensações, virando-as de um lado para o outro, às vezes transformando escórias em ouro. Tristeza, sim, mas também alegria, humor, adoração e amor de adolescente podem ser encontrados nessas páginas.

Em vez de deprimido, seria mais justo dizer que Søren era ativo. Não apenas sua escrita, mas também suas ações precisam ser vistas à luz de um fluxo constante de altos e baixos profundamente sentidos e nunca esquecidos. "Quando às vezes há uma agitação na minha cabeça, em que o crânio parece ter sido levantado, é como se gobelins[6] tivessem erguido uma pequena

---

5 SCHIOLDANN, Johan; SOGAARD, Ib. *Søren Kierkegaard (1813-1855): A Bicentennial Pathographical Review*. History of Psychiatry 24(4): 387-398.

6 Os gobelins são criaturas que fazem parte do folclore nórdico, têm a cor verde, geralmente, e mais se parecem com duendes. [N. de T.]

montanha e agora estão fazendo um baile hilariante lá. [Na margem: 'Deus me livre!']"[7] Esse temperamento afetou todos os seus relacionamentos mais importantes. O pai e o irmão de Søren, seus professores e mentores, sua namorada e até mesmo seu Deus: ninguém escapou da esfera de Mercúrio,[8] nem mesmo ele.

O período entre 1837 e 1841 provaria ser altamente significativo, não somente pelo trabalho escrito que Søren realizou durante esse tempo, mas também por causa das coisas que aconteceram, tanto com ele como no seu íntimo. Do cadinho desses cinco anos surge: Kierkegaard, o autor; Kierkegaard, o conspirador; Kierkegaard, o rico; Kierkegaard, o adoentado; Kierkegaard, o independente; Kierkegaard, o cristão; Kierkegaard, o amante; e Kierkegaard, o malandro. Podemos traçar, de modo quase exclusivo, os principais acontecimentos desse período pelo mês, muitas vezes pelo dia e, de vez em quando, pela hora, os quais se deram na vida idiossincraticamente documentada de Søren.

Julho de 1837. Morre Marie, a doce e jovem esposa de Peter Christian. Todos estão melancólicos e Søren não se sente bem. Em uma tentativa de limpar seus pensamentos, ele se dispõe a ir para o interior no dia do funeral de Marie. Porém, a viagem não acontece e não valia a pena tentá-la, pois as relações com o irmão Peter e o pai Michael são tão ruins quanto antes. As dívidas estão se acumulando. Em 28 de julho, as coisas vêm à tona. Em troca do pagamento de suas contas pelo pai, Søren concorda em deixar a casa da família até o final do verão.

Primeiro de setembro de 1837. Søren se muda para um conjunto de apartamentos com espaço suficiente para sua biblioteca sempre crescente. Michael Kierkegaard valoriza a leitura, mas essa enorme coleção é uma lembrança constante dos modos desorientados e extravagantes de seu filho. Certamente ele não ficará triste ao ver esses livros saírem de sua casa. Deixe Søren pagar tudo com seu próprio dinheiro e veja como ele vai gostar de sua biblioteca!

No outono seguinte à morte de Marie, a religiosidade morosa de Peter reaparece mais uma vez. Por sua vez, Michael não pode deixar de vê-la passar como mais um relâmpago da nuvem divina do destino pairando sobre sua vida. Com referência à sua própria fé, Søren continua sendo um forasteiro

---

[7] *Kierkegaard's Journals and Papers*. Editores: Howard V. Hong e Edna H. Hong. 7 volumes. Bloomington: Indiana University Press, 1967-1968. Entrada 5301.

[8] A esfera de Mercúrio é a segunda região celeste do paraíso, fazendo-se presente no poema alegórico de Dante Alighieri, a *Divina comédia*. [N. de T.]

consciente. Ele segue trabalhando sua postura em relação ao cristianismo, afastado de seu irmão e de seu pai, e outros tipos de propostas. Vivendo por conta própria, sem ter que dar satisfações à família, e em discórdia com o pai e o irmão, Søren deixa de frequentar a Sagrada Comunhão.

É também nesse momento que Søren começa a dar passos hesitantes em direção a um projeto de tese de doutorado. Ele ainda não começou, muito menos concluiu seus exames de graduação, mas as rodas já estão girando. Em novembro, ele pondera: "Seria interessante acompanhar o desenvolvimento da natureza humana [...] mostrando do que alguém ri nas diferentes faixas etárias".[9] Søren continua participando de palestras sobre vários assuntos. Como alternativa para a ortodoxia mecânica ou a teologia fadista vazia, Søren explora a filosofia como um meio de fornecer a ideia pela qual ele poderá viver. Ele participa atentamente da célebre série de palestras de Martensen sobre a história da filosofia, mas acha o *Cogito, ergo sum* de Descartes ("Penso, logo existo") uma "proposição banal",[10] e a apropriação que Martensen fez da máxima de Descartes, "Duvide de tudo", ridícula. "A filosofia", escreve Søren, "troca de pele a cada passo que dá, e os seguidores mais tolos entram nela."[11] Por volta dessa época, Søren trabalhou suas frustrações com o meio universitário esboçando uma peça satírica chamada *A batalha entre os antigos e os novos vendedores de sabão*. A peça (nunca terminada) compara a *intelligentsia*[12] e seus esquemas filosóficos à competição da vida real travada atualmente entre os mercadores de sabão de Copenhague, que estavam usando anúncios cada vez mais complicados para vender o mesmo produto básico. A peça é imatura e seria, em grande parte, pouco notável, se não fosse pelo fato de revelar o quanto a postura de Søren em relação às várias escolas de pensamento filosófico e religioso havia sido estabelecida, mesmo nessa idade precoce.

O ano é 1838, início da primavera. Existe uma lacuna nos diários. Em abril, Søren quebra o silêncio, revelando o motivo. "Outra vez, decorreu um período tão longo, no qual fui incapaz de me concentrar em coisas mínimas – agora

---

9 *Kierkegaard's Journals and Papers*. Editores: Howard V. Hong e Edna H. Hong. 7 volumes. Bloomington: Indiana University Press, 1967-1968. Entrada 4400.

10 Ibidem, entrada 5220.

11 Ibidem, entrada 3251.

12 O termo *intelligentsia* é de origem russa, интеллигенция, referindo-se à classe dos intelectuais políticos da Rússia no século XIX. Entretanto, costumou-se aplicar o mesmo termo ao conjunto de intelectuais de um país. [N. de T.]

preciso fazer outra tentativa. Poul Møller está morto".[13] Møller, que era professor e confidente de Søren, tinha quarenta e quatro anos. Ele era o modelo para a maneira como Søren se comportaria como avaliador das fraquezas da vida pública. Um dia, Søren iria dedicar um livro a Møller, pois os rascunhos de *O conceito de angústia* contêm uma dedicatória que diz: "Ao falecido professor Poul Martin Møller [...] a poderosa trombeta do meu despertar [...] meu amigo que perdi; meu leitor de quem tristemente sinto falta".[14]

Essa dedicatória ficou para o futuro. No momento atual, os assuntos são ainda mais irritantes porque Martensen atraiu o patrocínio de Heiberg. Como resultado, ele é nomeado para substituir o lugar de Møller na universidade. É um cargo temporário, mas que ele manterá pelos próximos dois anos antes de se tornar professor titular. Só para não esquecer, ao mesmo tempo em que Martensen está vestindo o manto de menino de ouro de Copenhague, Søren, apenas cinco anos mais novo, ainda não completou seu curso de graduação.

Os acontecimentos parecem ter catalisado o jovem aspirante a escritor. Mais tarde, naquele mesmo mês de abril, os diários de Søren entram em silêncio novamente. Dessa vez, a pausa na escrita do diário não se deve à tristeza, mas a um surto renovado de energia produtiva aplicada. Søren está escrevendo seriamente, preparando seu primeiro trabalho adequado à publicação. Martensen pode tê-lo ultrapassado quando se tratava de Fausto, mas agora Søren tem outro projeto em mente que o colocará no mapa literário. Nos próximos meses, ele se dedicará ao seu ensaio extenso e à crítica do novo romance de Hans Christian Andersen, *Nada como um menestrel*.

Cinco de maio de 1838. Søren comemora o seu aniversário. Contra todas as probabilidades, ele sobreviveu mais um ano. Essa ocasião leva a uma reflexão espiritual renovada sobre o trabalho, a vida, a família e Deus.

Em 19 de maio, precisamente às 10h30min da manhã, Søren registra uma experiência que acabou de passar:

---

[13] *Kierkegaard's Journals and Papers*. Editores: Howard V. Hong e Edna H. Hong. 7 volumes. Bloomington: Indiana University Press, 1967-1968. Entrada 5302.

[14] KIERKEGAARD, Søren. *Kierkegaard's Writings, VIII, Volume 8: Concept of Anxiety: A Simple Psychologically Orienting Deliberation on the Dogmatic Issue of Hereditary Sin*. Editado e traduzido por Reidar Thomte. p. 178.

> Há uma alegria indescritível que brilha através de nós tão inexplicavelmente como a exclamação do apóstolo[15] que irrompe sem motivo aparente: "Alegrai-vos; outra vez eu digo: Alegrai-vos." – Não uma alegria sobre isso ou aquilo, mas o completo clamor da alma "com a língua e a boca e do fundo do coração" [...] um refrão celestial que, de certa forma, interrompe repentinamente nosso outro canto, uma alegria que refrigera e revigora como uma lufada de ar [...][16]

Seis de julho de 1838, domingo. Essa experiência espiritual não se repete, mas os efeitos parecem ter se enraizado. O pastor Kolthoff – um dos poucos clérigos pelos quais Søren manteve o respeito – registra em suas anotações que Søren participou da confissão e da comunhão na Igreja de Nossa Senhora, perto da antiga casa da família.[17] Entretanto, não há suspeita de pressão familiar, pois Søren compareceu sozinho. Na verdade, o verão marca um tempo de reconciliação entre os três Kierkegaards, o qual Søren e Peter vinham especialmente trabalhando há algumas semanas.

Em 9 de julho, Søren regozija-se em seu diário, pois seu "Pai Celestial"[18] guardou seu pai terreno com vida por tempo suficiente para que Michael sentisse orgulho do seu filho reformado. O filho faz uma prece para que o pai sinta "uma alegria maior em ser meu pai pela segunda vez do que na primeira". A reconciliação está evidentemente ligada à confiança renovada de Søren em sua fé e à capacidade de articular uma relação pessoal envolvente com Jesus Cristo. Na mesma anotação ele conclui:

> Eu vou trabalhar por uma relação muito mais íntima com o cristianismo, pois, de certo modo, até agora, estive completamente fora dele enquanto lutava por sua verdade. Como Simão de Cirene (Lucas 23:26), eu carreguei a cruz de Cristo de uma maneira puramente externa.[19]

---

[15] Trata-se de Paulo. O versículo integral é: "Alegrem-se sempre no Senhor. Novamente direi: Alegrem-se!" (Filipenses 4:4). [N. de T.]

[16] *Kierkegaard's Journals and Papers*. Editores: Howard V. Hong e Edna H. Hong. 7 volumes. Bloomington: Indiana University Press, 1967-1968. Entrada 5324.

[17] Cappelorn, Niels J. "Søren Kierkegaard at Friday Communion in the Church of Our Lady". In: PERKINS, Robert L. (editor). *International Kierkegaard Commentary: Eighteen Upbuilding Discourses*. Macon: Mercer, 2006. p. 263-264.

[18] *Kierkegaard's Journals and Papers*. Editores: Howard V. Hong e Edna H. Hong. 7 volumes. Bloomington: Indiana University Press, 1967-1968. Entrada 5328.

[19] Ibidem, entrada 5329.

Oito de agosto de 1838. Prova-se que Michael Pedersen Kierkegaard está equivocado em sua convicção de que foi amaldiçoado a sobreviver a todos os seus filhos, pois, às 2 horas da madrugada, ele está morto, aos oitenta e dois anos. Em uma anotação no diário assinalada com uma cruz, Søren escreve:

> Meu pai morreu na quarta-feira [...] Eu desejava tão profundamente que ele pudesse ter vivido mais alguns anos, e considero sua morte como o último sacrifício do seu amor por mim, porque, ao morrer, ele não se afastou de mim, mas morreu por mim, para que alguma coisa, se possível, ainda possa vir de mim.[20]

A anotação termina assim: "Ele era um amigo fiel".

Michael morreu havendo se reconciliado com seu filho. Todavia, ele também morreu sem ver o seu filho se casar, terminar a universidade, arranjar um emprego ou publicar qualquer coisa importante. Até o final de sua vida, ele estava convencido de que Søren não tinha vivido, e talvez nunca viveria, de acordo com seu potencial. Nos últimos anos, Peter admitiu que Michael estava desapontado com Søren por desperdiçar seu talento. Søren também estava bem ciente da dívida que devia a seu pai, e que agora nunca seria paga. Muitos de seus livros mais importantes e espiritualmente sérios seriam dedicados à memória do comerciante de roupas e tecidos. Ao mesmo tempo, Søren não ignorava a natureza ambígua da dívida. Seu pai o amava e ele amava seu pai, mas a vida dos dois juntos ainda era "insana".[21]

De nenhum modo insignificante, a partida do patriarca Kierkegaard significa que agora os Kierkegaards da família estão ricos. Os dois irmãos herdam a riqueza e a casa de Michael. Peter se muda para os aposentos do seu pai e Søren volta para seus antigos aposentos, onde ele ficará pelo próximo ano. Ele também herda mais de 33.000 r.d., uma quantia elevada que significa que Søren não terá de ganhar a vida de qualquer jeito. Em outras palavras, ele está pronto para a vida.

É bom que Søren não precise confiar em seus escritos para pagar as contas, pois isso nunca se tornaria uma fonte confiável de renda. Alguns livros renderam um pequeno lucro, enquanto outros não, mas, ao longo de tudo isso, foi a

---

[20] Ibidem, entrada 5335.

[21] KIERKEGAARD, Søren. *Kierkegaard's Writings, XXII, Volume 21: The Point of View*. Editado e traduzido por Howard V. Hong e Edna H. Hong. p. 79.

riqueza que Søren herdou que subsidiou sua carreira de escritor, começando com seu primeiro livro, até que ele ficou sem nenhum dinheiro no final de sua vida. Søren havia terminado o manuscrito de sua crítica ao trabalho de H. C. Andersen em julho, antes da morte de seu pai. Assim, o título secreto, *Dos ensaios de alguém que ainda vive*, não se refere ao relacionamento de Søren com Michael. Em vez disso, o título alude ao conteúdo do livro, que critica substancialmente Andersen por escrever seus romances sem uma "visão de vida" comprometida. Andersen não investiu em seus personagens um ponto de vista claro. Desse modo, não se pode dizer que eles (e o autor) estejam completamente vivos. Søren apresentou o manuscrito a Heiberg para publicação, o qual foi rejeitado. Heiberg – o grande árbitro do gosto literário dinamarquês – não gostava do estilo de Søren.

Assim é que, em 7 de setembro de 1838, pouco mais de um mês após Michael Pedersen ter sido enterrado, o primeiro livro de Søren é autopublicado, com o dinheiro do finado pagando para lançar a carreira do filho ainda vivo. O livro é muito bem vendido, mas não pode ser considerado um grande sucesso. Isso desagrada Andersen e confunde a maioria dos leitores. Em dezembro, a obra talvez seja mais discutida do que realmente lida, porém, mesmo assim, a missão foi cumprida. Søren fez sua marca literária e está começando a ser notado como mais do que um mero gracejador de língua afiada que faz sucesso nas festas. Como sinal de respeito, ele é convidado para ser o presidente da União dos Estudantes.

O pequeno livro é impressionante, porém, uma afronta sofisticada a um narrador popular de contos de fadas dificilmente é sinal de um homem sério. Nos meses que se seguiram à morte de Michael, os conhecidos da família esperam que Søren, cheio de dinheiro e livre do controle de seu pai, leve agora o tipo de vida indolente que só um rico e farrista vaidoso com o hábito de fumar quatro charutos por dia pode ter. "Agora você nunca receberá o seu diploma em teologia",[22] diz Sibbern, conformado em perder seu jovem amigo e aluno.

Outro dos professores de Søren, Hans Brøchner, questiona a dedicação de Søren em concluir as provas finais. Os que duvidam serão confundidos, pois todos estão errados acerca de Søren. Aqui está Søren, "o Garfo", um rapaz criado desde a infância para debater, argumentar e convencer a todos. O relacionamento entre pai e filho era constituído por uma disputa verbal – essa

---

[22] *Kierkegaard's Journals and Papers*. Editores: Howard V. Hong e Edna H. Hong. 7 volumes. Bloomington: Indiana University Press, 1967-1968. Entrada 5769.

conversa pugnaz era tanto o castigo quanto a recompensa. Com Michael falecido, Søren não tem ninguém para lhe impor limites. Mais tarde, ele confessará em seu diário: "Se meu pai estivesse vivo, eu jamais teria conseguido".[23] Para Brøchner, ele responde: "Enquanto meu pai estava vivo, eu poderia defender minha proposta de que não deveria receber o diploma. Porém, depois que ele morreu, e eu também tive que assumir o seu lado no debate, não pude mais resistir e tive que tomar a decisão de terminar a graduação".[24]

Com o livro publicado e o pai sepultado, era chegada a hora do trabalho árduo. Um ano de estudos universitários tem que ser espremido em uns poucos meses. Søren contrata Brøchner para prepará-lo para as provas finais. Ele se dedica a memorizar listas de papas, léxicos de hebraico, verbos gregos, a história da igreja e todas as demais parafernálias de um exame de teologia dinamarquês do século XIX. Ele obedientemente comparece às aulas exigidas, que lhe parecem enfadonhas e monótonas, e todas as demais coisas devem esperar até que isso acabe. Søren chama esse período do outono de 1838 até o verão de 1840 de "o maior parêntese que já experimentei".[25] De modo geral, os diários e experimentos mentais estão incluídos nesse parêntese, pois ele escreveu em seu diário:

> Devo me despedir, e vós, pensamentos meus, aprisionados em minha mente, não posso mais deixar-vos passear no frescor da noite; mas não desanimeis, aprendei a vos conhecerdes melhor, associando-vos uns com os outros e, sem dúvida, poderei escapar de vez em quando a fim de vos espiar – *Au revoir!*[26, 27]

Em geral, os diários são concisos, mas não cessam completamente. Um tema comum que permeia as anotações restantes é o joeiramento contínuo[28]

---

23 Ibidem.

24 KIERKEGAARD, Søren. In: KIRMMSE, Bruce (ed.). *Encounters with Kierkegaard.* Princeton: Princeton University Press, 1996. p. 228.

25 *Kierkegaard's Journals and Papers.* Editores: Howard V. Hong e Edna H. Hong. 7 volumes. Bloomington: Indiana University Press, 1967-1968. Entrada 5446.

26 "Adeus!" – Søren se despede momentaneamente de seus pensamentos, em francês, para se dedicar aos estudos. [N. de T.]

27 *Kierkegaard's Journals and Papers.* Editores: Howard V. Hong e Edna H. Hong. 7 volumes. Bloomington: Indiana University Press, 1967-1968. Entrada 5434.

28 Quer dizer, separar o joio do trigo passando-os pela joeira, uma peneira usada para separar as sementes que estão misturadas (Mateus 13:24-30). [N. de T.]

que Søren faz entre o cristianismo autêntico e suas formas degradadas, além de sua frustração com os filósofos artificiais (como Martensen) que alinham o cristianismo ao hegelianismo. Outro tema é o amor.

Søren nunca se esquece de Regine, e mantém, durante esse tempo, uma relação sociável com a família dela. "Mesmo antes de meu pai morrer, minha mente estava decidida a respeito dela".[29] A morte do pai e a herança do filho tornaram essa união ainda mais viável e, durante sua subsequente fase entre parênteses, seus pensamentos em Regine continuam crescendo. "Durante todo esse tempo, eu deixei sua vida se entrelaçar à minha".[30] Porém, acompanhar tudo isso é uma reticência contínua sobre o casamento em si e o que isso implica na vida futura de Søren. Um estudo em teologia é naturalmente um precursor da ordenação, que, para a igreja oficial dinamarquesa, é semelhante a uma vida confortável como uma espécie de funcionário público clerical. Seria o papel de marido, pai, cidadão e clérigo o que Søren, o escritor espirituoso e mordaz, haveria de interpretar?

Em 2 de fevereiro de 1839, por enquanto, o poeta romântico triunfa sobre o profeta solitário ou o acadêmico obediente. Søren, usando a forma latina do nome de sua amada, irrompe em comemoração:

> Tu, ó *Regina*,[31] soberana rainha do meu coração, escondida no mais profundo segredo do meu peito, na plenitude do meu ideal de vida. [...] Em toda parte, no rosto de todas as moças, eu vejo as feições da tua beleza. Porém, eu acho que teria de possuir a beleza de todas as moças do mundo para extrair a beleza que tens; que eu teria de navegar ao redor do mundo para encontrar a região da terra que desejo e para a qual o segredo mais profundo do meu eu aponta opostamente – e, no momento seguinte, que tu estejas tão perto de mim, tão presente, preenchendo tão intensamente o meu espírito, de modo que eu seja transfigurado em mim mesmo e sinta que ali é bom de estar.[32]

---

[29] *Kierkegaard's Journals and Papers*. Editores: Howard V. Hong e Edna H. Hong. 7 volumes. Bloomington: Indiana University Press, 1967-1968. Entrada 6472.

[30] Ibidem.

[31] *Regina*, em latim, quer dizer "rainha". [N. de T.]

[32] *Kierkegaard's Journals and Papers*. Editores: Howard V. Hong e Edna H. Hong. 7 volumes. Bloomington: Indiana University Press, 1967-1968. Entrada 5368.

Regine Olsen. Este retrato, de Emil Bærentzen, foi feito em 1840, quando Regine tinha dezoito anos de idade.

Søren ainda não se aproximou diretamente da donzela em questão. Ela é jovem. Ele está em conflito. (E aquela lista de papas não vai ser memorizada.)

Três de julho de 1840. Enfim, o trabalho foi concluído. Søren passa em seus exames com uma nota "louvável", firmemente no meio do seu grupo. Seus examinadores elogiam a maturidade do pensamento de Søren, mas observam a escassez de material teológico aceitável em suas respostas escritas. Duas semanas depois, a fim de marcar o término de seus estudos, Søren se dirige para o norte, para a Jutlândia. Essa viagem é um feriado após o grande parêntese, mas também uma peregrinação à terra natal de Michael e à colina infame. ("Aqui na charneca, deve-se verdadeiramente dizer: 'Para onde poderia fugir da tua presença?'")[33,34] Søren é tocado pela beleza da natureza, entediado com a companhia que encontra ao longo do caminho e obstinado pela tristeza a respeito de seu pai. "Estou tão apático e abatido que não tenho nada com que encher a

---

[33] Texto do Salmo 139:7. [N. de T.]

[34] *Kierkegaard's Journals and Papers*. Editores: Howard V. Hong e Edna H. Hong. 7 volumes. Bloomington: Indiana University Press, 1967-1968. Entrada 2830.

minha alma, mas não posso conceber qualquer coisa capaz de satisfazê-la – ai de mim! Nem mesmo a bem-aventurança do céu",[35] escreve ele.

Por tudo isso, Søren também está ansioso para voltar a Copenhague. Antes de sua viagem à Jutlândia, ele havia feito uma visita amistosa à casa de Olsen, trocando gentilezas e emprestando-lhes um ou dois livros e algumas partituras. Tudo fazia parte do plano de quebrar o gelo com Regine, e agora Søren está ansioso para acompanhar o próximo estágio. Finalmente, no final da noite de 6 de agosto, Søren volta para casa. Dois dias depois, Søren faz uma visita aos Olsen para perguntar sobre os livros dele e ver se gostaram das passagens que ele havia selecionado para eles. O plano funcionou. De 9 de agosto até setembro, ele visita a família com frequência e se aproxima de Regine. Ela tem dezoito anos, e ele vinte e sete.

Oito de setembro. Søren sai de casa, "decidido a resolver tudo"[36] de uma vez por todas. Certamente, ele se depara com Regine na rua em frente à casa da moça, e educadamente pergunta sobre a família dela, que lhe responde que não há ninguém em casa. A chance é agora! Søren é precipitado o suficiente para ver isso como a oportunidade que ele estava precisando. Com o coração acelerado, ele se convida para entrar.

Regine é uma garota muito educada e, além disso, não é boba, pois sabe que algo está acontecendo e que não ficaria nada bem ficar em casa sozinha com um homem. Então, Søren, vendo que ela está nervosa, a fim de lhe acalmar os nervos, pede que ela toque alguma coisa no piano. Regine toca uma peça, enquanto seu visitante desajeitado, normalmente tão falante, não consegue dizer coisa alguma. A música termina, e Søren senta-se com os olhos arregalados, engolindo a saliva nervosamente. A única solução para isso seria Regine começar uma nova peça. De repente, Søren se move bruscamente para a frente, apanha o livro de música e o joga sobre o piano. "Ah, o que me importa essa música? É você que eu quero. Há dois anos venho querendo você!"[37] As portas estão abertas e o resto acontece. Søren não leva adiante sua confissão de amor com louvores pela amada ou até mesmo uma defesa eloquente de seus méritos como pretendente. Uma conduta dessas é para cidadãos normais. Em vez disso, como é peculiar a alguém cuja vida foi em grande parte vivida interiormente, Søren faz a corte à Soberana do seu Coração confessando-lhe a

---

[35] Ibidem, entrada 5454.

[36] Ibidem, entrada 6472.

[37] Ibidem.

melancolia dele e advertindo-a para ficar longe dele. Uma proposta estranha, mas, de qualquer forma, a ação está feita. Agora é Regine quem deve responder. Mais tarde, ela descreveria seu eu jovem como "tendo ficado completamente sem palavras".[38] Felizmente, sua educação e bom senso entram em ação. Sem uma única palavra ou explicação, ela se apressa em levar seu visitante inoportuno para fora o mais rápido possível.

Na rua, Søren é deixado segurando seu chapéu e olhando boquiaberto para a porta batida. Em um piscar de olhos, ele entende a situação do ponto de vista de Regine. Todas as tramas, orações e relatos entusiasmados dos últimos dois anos se passaram em sua mente. Ninguém mais, nem mesmo Regine, sabia concretamente de suas intenções. Se alguém os tivesse pegado sozinhos em casa, seria ela, e não ele, que teria sua reputação prejudicada. Não havia nenhum aviso, nenhum sinal prévio, nenhum entendimento com a família dela que estabelecesse o contexto para a visita dele. Eles não veriam a culminação de um romance de longa gestação com conotações teológicas, somente uma menina de dezoito anos tocando canções de amor para um malandro de vinte e sete anos! Não é de admirar que Regine estivesse tão nervosa. Søren imediatamente resolve fazer as coisas do jeito certo. Naquela mesma tarde, ele segue para os escritórios do conselheiro Terkild Olsen e lhe conta tudo o que sucedeu.

O pai de Regine gosta de Søren e aprecia a companhia dele. Søren pode dizer que ele está bem-disposto à ideia de adquirir um Kierkegaard como genro. Ainda assim, Terkild não diz sim nem não à proposta do jovem. Isso cabe a Regine fazer. Porém, ele permite que Søren lhes faça uma visita em um horário determinado. Na tarde de 10 de setembro, Søren aparece novamente. Dessa vez, a família Olsen está presente, como é correto, e Regine também está ali. "Eu não disse uma única palavra para fasciná-la – ela disse que sim".[39]

Antes que o feliz casal pudesse iniciar o namoro, havia uma pequena questão sobre um admirador anterior: Fritz Schlegel, o ex-professor de Regine. Eles não estavam noivos, mas a família Olsen conhecia o jovem como um pretendente esperançoso que aguardava pacientemente. Naquele mesmo dia, com algum constrangimento, Regine fala com Søren sobre esse vínculo. Ele rebate o rival de lado com um aceno de mão. Que o professor seja colocado entre parênteses – Søren tem prioridade. "Você poderia ter falado sobre Fritz

---

[38] SCHLEGEL. In: KIRMMSE, Bruce (ed.). *Encounters with Kierkegaard*. Princeton: Princeton University Press, 1996. p. 35.

[39] *Kierkegaard's Journals and Papers*. Editores: Howard V. Hong e Edna H. Hong. 7 volumes. Bloomington: Indiana University Press, 1967-1968. Entrada 6472.

Schlegel até no Dia do Juízo Final", vangloria-se Søren. "Não teria ajudado em nada porque eu queria você!".[40]

Que tipo de mulher é essa que Søren está querendo? Nessa época, um amigo em comum a descreveu como "uma alma profunda e poderosa, além de adorável e encantadora".[41] Regine é serena e autoconsciente, e preferia ouvir a falar, caso isto significasse jogar conversa fora. Ela é uma jovem talentosa e inteligente que leva o seu cristianismo a sério. Nos anos posteriores, de todas as coisas sobre as quais discordaria de Kierkegaard, e que atrairia consistentemente a ira de Regine, seria a insinuação de que ela não era uma combinação espiritualmente adequada para Søren. Desde a infância, Regine participava das reuniões de oração dos morávios (na casa de reuniões parcialmente financiada por Michael Pedersen). Atualmente, ela se orientava por sua leitura de *Imitação de Cristo*, de Tomás de Kempis.[42] A heroína de Regine é Joana d'Arc. Assim como essa guerreira profética de antigamente, Regine também alimenta em seu coração o desejo de ser convocada para um dever divinamente designado. Como Søren, ela também é a mais jovem dos sete filhos, e como ele, também sabe o que é viver com um pai melancólico. Mesmo considerando a diferença de idade entre os dois e a fase de vida em que estão, ambos os temperamentos, as personalidades e as experiências de Regine e Søren são bem compatíveis. Não é de admirar que eles se apaixonassem.

O namoro deles se desenvolve nos meses seguintes. Søren escreve a Regine quase diariamente com notas de amor, observações engraçadas e esboços divertidos desenhados à mão. As cartas são entregues pessoalmente, pois Søren visita com frequência a casa dos Olsen, às vezes duas ou até três vezes por dia. Eles davam festas para apresentar o exército de sobrinhos e sobrinhas de Søren à família Olsen. Søren se torna notável com seus futuros sogros, criando especialmente uma relação com o conselheiro Olsen, cujo exterior rude e sério esconde um espírito afim. Um dia, quando toda a cidade acaba testemunhando o novo consorte do príncipe herdeiro, Søren e o velho pai Olsen se

---

[40] KIERKEGAARD, Søren. In: KIRMMSE, Bruce (ed.). *Encounters with Kierkegaard*. Princeton: Princeton University Press, 1996. p. 35.

[41] SIBBERN. In: KIRMMSE, Bruce (ed.). *Encounters with Kierkegaard*. Princeton: Princeton University Press, 1996. p. 215.

[42] O escritor Thomas von Kempen foi um monge alemão que viveu durante o século XV. Seu livro, que Regine tanto apreciava, é considerado por alguns como um dos maiores tratados da moral cristã. [N. de T.]

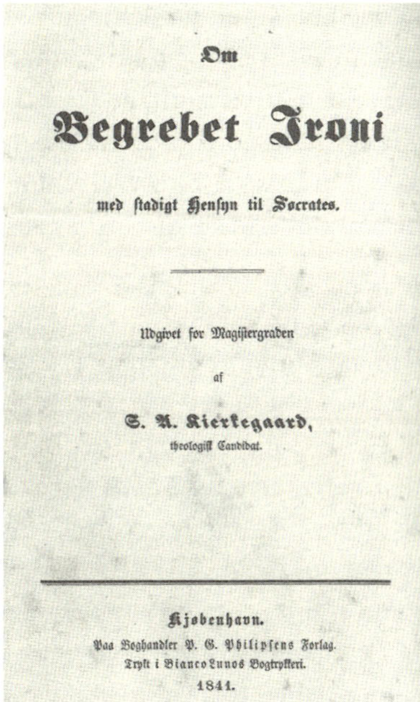
Om

Begrebet Ironi

med stadigt Hensyn til Socrates.

Udgivet for Magistergraden

af

S. A. Kierkegaard,

theologisk Candidat.

Kjøbenhavn.

Paa Boghandler P. G. Philipsens Forlag.

Trykt i Bianco Lunos Bogtrykkeri.

1841.

Folha de rosto original de 1841 da primeira edição de O conceito de ironia, versão publicada da dissertação de mestrado de Søren (equivalente a uma tese de doutorado hoje).

contentam em escapulir para o bosque a fim de darem um passeio e fumarem sossegadamente.

Søren e Regine também passeiam e cavalgam juntos pelo campo. Nessas excursões, eles são frequentemente acompanhados por Frederik Sibbern, amigo e professor de Søren, que faz companhia ao jovem casal e se torna um confidente para ambos. Ele aprova a escolha de Søren e gosta muitíssimo de Regine. Na verdade, Sibbern suspeita que Regine seja boa demais para Søren ou, no mínimo, que Søren possa ser ruim para ela. É Sibbern quem primeiro vê que nem tudo é feliz para o casal. Mais tarde, ele irá refletir que, mesmo nessas viagens iniciais, "a discórdia já havia surgido no relacionamento deles".[43]

O fato é que Søren não quer ludibriar Regine com uma propaganda enganosa. Ele não esconde sua natureza conflituosa, e, em suas caminhadas e passeios juntos, derrama muitas vezes sua tristeza acerca de seu pai, seu relacionamento rompido com Peter e sua insegurança. Se as confissões se destinavam a ser uma espécie de teste pelo qual Regine escolheria livremente repelir Søren, o plano não funcionou. Ela não é alheia a conviver com homens

---

[43] SIBBERN. In: KIRMMSE, Bruce (ed.). *Encounters with Kierkegaard*. Princeton: Princeton University Press, 1996. p. 213.

inconstantes. Seu pai também tinha seus altos e baixos de melancolia. Regine está bem-disposta para reconhecer os sintomas em seu recém-amado. Parece que a Joana d'Arc dinamarquesa encontrou sua missão. Uma paixão pela luta é despertada no coração de Regine. Por amor a Søren, ela decide não desistir do seu homem. Contra os melhores instintos de Sibbern e as expectativas de Søren, confissões e discórdias servem apenas para aproximá-la mais ainda.

Enquanto isso, Søren continua seguindo os vários caminhos confusos de sua vocação. Como o inverno sucede ao outono e a noite ao dia, assim também os estudantes de teologia recém-formados com noivas buscam posições na igreja oficial. É o curso natural das coisas. Søren se inscreve no Seminário Pastoral Real e, como parte do treinamento para sua ordenação, prega seu primeiro sermão em 12 de janeiro de 1841.[44] Os avaliadores notam que o sermão foi proferido com uma voz clara e um tom digno. Mas eles também expressam a preocupação de que a profusão de ideias seja muito rica e que a descrição de Søren sobre a luta da alma não atraia o frequentador comum da igreja. Não é difícil imaginar o sorriso irônico de Søren ao receber esse parecer. Não é com a luta da alma do frequentador comum da igreja que ele está preocupado, mas com a sua própria.

Os diários e as amostras de escrita desse período de treinamento inicial para o noivado e a ordenação revelam um homem que permanece altamente alerta aos problemas inerentes à ideia de que ele, entre todas as pessoas, está buscando a vida conjugal de um clérigo. Muitos desses escritos farão sua aparição de forma polida em publicações futuras, como em trechos de *Ou isso, ou aquilo*,[45] onde o jovem autor pseudônimo hesita sobre o valor do casamento: Casando-se ou não – você vai se arrepender de qualquer jeito. As coisas não são boas para Regine.

Nesse momento, o trabalho na tese também continua em ritmo acelerado. Søren vinha experimentando ideias há algum tempo em seus diários. Agora, para sua dissertação de mestrado (equivalente a um doutorado hoje), Søren decide intitular seu estudo assim: *O conceito de ironia*, frase e assunto apoiados por seu falecido amigo Poul Møller. Assim é que, entre a preparação do sermão e as visitas diárias aos Olsens, Søren concentra-se na "ironia", um estudo, na verdade, que corresponde a uma crítica ao movimento romântico

---

44 HANNAY, Alistair. *Kierkegaard: A Biography.* Cambridge: Cambridge University Press, 2001. p. 138.

45 Em português, essa obra do filósofo Kierkegaard (1843), *Ou isso, ou aquilo*, recebeu o subtítulo de *Um fragmento de vida*. [N. de T.]

alemão popular e a comentários sobre Hegel, sendo *Constantemente referido a Sócrates*, como sugere o subtítulo.

Em 3 de junho de 1841, o trabalho está concluído. Søren apresenta o manuscrito à universidade depois de receber a permissão oficial para apresentá-lo em dinamarquês em vez do latim, como era habitual. Os membros do corpo docente de avaliação incluíram Sibbern (que, em geral, gostava da tese) e Martensen (que não gostava dela). Em julho, a comissão recomenda, a contragosto, o conteúdo inegavelmente erudito da tese, ao mesmo tempo em que apresenta sérios problemas com o estilo e os maneirismos de Søren. "A exposição sofre de uma busca convencida do que é mordaz e espirituoso, que não raro cai no puramente vulgar e de mau gosto",[46] escreve um examinador, concluindo que, com qualquer outro aluno, tais elementos poderiam ser editados forçosamente. Não é assim com Søren "Gaflen" Kierkegaard.[47] "Negações sobre isso seriam difíceis e complicadas. Dada a natureza particular do autor e sua preferência por esses elementos, seria infrutífero expressar um desejo acerca disso". O reitor da universidade (e célebre naturalista), Hans Christian Ørsted, concorda: "Apesar do fato de que certamente vejo nisso a expressão de forças intelectuais significativas, não posso negar que isso me causa uma impressão geralmente desagradável, sobretudo por causa de duas coisas, as quais eu detesto: verbosidade e artificialidade".[48] Não obstante, o trabalho é aprovado, sendo definida uma data em setembro para Søren defender sua tese.

É evidente, a partir dos comentários dos examinadores, que eles não reconheceram, ou pelo menos não apreciaram, que, com sua prosa torturante sobre a ironia, Søren estava fazendo um comentário irônico sobre os acadêmicos contumazes. A verbosidade do texto fazia parte do objetivo. À luz da incapacidade que tinham de aceitar uma brincadeira, foi bom, pois, que Søren não tenha incluído esta ideia, descoberta em suas anotações de 1838:

> Cópia da dedicatória do meu tratado: *Como eu sei que você provavelmente não lerá isto, mas caso não o tenha entendido, ou se o entendeu, seria uma exceção; posso*

---

[46] MADVIG. In: KIRMMSE, Bruce (ed.). *Encounters with Kierkegaard*. Princeton: Princeton University Press, 1996. p. 30-31.

[47] *Gaflen*, em dinamarquês, quer dizer "garfo". É como o pequeno Søren se declarou, certa vez, quando interrogado sobre o queria ser quando adulto (cf. Capítulo 3). [N. de T.]

[48] ØRSTED. In: KIRMMSE, Bruce (ed.). *Encounters with Kierkegaard*. Princeton: Princeton University Press, 1996. p. 32.

> *direcionar sua atenção apenas para sua aparência: as bordas douradas e a encadernação em marroquim.*[49]

Talvez o restante da comissão tivesse uma chance melhor de entender o gracejo se soubessem que, atualmente, Søren estava vivendo outra campanha irônica de sua autoria. Enquanto a comissão decide o destino acadêmico de Søren, somente Sibbern tem uma ideia do que está acontecendo na vida privada do jovem.

Em 11 de agosto de 1841, Regine recebe um pequeno pacote embrulhado com papel. É o anel que ela deu a Søren quando ficaram noivos. Para Regine, o mundo entra em silêncio enquanto ela lê a nota explicativa (a qual, um dia, seria reproduzida palavra por palavra em *Estágios no caminho da vida*):

> Acima de tudo, esquece quem te escreveu isto; perdoa um homem que, mesmo que fosse capaz de fazer alguma coisa, no entanto, seria incapaz de fazer uma garota feliz. No Oriente, enviar um cordão de seda significa pena de morte para o destinatário; neste caso, enviar um anel significa, muito provavelmente, pena de morte para a pessoa que o enviou.

Eles estiveram noivos por treze meses. Mais tarde, Søren afirmaria que sabia que o noivado foi um erro desde o primeiro dia, mas, de qualquer forma, não havia ocultado de Regine sua ambivalência sobre sua adequação ao casamento. O pacote inoportuno não foi uma surpresa.

A ironia do rompimento de Søren com Regine é que ele nunca deixou de amá-la, mesmo enquanto ele tentava romper o noivado. O raciocínio de Søren é tipicamente complicado, dependendo de suas ideias de que o casamento é bom, mas não para ele, e de que sua vida séria e melancólica seria inadequada para o bem-estar de Regine. Para fazê-la feliz, ele precisa partir o coração da moça. Regine já tinha ouvido algo dessa lógica torturante nos longos passeios que os dois faziam pelo campo, enquanto Søren chorava e Sibbern fingia não ouvir. Ela não é alheia à estranha combinação de insegurança, convicção de princípios e amor verdadeiro que há no peito do seu amado. Assim, quando

---

[49] *Kierkegaard's Journals and Papers*. Editores: Howard V. Hong e Edna H. Hong. 7 volumes. Bloomington: Indiana University Press, 1967-1968. Entrada 5322.

ela recebe o bilhete, não sofre o golpe como Søren pretende. Em vez disso Regine contra-ataca.

A moça vai imediatamente para os apartamentos de Søren e bate na porta, mas Anders lhe informa que o patrão não está em casa. Regine pede papel e caneta e produz o que Søren descreverá mais tarde como um bilhete cheio de "desespero feminino".[50] Com lágrimas e súplicas, Regine exige os seus direitos. O ânimo de Søren, suas convicções, suas campanhas de isolamento são irrelevantes. Ele pode fazer qualquer coisa, absolutamente tudo, que ela ainda o amaria, sendo grata toda a sua vida pela maior das bênçãos. *"Em nome de Jesus Cristo e em memória do teu falecido pai, eu te imploro para não me abandonares!"*.[51]

Essa carta piedosa, assim que Søren a recebe, corta-lhe o coração. Porém, nada mais que isso. Ela não sucumbiu à primeira investida, então, o ataque deve continuar. Søren finalmente se convencera de que o fim do relacionamento era para o bem dela, assim como para o dele. Desse modo, ele diz a si mesmo: "Eu tenho que ser cruel a fim de ajudá-la".[52] O que segue é uma campanha de mentiroso, a qual Søren se refere como um "tempo de terrores". Abandonar Regine agora significa humilhar publicamente uma moça inocente. Assim, Søren precisa convencer todo mundo de que esse rompimento é para o bem de Regine, e fazê-la pensar que a ideia é dela mesma. Ela acredita (com razão) que ele ainda a ama, e por isso não vai libertá-lo. Então, ele deve convencê-la de que isso não é verdade. Nos dois meses seguintes, ele adota uma atitude de indiferença cruel e premeditada: recusando-se a se encontrar com ela; agindo friamente para com ela em público; deixando de corresponder suas cartas de amor, enviando-lhe, em vez disso, bilhetes indiferentes. Ele retoma os seus velhos hábitos, agindo, em suas próprias palavras, como um "canalha [...] o maior dos canalhas".[53]

Tal como acontece com muitos dos esquemas de Søren, isso não funciona como planejado. É verdade que a maioria das pessoas na cidade acha que ele é um vilão, e até mesmo amigos como Sibbern se preocupam com a prepotência de Søren. A família de Regine está confusa. Cornelia, irmã de Regine, está perplexa e não sabe o que pensar. Seu irmão Jonas antecipa-se, escrevendo

---

[50] Ibidem, entrada 6472.

[51] Ibidem, entrada 6482.

[52] Ibidem, entrada 6472.

[53] Ibidem.

uma carta furiosa para Søren,[54] alegando que até agora ele não sabia o que era odiar.

A única pessoa para a qual o plano não está funcionando é Regine. "Ela lutou", escreveria Søren mais tarde, "como uma leoa". É apenas a crença de que ele tem a aprovação divina em sua causa, que lhe permite persistir com sua campanha irônica.

"Desista, deixe-me ir; você não pode suportar isso", diz Søren a ela um dia.

"Eu prefiro suportar tudo a deixá-lo partir", responde Regine.

"De qualquer jeito, você nunca vai ser feliz", acrescenta ela outro dia, com uma lógica impecável. "Portanto, não lhe fará qualquer diferença se me é permitido ficar com você".

Finalmente, Søren se abre: "Você deve romper o noivado", diz ele diretamente, "e deixe-me levar toda a sua humilhação".

Regine não fará nada disso, e diz a Søren que se ela pode suportar as ações dele agora, também pode suportar a humilhação pública. Deixe-os falar, ela diz, e, além do mais, "muito provavelmente ninguém me deixaria descobrir nada na minha presença, e o que eles disseram sobre mim na minha ausência não faria diferença".

Ela não se deixa influenciar. Søren a admira mais do que nunca. Para ele, também, a provação era "um momento terrivelmente doloroso - ter que ser tão cruel e amar como eu faço".[55]

Eles estão em um impasse inteiramente causado por Søren. É durante esse período estressante que Søren é chamado para defender sua tese de doutorado. O trabalho é publicado em 16 de setembro, dando tempo suficiente para as pessoas formularem suas perguntas para o painel de disputas em 29 de setembro. A tese pode ter sido escrita em dinamarquês, mas a defesa pública é realizada em latim. Isso dura sete horas e meia e inclui perguntas de membros interessados do público, como um hostil Heiberg e o irmão de Søren, Peter. A história não registra se Peter foi hostil ou não. Em todo o caso, Søren se absolve admiravelmente e, ao final da provação, lhe é concedido o direito de usar um novo título: *mestre*.

---

[54] HANNAY, Alistair. *Kierkegaard: A Biography*. Cambridge: Cambridge University Press, 2001. p. 158.

[55] *Kierkegaard's Journals and Papers*. Editores: Howard V. Hong e Edna H. Hong. 7 volumes. Bloomington: Indiana University Press, 1967-1968. Entrada 6472.

Menos de duas semanas depois, os assuntos com Regine vêm à tona. Em 11 de outubro, o recém-intitulado mestre Kierkegaard faz uma visita aos Olsen para concluir o processo iniciado meses antes. Mesmo agora – *especialmente agora* – no final de tudo, Søren mantém seu aspecto rude. Após dar a notícia a Regine, ele olha insensivelmente para o relógio e anuncia que está atrasado para o teatro e um encontro com seu amigo Emil Boesen. "O ato", relata ele em seu diário, "acabou".

Mas Søren subestimou seus oponentes mais uma vez. Depois da peça, o conselheiro Olsen se aproxima de Søren na plateia.

"Eu posso falar com você?", pergunta ele. "Ela está desesperada. Será a morte dela. Ela está em desespero total".

"Vou tentar acalmá-la", diz Søren, arrogante, "mas o assunto está resolvido".

Terkild, normalmente tão sério, precisa se recompor. "Eu sou um homem orgulhoso", diz ele. "Isso é difícil, mas eu imploro para você não romper com ela".[56]

A magnanimidade de Terkild sacode Søren e, a convite do pai, ele retorna mansamente à cena do crime. Ele come com a família e fala brevemente com Regine. No dia seguinte, Søren recebe outro bilhete. A garota não dormiu e implora que Søren venha vê-la.

"Você nunca vai se casar?" pergunta Regine. O que ela disse sobre não dormir é verdade, e está claro que ela chorou a noite toda.

É difícil, mas Søren mantém o ato. "Sim", responde ele animado, "em dez anos, quando eu tiver vivido o meu caso, vou precisar de uma garota sensual para me rejuvenescer".

Por sua vez, Regine tira um pedaço de papel contendo algumas linhas que Søren lhe havia escrito. O papel foi carinhosamente dobrado e desdobrado muitas vezes. Agora Regine rasga o papel em pequenos pedaços. "Então você tem jogado um jogo terrível comigo. Você não gosta mais de mim?"

Søren se opõe. "Bem, se você continuar assim eu não vou gostar de você".

"Se pelo menos não for tarde demais quando você se arrepender", diz ela, chorando. "Perdoe-me pelo que fiz a você".

Isso é demais para suportar. Ali, no final, a máscara escorrega. "Afinal de contas, sou eu quem deveria estar perguntando isso", responde Søren, enfim, fragilizado.

---

[56] Ibidem.

"Beije-me", pede a moça, e ele a beija.

"Prometa pensar em mim",[57] continua ela. Então, ele promete, despedindo-se da última conversa completa que os dois terão.

Exteriormente, Søren atingiu seu objetivo. O noivado terminou além de todo reparo feito, e os Olsen, finalmente, estão escandalizados. O círculo social de Copenhague está convencido da culpa de Søren, e a cidade está cheia de falatórios sobre as várias maneiras pelas quais ele humilhou publicamente a resignada Regine. Particularmente, Søren está perturbado. Em uma reunião de família, ele começa a chorar na frente de seus sobrinhos e sobrinhas. Ele passa suas noites "chorando na minha cama".[58] Peter Kierkegaard, sempre vigilante sobre a reputação da família, procura limitar os danos dizendo que Søren não é, afinal de contas, o canalha de coração duro que parece. "Se você fizer isso", adverte Søren, "eu vou explodir os seus miolos".[59]

Em 25 de outubro, Emil e Peter acompanham Søren até o cais do porto. Ele precisa se afastar e decidiu morar em Berlim por alguns meses. A viagem marca o fim da carreira abortada de Søren como um respeitável homem de família e o começo de uma nova fase de Søren como escritor. É em Berlim que ele trabalhará duro no primeiro livro de sua "autoria", e é lá também que Regine, a garota de carne e osso, completa a transmutação em Regine, símbolo de fé, casamento e amor não correspondido.

Nenhum pedido foi expresso como sendo absolutamente em vão como foi o de Regine para que Søren pensasse nela "de vez em quando". Pelo resto de sua vida, não passará um só momento em que ela não esteja em sua mente. "Eu me lembrava dela todos os dias. Até hoje mantive incondicionalmente minha determinação de orar por ela pelo menos uma vez ao dia, muitas vezes duas, além de pensar nela como de costume".[60] Søren lhe dera um anel de diamante, em ouro, para o noivado. Quando lhe foi devolvido, ele modificou o anel, dispondo os quatro diamantes em forma de uma cruz. Foi uma lembrança constante de sua renúncia ao serviço de Deus, e ele o usou até o dia da sua morte. Søren nunca parou de escrever sobre Regine. Ela e suas analogias assombrariam os livros dele durante anos. Seus pseudônimos deixavam constantemente pistas sobre o relacionamento para aqueles que têm olhos para

---

57 Ibidem.

58 Ibidem.

59 Ibidem.

60 Ibidem.

ver. Os diários particulares eram menos misteriosos. Após a morte de Søren, eles encontrarão, entre os seus documentos, resmas de escritos sobre Regine, incluindo esta anotação de 1848: "Os poucos dias dispersos que eu tenho, humanamente falando, muito felizes, eu sempre ansiei indescritivelmente por ela, a quem amei muitíssimo, e que também, com suas súplicas, me emocionou profundamente".[61]

---

[61] Ibidem, entrada 6163.

CAPÍTULO 6

Vida literária

É o inverno de 1842 e Søren está caminhando pelas ruas de Berlim. Na verdade, ele está passeando na mesma rua em que andou muitas e muitas vezes. Ali está localizada uma fina loja com uma bela vitrine, e nesta há uma boa bengala. Søren sentiu-se tentado por essa bengala antes, mas hoje, como um pequeno presente de Ano Novo para si mesmo, ele decide arriscar. Søren endireita a gola do casaco e assume um ar desinteressado antes de entrar na loja. Não seria possível ao vendedor saber o quanto o comprador queria suas mercadorias! Søren está tão concentrado em assumir uma pose adequada de entusiasmo amigável misturado com a indiferença premeditada, que chega a se enroscar no capacho,[1] quebrando a vidraça da porta. "Depois disso, decidi pagar pela vidraça e não comprar a bengala."[2]

× × ×

Søren partiu para Berlim em 25 de outubro de 1841, pouco depois de romper com Regine. Ele regressaria a Copenhague em 6 de março de 1842. Haveria mais duas viagens curtas à Alemanha nos anos seguintes, porém, esses cinco meses marcam o tempo mais longo que Søren já passou longe de casa.

Ele estava infeliz no exterior. Inicialmente, Søren sentiu um verdadeiro prazer em falar outro idioma. No começo, ele escrevia com interesse sobre o que o ato de se expressar em uma língua estrangeira faz com a identidade de alguém. Entretanto, não demorou muito para que a florescência desgastasse

---

1 "Capacho", pequeno tapete de porta em que se limpam os pés. [N. de T.]

2 KIERKEGAARD, Søren. In: GARFF, Joakim. *Søren Kiekegaard: a biography*. Traduzido por Bruce Kirmmse. Princeton: Princeton University Press, 2005. p. 208.

aquela rosa especial. A aptidão de Søren para falar, escrever e pensar em dinamarquês, latim, hebraico e grego não se estendeu ao alemão, e ele não se dava bem naquela língua. Ele ficava confuso com as ordens que os condutores de trem lhe davam e tinha dificuldade em encomendar as coisas mais simples, como mais castiçais para o seu quarto. Uma dessas interações torturantes fez com que Søren fosse roubado pelo seu senhorio.

O desconforto de Søren se estendia aos seus costumes quando estava fora de casa em Berlim. Para começar, ele se sentia um estranho em uma cidade que parecia tão inóspita ao chamado da natureza. Ele ficou desconcertado com a falta de banheiros públicos em Berlim. Em uma carta, ele se queixou de que tinha que programar cuidadosamente seus passeios para que pudesse chegar a "um recanto em particular, a fim de urinar [...] Nessa cidade virtuosa, somos praticamente obrigados a carregar uma garrafa no bolso".[3] Em outra ocasião, Søren foi visto entrando em um restaurante chique com alguns amigos. Ao ver uma falange de homens de aparência importante usando fraques e colarinhos engomados, ele se aproximou e se apresentou formalmente. Depois de alguns minutos de conversas empoladas, Søren voltou a se reunir com seu grupo na mesa, unicamente para descobrir que os nobres da sociedade berlinense com quem ele estava conversando eram, na verdade, seus garçons para a noite.

Para evitar as gafes constantes, Søren naturalmente gravitava em direção a outros dinamarqueses que estavam no exterior, como no Spargnapani, uma cafeteria que era o ponto favorito dos dinamarqueses expatriados. Contudo, mesmo ali, Søren sentia-se deslocado e constrangido. Outro turista, Caspar Smith, contando em casa à sua mãe sobre a cultura do café dinamarquês em Berlim, escreveu: "Søren Kierkegaard é o sujeito mais esquisito que conhecemos: uma mente brilhante, mas extremamente vaidosa e convencida. Ele sempre quer ser diferente das outras pessoas, e ele mesmo sempre mostra seu próprio comportamento bizarro".[4] O que Caspar nunca poderia saber era que Søren estava gerenciando cuidadosamente suas aparições no cenário dinamarquês. Quando saiu da casa, Søren não deixou para trás sua tendência de microgerenciar sua reputação. Pelo contrário, essa tendência se tornou mais pronunciada, e pelas mesmas razões. Em Berlim, assim como em Copenhague,

---

3 Ibidem, p. 207.

4 KIERKEGAARD, Søren. In: KIRMMSE, Bruce (ed.). *Encounters with Kierkegaard*. Princeton: Princeton University Press, 1996. p. 58.

Emil Boesen, o melhor amigo de Søren e seu confidente. De vez em quando, Søren tentava recrutar Emil para suas campanhas de intrigas literárias.

a (tentativa de) gerência de sua reputação foi toda em benefício de Regine. Nas cartas a seu amigo Emil Boesen, Søren admite problemas de saúde frequentes, mas minimiza isso em público e não ousa consultar um médico, por medo dos dinamarqueses expatriados.

O perigo era que, se escrevessem para casa relatando as notícias correntes, Regine poderia ouvir que Søren não estava, de fato, tendo uma boa vida em Berlim. "Aqui, um gemido que poderia, afinal, significar possivelmente algo bem diferente, seria capaz de chegar aos ouvidos de um dinamarquês, que poderia escrever para casa, e ela talvez acabasse ouvindo isso".[5] Søren precisava que Regine pensasse que ele estava feliz, que era saudável e produtivo, o que supostamente aumentaria sua capacidade de desprezá-lo e seguir em frente com sua vida. As cartas frequentes de Søren para Emil estão cheias de instruções detalhadas de como seu amigo deve espionar a garota, para descobrir se o seu esquema de santo engano estava funcionando. Ele diz a Emil onde, e em que momentos, ficará melhor para ele observar Regine, mas dá ordens estritas

---

[5] *Kierkegaard's Journals and Papers*. 7 volumes. Bloomington: Indiana University Press, 1967-1968. Entrada 5542. (Carta n. 62, 16 de janeiro de 1842).

para não se aproximar ou falar com ela. Em outras cartas, Søren parece estar passando informações a Emil, esperando que sejam postas em circulação geral entre as classes tagarelas de Copenhague. Ele quer que a família Olsen o odeie, e assim, por exemplo, inclui em uma carta – em uma folha de papel separada – uma nota curiosa sobre ter desenhos românticos sobre uma cantora de ópera de Berlim que "tem uma notável semelhança com certa jovem".[6] Søren sabe que as fofocas estão no seu encalço. Seria esta uma maneira indireta de persuadir Emil a alimentar as chamas oferecendo boatos que se espalhariam facilmente? De qualquer maneira, a cantora de ópera de Berlim nunca mais é mencionada. Também não sabemos até que ponto Emil se mostrou maleável como agente secreto. Certamente, sabemos que ele desobedeceu pelo menos a uma das instruções de Kierkegaard, pois as cartas não foram queimadas como Søren ordenou.

Aparentemente, Søren tinha ido a Berlim para assistir a algumas palestras. Havia na universidade uma série de atividades acadêmicas, atraindo filósofos de toda a Europa. Søren assistiu respeitosamente a variadas séries de palestras, mas todas elas o desapontaram de uma forma ou de outra. Um ponto fraco, em especial, foi a série de Friedrich Schelling, um famoso oponente do hegelianismo. Foi ocasionalmente escolhida pela referência aos escritos de Hegel. Kierkegaard estava ansioso para testemunhar Schelling em ação, assim como muitos, muitos outros. O auditório estava lotado, e Søren teve que empurrar para se sentar entre uma multidão que também incluía Friedrich Engels e o revolucionário anarquista russo Mikhail Bakunin.

A série de palestras foi célebre, mas Søren estava desapontado quase desde o início. Logo no começo, o uso que Schelling fez de "atualidade", em oposição às vagas generalidades da sistematização hegeliana, fez com que Kierkegaard se animasse. Entretanto, depois, o começo promissor de Schelling deu lugar a sistemas complicados de sua autoria, proferidos em um tom autoritário e monótono que Søren achou extremamente desanimador. O grande homem não reconheceu as críticas diretas de Hegel e ficou irritado quando os membros da plateia reclamaram da duração de suas sessões, que muitas vezes ultrapassavam duas horas. Surpreendentemente, Søren insistiu em quarenta e uma palestras antes de finalmente desistir. "Estou velho demais para assistir

---

6 Ibidem, entrada 5542 (Carta n. 54, 14 de dezembro de 1841).

a palestras", escreveu ele a seu irmão Peter, "assim como Schelling é velho demais para ministrá-las".[7]

Mesmo assim, Søren não considerou sua viagem um desperdício, pois o que realmente o ocupava durante esse tempo era seu trabalho como escritor. Numa carta para Emil, contou que estava escrevendo como um louco, mas se recusou a divulgar mais detalhes e pediu que seu amigo não debatesse o projeto com ninguém. "O anonimato é da maior importância para mim".[8] Søren tinha ido a Berlim para se libertar de Regine e se concentrar em aprender e escrever longe de olhares indiscretos. Os meses em que esteve longe foram inestimáveis para esse fim. Foi necessário desligar-se de sua antiga vida para dar conta disso, a primeira salva de trabalhos escritos. Contudo, Søren sentia falta de casa, vindo a perceber que suas rotinas e intimidades também lhe proporcionaram uma libertação. "Estou voltando a Copenhague para concluir *Ou isso, ou aquilo*. É a minha ideia favorita, e nela eu existo".[9]

Desde outubro de 1841 até fevereiro de 1846, Søren escreveria e publicaria milhares de páginas de textos. Em menos de cinco anos, o público leitor dinamarquês foi presenteado com: *Ou isso, ou aquilo* (em dois volumes); *A repetição*; *Temor e tremor*; *Migalhas filosóficas*; *Prefácios*; *O conceito de angústia*; *Estágios no caminho da vida*; e *Postscriptum não científico conclusivo às 'Migalhas filosóficas'*. Muitos desses volumes foram publicados no mesmo dia, ou nos seguintes. Ao lado desse amontoado de obras pseudônimas, Søren também produziu, em seu próprio nome, vinte e um "Discursos edificantes", os quais, em geral, ele providenciou para saírem ao mesmo tempo em que os livros pseudônimos.

Mesmo os mais curtos desses trabalhos são substanciais por seus próprios méritos, e têm sido submetidos a exames minuciosos e a estudos acadêmicos. Os mais longos estão sob a forma de compêndio – *Ou isso, ou aquilo*, com 838 páginas; *Estágios no caminho da vida*, com 383 páginas; e *Postscriptum não científico conclusivo*, com 480 páginas. Søren editou cuidadosamente cada uma de suas obras, em alguns casos, reescrevendo-as duas ou até três vezes. Alguns livros foram parcialmente escritos antes de serem abandonados.

---

7 HANNAY, Alistair. *Kierkegaard: a biography*. Cambridge: Cambridge University Press, 2001. p. 163.

8 *Kierkegaard's Journals and Papers*. 7 volumes. Bloomington: Indiana University Press, 1967-1968. Entrada 5551. (Carta n. 68, 6 de fevereiro de 1842).

9 Ibidem, entrada 5552 (Carta n. 69, 27 de fevereiro de 1842).

Além desta série de publicações, à qual Søren se referiu como sua "profissão de escritor", ele continuou a encher diários e compor artigos de jornal, cartas pessoais e algumas composições ocasionais. Mais tarde, ele resumiria esse período com uma precisão concisa: "Produzir era a minha vida".[10] À luz dessa produção estupenda, a pergunta que vem à mente não é: "Onde ele encontrou tempo para escrever?", mas: "Onde ele encontrou tempo para fazer mais alguma coisa?".

Søren voltou para casa em 6 de março de 1842. Além de duas viagens breves a Berlim em 1845 e 1846 (cada visita com menos de duas semanas de duração), Søren permanecerá em Copenhague pelo resto de sua vida. A cidade em si tornou-se crucial para o seu processo de escrita. Longos passeios por Copenhague fizeram parte desse processo autoral, porque foi nas ruas da cidade que Søren "pôs tudo em sua forma final".[11] Ele "escrevia" enquanto caminhava. Essa etapa de caminhada foi apenas a primeira parte do seu processo. A segunda etapa ocorria quando ele chegava à sua casa, onde seria observado por seu criado, Anders Westergaard, em pé em sua escrivaninha, o chapéu ainda na cabeça e o guarda-chuva debaixo do braço, rabiscando furiosamente com as mãos as palavras que ele já havia escrito enquanto caminhava.

No entanto, Copenhague não era um mero pano de fundo inerte. As pessoas que viviam e respiravam na cidade eram essenciais.

> Considero toda a cidade de Copenhague como uma grande função social. Mas, num certo dia, eu me vejo como o anfitrião que anda por aí conversando com todas as pessoas queridas que convidei. Então, no dia seguinte, presumo que um grande homem deu a festa e eu sou um convidado. [...] Se uma carruagem elegante contratada para esse dia passa com quatro cavalos, presumo que sou o anfitrião, faço uma saudação amistosa, e faço de conta que fui eu que lhes emprestei essa linda carruagem.[12]

---

[10] GARFF, Joakim. "To Produce Was My Life: Problems, Perspectives within the Kierkegaardian Biography." In: CAPPELØRN, N. J.; STEWART, J. *Kierkegaard revisited*. Nova York: Walter de Gruyter, 1997. p. 75.

[11] KIERKEGAARD, Søren. In: GARFF, Joakim. *Søren Kiekegaard: a biography*. Princeton: Princeton University Press, 2005. p. 314.

[12] *Kierkegaard's Journals and Papers*. 7 volumes. Bloomington: Indiana University Press, 1967-1968. Entrada 5763.

Søren chamou essas excursões de "banho de gente" e tornou-se conhecido por puxar conversa com qualquer pessoa, independentemente da idade e do nível. Em 1844, Søren observou:

> Embora eu possa estar totalmente absorto em minha própria produção, e embora junto com tudo isso eu esteja fazendo dezessete outras coisas e conversando todos os dias com cerca de cinquenta pessoas de todas as idades, eu juro, apesar disso, que sou capaz de relatar o que cada pessoa com quem falei disse na última vez, na penúltima vez [...] seus comentários, suas emoções são imediatamente vívidas para mim assim que as vejo, mesmo que tenha passado muito tempo desde que as vi.[13]

Tal afirmação poderia parecer um exagero se não fossem os múltiplos relatos de testemunhas oculares que parecem confirmar isso. "Ele preferia se envolver com pessoas cujos interesses na vida eram completamente diferentes dos seus ou que eram diametralmente opostos aos seus".[14] A cena do mestre Kierkegaard segurando gentil, mas firmemente, alguém pelo braço, enquanto caminhava pela rua, conversando o tempo todo e balançando sua bengala para dar ênfase, era algo bem atestado por muitos contemporâneos em Copenhague.

Algumas pessoas adoravam isso e achavam Søren sincero, bem-humorado e afável. Outros não gostavam do sentimento de que estavam sendo bombardeados por informações, suspeitando que fossem cobaias para um estudo psicológico em um livro futuro. Ambas as reações eram válidas. "Seu sorriso e seu olhar eram indescritivelmente expressivos", lembrou-se Hans Brøchner, seu velho amigo e professor. "Poderia haver algo infinitamente gentil e amoroso em seus olhos, mas havia também algo estimulante e exasperante. Com apenas um olhar de relance em um transeunte, ele poderia irresistivelmente 'estabelecer uma boa relação' com esse alguém, como ele expressou. A pessoa que recebia esse olhar ficava atraída ou repelida". Brøchner recordava-se de como Søren "costumava realizar estudos psicológicos" com todos que encontrava. Entretanto, essa prática parece mais sinistra do que realmente era. Para Søren, um "estudo psicológico" era sinônimo de conversas significativas focadas no indivíduo diante dele. Brøchner nos conta que Søren "puxava conversa

---

[13] Ibidem, entrada 5731.

[14] SCHIØDTE, in: KIRMMSE, Bruce (ed.). *Encounters with Kierkegaard.* Princeton: Princeton University Press, 1996. p. 194.

com muitas pessoas. Em alguns comentários, ele pegava o fio de uma conversa anterior e o levava adiante, até um ponto em que se poderia continuá-lo em outra oportunidade".[15] Sem dúvida, algumas pessoas se sentiam molestadas pelo tratamento de Kierkegaard, como Israel Levin, seu secretário, que foi contratado em 1844 para atuar como revisor e escriba (permanecendo até 1850). Levin era um indivíduo notoriamente rabugento e parece ter sido mantido por Søren, em parte, por sua natureza irascível (e, portanto, psicologicamente interessante). Sendo um auxiliar diário na casa, Levin era convocado com frequência para ajudar a preparar o café da manhã. Ele detestava esse dever, já que Søren sempre lhe pedia para escolher uma xícara de café aleatoriamente no armário e, em seguida, exigia que Levin desse uma explicação pessoal sobre o motivo pelo qual ele escolheu determinada xícara naquele dia em particular.

Em geral, essa atenção intensa e honesta era bem recebida pelos outros. Nas relações pessoais, Søren costumava empregar uma objetividade psicológica que evitava as trivialidades normais da conversação cotidiana. Suas cartas por motivo de luto ou para os doentes que lhe eram conhecidos, por exemplo, mostram um homem que enfrenta as dificuldades diretamente, valorizando, assim, a pessoa que está passando pelo problema. Hans Brøchner recordava-se com carinho da maneira como, certa vez, Søren ajudou uma viúva de um amigo falecido. "Ele ofereceu consolo não encobrindo a tristeza, mas primeiro deixando-a genuinamente ciente disso, trazendo toda a clareza".[16] Outro caso em questão é o primo de Søren, Hans Peter, que recebeu a permissão rara de visitar Søren em casa, em vez de na rua. Peter (como era conhecido) ficou paralisado de um lado, e essa enfermidade parece ter despertado em Søren uma afinidade de sentimentos por um sujeito desajeitado. Os dois passariam horas conversando juntos, com Søren transpondo, sem remorso, a condição de Peter para um tratamento espiritual de um homem com debilidade física em uma seção de *Discursos edificantes em diversos espíritos*. Peter ficou profundamente tocado pela atenção. "Ele é tão indescritivelmente amoroso e me compreende tão bem, mas tenho muito medo de fazer uso do seu braço quando ele se oferece para me ajudar a entrar na minha carruagem".[17]

De volta às ruas, havia outro motivo para os passeios pela cidade. Ao mesmo tempo em que Copenhague estava iluminando a condição humana de

---

15 BROCHNER. In: KIRMMSE, Bruce (ed.). *Encounters with Kierkegaard*. Princeton: Princeton University Press, 1996. p. 229-30.

16 Ibidem, p. 242.

17 Ibidem, p. 140.

Søren, também ajudava o autor secreto a se ocultar à vista de todos. Em *Ponto de vista*, escrito perto do final de sua vida, Søren afirma que usou essas aparições públicas como um meio de manter seu projeto autoral de comunicação indireta. Os passeios na cidade serviam como uma maneira de disfarçar quanto tempo e esforço estava sendo empregado no trabalho como autor, que se acreditava pertencer a várias pessoas diferentes. Muitas vezes, enquanto escrevia e editava essas obras, Søren não tinha tempo para caminhar como gostaria. Então, em vez disso, ele conseguia ficar no teatro por dez minutos de cada vez, presumivelmente durante os intervalos. Dessa forma, os "fofoqueiros" ainda o veriam e a notícia sobre isso seria levantada, já que, estando sempre por aí, Søren também não poderia ser o autor de todos esses trabalhos sérios.

O elemento secreto e pseudonímico do seu projeto não era secundário na sua obra como autor. Era essencial para ela. Desse modo, elementos profundamente autobiográficos poderiam ser ofuscados por trás de uma nuvem de desorientação e de personagens absurdos; reflexões piedosas poderiam aparecer ao lado de histórias escandalosas; e cartas de protesto aos jornais poderiam desviar a atenção que havia sobre Kierkegaard para os seus pseudônimos, e *vice-versa*. O pseudonimato fornecia os recursos pelos quais Søren podia explorar e apresentar diferentes pontos de vista sem ter que reivindicar cada relato como seu. Permitiu-lhe tirar coisas de sua própria vida pessoal sem fazer dele e dos seus entes queridos um objeto de exame direto. Também era muito divertido.

Ele pôde ter aperfeiçoado essa arte, mas de modo algum a pseudonímia foi uma invenção kierkegaardiana. O mundo literário da Idade de Ouro da Dinamarca era péssimo com isso. Em uma cultura em que os jornais mediavam as conversas intelectuais que eram realizadas em público, a pseudonímia (ou anonimato) era uma convenção literária seguida por quase todos. Copenhague era uma cidade pequena; os pseudônimos permitiam às pessoas expressarem seus pontos de vista sem ter que enfrentar seus oponentes no dia seguinte na rua. Essa prática podia ser odiosa, mas na maioria das vezes era brincalhona, com autores construindo deliberadamente pseudônimos que insinuavam descaradamente o homem atrás dos bastidores. (O bispo Jakob Peter Mynster, por exemplo, costumava escrever sob as iniciais "Kts", as letras do meio de cada um dos seus nomes.) Alguns pseudônimos permaneciam misteriosos, enquanto outros apareciam com bastante regularidade em periódicos e jornais, de modo que a verdadeira identidade dos seus proprietários tornava-se um segredo aberto. O pseudonimato era um jogo e, como qualquer jogo, tinha regras, sendo a primeira delas não falar sobre o seu pseudônimo. Identificar publicamente um autor pelo seu pseudônimo era considerado de mau gosto. As pessoas que se recusavam a respeitar o disfarce deliberado dos outros tinham que estar preparadas para sofrer as consequências.

Foi por essa razão que Søren escolheu, como seu principal ajudante na revisão dos elementos discrepantes de *Ou isso, ou aquilo*, um editor do jornal *A pátria*.[18] Durante o inverno de 1842-1843, Søren foi um visitante frequente dos escritórios de J. F. Giøwad. Ele gostava de Giøwad por causa da sua reputação de proteger a identidade dos seus colaboradores anônimos e também pela discrição do editor em outros assuntos. Muitas vezes, no escritório de Giøwad, Søren tinha "ataques fortes por causa do seu sofrimento, de modo que chegava a cair no chão, mas lutava contra a dor com os punhos cerrados e os músculos tensos. Depois, retomava o fio da conversa e dizia: 'Não conte isso a ninguém. De que adianta as pessoas saberem o que eu tenho que suportar?'".[19] É claro que Giøwad gostava de Søren, e os dois conversavam por horas a fio. O respeito mútuo que tinham não se espalhou pelo resto do escritório. Outro editor assistente, Carl Plough, lamentaria mais tarde pelo "homem pouco prático e muito ensimesmado, sentado no escritório, palestrando incessantemente e falando sem a mínima consciência do inconveniente que está causando".[20] Søren recrutou Giøwad em prol de sua causa, mas, para assegurar o sucesso do seu iminente ataque autoral, usou *A pátria* para publicar uma "Confissão pública" na edição de 12 de junho de 1842. O artigo (escrito por Søren) insta as boas pessoas de Copenhague a jamais considerarem Søren como o autor de qualquer coisa que não traga o seu nome. (Por falar nisso, Søren teve mais sorte com Giøwad do que com os outros assistentes que escolheu. Nessa época, ele também contou com a ajuda de um estudante pobre que fazia teologia, P. V. Christensen, como escriba e revisor. Søren logo se arrependeu de introduzir "o secretário humilde"[21] nos segredos dele. Porém, mais tarde, no mesmo ano, ele teve que demiti-lo por suspeita de plágio. "Aposto que ele é o único que, de

---

[18] O jornal *A pátria*, conhecido em dinamarquês como *Fædrelandet*, foi um dos periódicos mais populares da Dinamarca (cf. Capítulo 1). [N. de T.]

[19] SPANG. In: GARFF, Joakim. *Søren Kiekegaard: a biography*. Princeton: Princeton University Press, 2005. p. 460.

[20] PLOUGH. In: KIRMMSE, Bruce (ed.). *Encounters with Kierkegaard*. Princeton: Princeton University Press, 1996. p. 56.

[21] *Kierkegaard's Journals and Papers*. 7 volumes. Bloomington: Indiana University Press, 1967-1968. Entrada 5688.

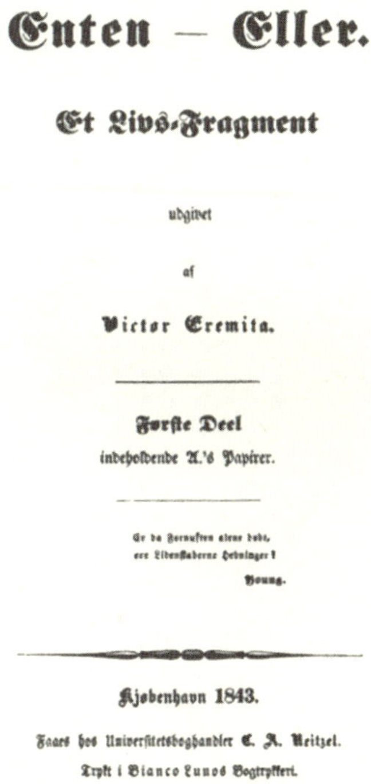

Enten – Eller.

Et Livs-Fragment

udgivet

af

Victor Eremita.

Første Deel

indeholdende A.'s Papirer.

Kjøbenhavn 1843.

Faaes hos Universitetsboghandler C. A. Reitzel.

Trykt i Bianco Lunos Bogtrykkeri.

Folha de rosto original de 1843 da primeira edição de Ou isso, ou aquilo, o livro que Søren considerou o verdadeiro começo de sua "autoria literária" propriamente dita.

várias maneiras, está rabiscando panfletos e coisas nos jornais, pois eu ouço frequentemente o eco das minhas próprias ideias.").[22]

Com o terreno assim preparado, *Ou isso, ou aquilo* foi publicado em 20 de fevereiro de 1843. Se os gaiatos literários de Copenhague gostassem dos pseudônimos que tinham, eles possivelmente estavam prestes a obter uma coisa boa demais. Esse é o livro que deu início ao movimento dialético nos palcos da cristandade, mas é também o que pôs em ação o complexo modelo de "boneca russa"[23] da autoria literária. Victor Eremita é o responsável por *Ou isso, ou aquilo*, porém ele afirma que não é o autor. Com Kierkegaard, até mesmo os pseudônimos têm outros pseudônimos, e Victor (cujo nome em latim

---

[22] Ibidem.

[23] Uma "boneca russa", também conhecida como "matriosca", é um brinquedo tradicional da Rússia. Constitui-se de algumas bonecas comumente confeccionadas em madeira, sendo guardadas umas dentro das outras, desde a maior até a menor. A comparação que o autor faz é pelo fato de Kierkegaard utilizar mais de um pseudônimo em *Ou isso, ou aquilo*, como se várias pessoas tivessem escrito o livro. [N. de T.]

significa "eremita vitorioso"), supostamente, está apenas editando um conjunto de documentos que ele encontrou escondidos em uma antiga escrivaninha; um conjunto escrito por "A", um jovem hedonista, e outro por "B", que pode ou não ser "A" já idoso, mas que, de qualquer forma, revela-se um personagem virtuoso, chamado juiz William, que apoia o casamento, opondo-se energicamente ao personagem "A", e também a outro ensaio do livro intitulado "Diário de um sedutor", de alguém chamado Johannes. Entenderam? Os outros livros conteriam as mesmas provocações desconcertantes. Constantin Constantius é o autor "constantemente constante" de *A repetição*, um romance obscuro que também contém os pensamentos de um "jovem" anônimo que está trabalhando com as implicações de um romance fracassado. Em 16 de outubro de 1843, no mesmo dia em que *A repetição* chegou às prateleiras, outro misterioso tomo intitulado *Temor e tremor* apareceu. Seu autor, Johannes de Silentio ("João, o silencioso"), faz jus ao seu nome ao tentar entender a história do patriarca Abraão e seu filho Isaque, recontando-a múltiplas vezes e de várias maneiras. Suas tentativas de entender a fé de Abraão fracassam e, no final, Johannes confessa, de um jeito fluido e eloquente, que deve ficar calado.

O dia 13 de junho de 1844 conheceu *Migalhas filosóficas*, de Johannes Climacus, que compartilha o nome com um monge medieval,[24] e cujo nome significa literalmente "João, o escalador". A reflexão prolongada de Climacus sobre a história, a razão e o Paradoxo Absoluto da encarnação é seguida cinco dias depois por Vigilius Haufniensis (a "sentinela vigilante"), cujo livro *O conceito de angústia* pondera sobre o papel que a *angústia* por causa do pecado original desempenha em fazer do ser humano uma pessoa autêntica. Tudo está ficando complicado, mas não temam! Os leitores desconcertados pelo paradoxo e pelo pavor poderiam rapidamente se voltar para um livro mais leve, também publicado em 17 de junho de 1844, intitulado *Prefácios*, e cujo subtítulo se propõe a oferecer uma "*Leitura leve para pessoas de diferentes classes no seu tempo livre*". Seu autor, Nicholas Notabene ("observe bem") foi proibido por sua esposa de escrever qualquer livro. Então, no momento oportuno, ele produziu uma série de prefácios para livros que nunca foram escritos, tirando o fôlego de luminares públicos como Heiberg e Martensen ao longo do caminho. No ano seguinte, em 30 de abril de 1845, Hilarius Bookbinder faz algo melhor. Seu livro monstruoso, *Estágios no caminho da vida*, é uma compilação de um verdadeiro exército de pseudônimos. Aqui encontramos novamente

---

[24] Trata-se de João Clímaco, um monge cristão do século VI que nasceu na Síria, mas exerceu suas atividades religiosas no mosteiro do monte Sinai. [N. de T.]

Johannes, o Sedutor, Victor, Constantine, um alfaiate, e o juiz William, que ainda está ocupado defendendo o casamento. *Estágios* também dá espaço para Frater Taciturnus ("Irmão Silêncio"), que pesca um diário em um lago. O escrito, intitulado "Culpado? / Não culpado?", é de alguém chamado Quidam, que detalha como ele caiu na loucura depois de se desentender com a alegre e bela Quaedam. Porém, logo se torna aparente que o diário encharcado é sobre mais do que amor, pois nele também somos apresentados a um "guarda-livros" que tem uma semelhança notável com um ex-comerciante têxtil da cidade, e que está sofrendo um sentimento de culpa do qual não consegue se livrar.

Apesar dos claros elementos autobiográficos para os que têm olhos para ver, Søren se esforçou para se manter distante dessa parte de sua obra. Entretanto, ele nunca seria capaz de ocultar completamente o seu envolvimento, e tinha consciência plena disso. Todos os seus livros, escreveu Søren a Emil, são "crianças saudáveis, felizes, alegres, festivas e abençoadas, nascidas com facilidade e, ainda assim, todas com a marca da minha personalidade".[25] Vale ressaltar que nem todos os pseudônimos foram criados iguais. Søren ocasionalmente prevaricava contra quem ele iria atribuir um manuscrito já escrito. Por exemplo, *O conceito de angústia* seria publicado sob o nome de Kierkegaard até alguns dias antes que o manuscrito fosse para a gráfica. No final, o livro contém uma dedicatória altamente pessoal ao professor de Søren, P. L. Møller, passando sem comentários sobre a curiosa coincidência de que Vigilius Haufniensis também considerava o falecido filósofo como um amigo íntimo e uma inspiração. O caso do livro *Angústia* destaca a cautela que é preciso ter na leitura *demasiada* com pseudônimos, mas também destaca a natureza fundamentalmente lúdica do projeto pseudonímico em si. Os pseudônimos não são incontestáveis, nem se destinam a enganar terminantemente. Em vez disso, a pseudonímia é um mecanismo pelo qual o leitor é obrigado a parar e considerar sua própria relação com o texto e não com o autor. Søren gostava claramente de jogar o jogo do pseudonimato com o seu público. Em vários momentos, ele conseguiu que Victor Eremita, "A. F." e um escritor de cartas "Anônimo" respondessem aos críticos nos jornais, propondo suas teorias sobre o verdadeiro autor dos livros. Qualquer pessoa familiarizada com a prática de "perfis falsos" em fóruns de discussão na internet (onde um usuário cria muitos nomes falsos e os utiliza para conversar uns com os outros) reconhecerá o que Søren estava fazendo com a tecnologia jornalística de sua época.

---

[25] *Kierkegaard's Journals and Papers*. 7 volumes. Bloomington: Indiana University Press, 1967-1968. Entrada 5665.

Em maio de 1845, ele escreveu uma carta para o jornal *A pátria* em seu próprio nome, objetando a associação despreocupada que um crítico entusiasta fez entre Kierkegaard, o autor dos *Discursos edificantes* e o(s) autor(es) de obras como *Ou isso, ou aquilo* e *Estágios no caminho da vida*. Contudo, mesmo ali, as objeções são irônicas. Todos sabiam, ou suspeitavam fortemente, que Kierkegaard era o verdadeiro autor, e ele estava ciente de que todos sabiam. Mesmo assim, a farsa divertida precisava ser mantida para o bem do trabalho literário como um todo.

Os pseudônimos eram apenas parte da autoria. Søren considerava que os autodeclarados *Discursos edificantes* eram tão essenciais para sua produção quanto os livros atribuídos aos outros. Há vinte e um *Discursos* ao todo, apresentados em lotes que correspondem aproximadamente às publicações pseudônimas. Os dois primeiros chegaram em 16 de maio de 1843, alguns meses depois de *Ou isso, ou aquilo*. Mais três entraram nas lojas no mesmo dia em que *Temor e tremor* e *A repetição* (16 de outubro). Seis de dezembro conheceu quatro *Discursos*, 5 de março de 1844 dois e 8 de junho mais três, cinco dias antes de *Migalhas filosóficas* chegar às prateleiras e menos de dez dias antes d'*O conceito de angústia* e *Prefácios* entrarem em cena. Os leitores tiveram alguns meses para se orientar antes de abordar mais quatro *Discursos* em 31 de agosto, mas teriam que esperar até 29 de abril de 1845 antes que pudessem ser instruídos pelos últimos *Três discursos obre ocasiões imaginadas*, que chegaram convenientemente um dia antes de *Estágios no caminho da vida*.

Se os pseudônimos representavam o grupo de personagens não cristãos, anticristãos ou cristãos iludidos que se encontra no palco da cristandade, então os *Discursos* foram uma tentativa de Søren alimentar-se espiritualmente de modo direto. Seriam? 'Direto' não é uma palavra facilmente atribuída a Kierkegaard. Os *Discursos* são abertamente cristãos em sua linguagem, sendo geralmente construídos em torno da reflexão sobre uma passagem bíblica. Eles são, porém, tão desafiadores para a religiosidade trivial quanto qualquer outra coisa que ele escreveu, e de jeito nenhum são leituras fáceis. Não se pode afastar a suspeita de que o "S. Kierkegaard" dos *Discursos* também seja um personagem com um papel criado por Søren Kierkegaard. Os *Discursos* são um contrapeso para materiais encontrados em outros lugares, oferecendo-lhes porções diferentes em temas semelhantes. Seja o que for que Kierkegaard esteja tentando dizer aos seus leitores, isso não é encontrado em nenhum livro ou autor, identificado ou não. Em vez disso, a verdade é encontrada quando o leitor se envolve em conversas reflexivas e dialéticas com todos os livros de sua lavra.

O "leitor" é um aspecto muito importante da produção de Kierkegaard, pois ele tinha em mente um participante ativo ao elaborar seus livros. Todos os *Discursos* trazem a inscrição: "*Para o falecido Michael Pedersen Kierkegaard, ex-comerciante de roupas aqui da cidade, meu pai, esses discursos são dedicados.*" Michael, porém, como um homem morto, não era o leitor ideal que Søren tinha em mente. É nos *Discursos* de 16 de maio de 1843 que encontramos pela primeira vez "o indivíduo singular". Em uma anotação de diário datada de 1849, Søren admite como, a princípio, essa frase foi "uma pequena indireta para ela".[26] Os *Discursos* estão repletos de mensagens e imagens que somente Regine entenderia. Eles foram destinados, em primeiro lugar, a ela. No mesmo diário, Søren registra como o escandaloso "Diário do sedutor" em *Ou isso, ou aquilo* foi escrito para o bem de Regine, "a fim de afastá-la do relacionamento". Esse texto descreve a sedução e o abandono insensíveis de uma garota inocente. Esperava-se que Regine sentisse repugnância com *Ou isso, ou aquilo* e, em seguida, que ela se assegurasse de que o rompimento tinha um valor espiritual a partir da leitura dos *Discursos*. Só mais tarde, à medida que o relacionamento com Regine diminuía, o "indivíduo singular" de Kierkegaard passaria a ter um significado mais amplo para qualquer leitor que aceitasse para si mesmo o desafio de Søren.

Conta-nos Søren que os pseudônimos e os trabalhos autonomeados continham muitos acenos para Regine. Porém ela era capaz de dar os seus próprios acenos.

Søren e Regine frequentemente se encontravam nas ruas. Eles se reconheciam com uma inclinação da cabeça, mas, fora isso, não se falavam. No domingo de Páscoa de 1843, durante o sermão de Mynster na Igreja de Nossa Senhora, essas pequenas ações assumiram um significado maior do que a soma de suas partes. "Nas vésperas do domingo de Páscoa [...] ela acenou para mim. Eu não sei se foi para suplicar ou perdoar, mas, de qualquer modo, foi muito carinhoso".[27] Søren debateu as implicações desse acontecimento significativo em seus diários. As ações francas de Regine fizeram Søren suspeitar de que ela percebia tudo o que ele fazia. "Eu me sentei em um lugar distante, mas ela descobriu isso. Prouvera a Deus que ela não tivesse feito isso. Agora, um ano e meio de sofrimento, e todas as dores enormes que tomei são desperdiçadas: ela não acredita que eu era um enganador; ela tem fé em mim". Anos mais tarde, Søren elaboraria o significado que atribuíra a isso, a mais indireta

---

[26] Ibidem, entrada 6388.

[27] Ibidem, entrada 5653.

das comunicações: "Os olhos dela se encontraram com os meus na igreja. Eu não evitei o seu olhar. Ela assentiu duas vezes. Eu balancei a cabeça, querendo dizer: 'Tu deves desistir de mim'. Então ela assentiu outra vez, e eu balancei a cabeça o mais amigavelmente possível, querendo dizer: 'Eu ainda te amo'".[28]

Muitas suposições estavam apoiadas em pouca informação. Essa "conversa" estava fadada ao fracasso. A peça crucial que faltava nesse quebra-cabeça era algo que Regine supunha que Søren já conhecia, mas que, na verdade, ele desconhecia completamente. Pois Regine estava prestes a se envolver com sua paixão inicial: Fritz Schlegel.

Quando Søren finalmente descobriu a notícia, ele viu os acenos sob uma nova luz. "Depois do seu noivado com Schlegel, ela me encontrou na rua e me cumprimentou da maneira mais amigável e encantadora possível. Eu não a entendi, pois, na época, não sabia do noivado dela. Eu olhei interrogativamente para ela e balancei a cabeça. Sem dúvida, ela pensou que eu soubesse disso e buscou minha aprovação".[29] Ele quis dizer que os acenos na igreja e na rua significavam que ele ainda a amava, mas devia prosseguir com o projeto dele, encorajando-a a continuar nesse rumo com bravura e perseverança. Em vez disso, Regine correspondeu aos acenos querendo dizer que Søren estava dando sua bênção e liberação para o noivado dela. "Sem dúvida, essa virada decisiva em sua vida foi feita sob os meus auspícios".[30] É importante observar que todo o "erro", "amor", "liberação", "virada decisiva" e o resto são as interpretações *de Søren* dos acenos. Na há registro algum da opinião de Regine.

O incidente fez com que Søren se recolhesse, mais uma vez, em Berlim para sua segunda viagem, em 8 de maio de 1843. Essa pausa na escrita seria de curta duração, mas foi lá que ele continuou *Temor e tremor* e modificou *A repetição*. Ambos os livros trazem as marcas da mudança decisiva de Regine quanto ao seu *status quo*.[31] Foi em Berlim que Søren escreveu: "Se eu tivesse fé, teria ficado com Regine. Graças a Deus, eu agora vejo isso. Tenho estado a ponto de perder a cabeça nestes dias".[32] Essa linha ilumina muito do éthos[33]

---

[28] Ibidem, entrada 6472.

[29] Ibidem.

[30] Ibidem.

[31] É uma forma reduzida da locução adverbial latina *in statu quo ante*, que significa "no estado em que [estava] antes". [N. de T.]

[32] *Kierkegaard's Journals and Papers*. 7 volumes. Bloomington: Indiana University Press, 1967-1968. Entrada 5664.

[33] Em grego antigo, éthos significa "hábito, costume, uso", e se refere ao conjunto de costumes e hábitos que caracterizam uma determinada época, população ou região. [N. de T.]

Nikolai Frederik Severin Grundtvig, uma figura imponente na política dinamarquesa, na vida eclesiástica, na poesia, na educação e no nacionalismo. "O absurdo grundtvigiano sobre a nacionalidade é também um retrocesso ao paganismo", reclamou Søren. "É inacreditável a insensatez a que os candidatos grundtvigianos delirantes são capazes de servir".

que atravessa *Temor e tremor* e seu relato de cortar o coração de um homem que desiste do que ama e ainda espera, com fé, por isso, para que lhe seja devolvido. *A repetição* conta a história de um jovem apaixonado que retorna a uma cidade estrangeira em um esforço para recapturar suas experiências, unicamente para descobrir que, na vida, a verdadeira repetição é impossível. O final de *A repetição*, especialmente, reflete uma forte mão editorial no rescaldo de Fritz e Regine. Uma comparação entre os rascunhos manuscritos e a versão publicada revela que Søren mudou radicalmente o destino do jovem. Originalmente, ele comete suicídio como um símbolo que marca a impossibilidade de algum dia se casar. Na nova versão, o jovem vive para se tornar um homem melhor, enobrecido pela rejeição final de sua amada.

Assim como no final de *A repetição*, algumas anotações de diário dessa época contêm fantasias de vingança benigna contra Regine. Søren sempre alegou querer que Regine seguisse em frente com sua vida, mas agora que isso estava realmente acontecendo, doía. Søren ficou magoado e irritado com o que percebeu sendo inconstância nela. "Mas, então, minha garota foi primeiro reservada, estando fora de si com orgulho e arrogância, e depois covarde".[34]

---

[34] *Kierkegaard's Journals and Papers*. 7 volumes. Bloomington: Indiana University Press, 1967-1968. Entrada 5664.

Eis a mulher que, uma vez, implorou a Søren incontrolavelmente, e agora está comprometida com o sensato Fritz. Em seus diários, Søren experimenta vários cenários onde ele encontra Regine na rua, sendo capaz de repreendê-la friamente, pois ela afirmou que morreria sem ele, mas depois, dentro de um ano, ficou noiva de outro. "Eu a amei muito mais do que ela me amou",[35] diz ele a si mesmo. A anotação continua com garantias de que o seu rompimento com ela foi um ato de piedade. "Atrevo-me a parabenizar-me por fazer o que poucos fariam em meu lugar, pois, se eu não tivesse pensado tanto no bem-estar dela, poderia tê-la aceitado, já que ela mesma implorou que eu fizesse isso [...] desde que seu pai me pediu para fazê-lo". A razão exata de sua atitude cavalheiresca está perdida na história – Søren rasgou essa página do seu diário. Mas ele achou conveniente deixar em mais asserções que se sentia "mais orgulhoso pela honra dela do que pela minha", e defende sua frustração amorosa e ilusória alegando que o casamento com Regine seria o mesmo que atraí-la para a vida "amaldiçoada" dele. "Mas se eu tivesse que me explicar, teria que iniciá-la em coisas terríveis: meu relacionamento com meu pai, sua depressão, a noite eterna remoendo dentro de mim, meu extravio, minha luxúria e devassidão, que, no entanto, aos olhos de Deus talvez não sejam tão evidentes [...]"[36] Aos olhos de Søren, ele pôde ter sido culpado de magoar o coração de Regine para salvá-la, mas ela também foi culpada de quebrar sua promessa de amá-lo para sempre. Ele tomou medidas para lembrar-se das declarações dela, mesmo que ela supostamente as tivesse esquecido. Com essa finalidade, Søren encomendou a construção de um grande baú feito de jacarandá, no qual ele guardava várias recordações do seu noivado.

> É o meu próprio projeto, estimulado por algo que a minha amada disse em sua agonia. Ela disse que me agradeceria toda a sua vida se pudesse morar em um pequeno armário e ficar comigo. Por causa disso, é feito sem prateleiras. – Nele tudo é guardado cuidadosamente, tudo faz lembrá-la e isso a lembrará de mim. Há também uma cópia dos trabalhos pseudônimos para ela. Regularmente, apenas duas cópias destes estavam em pergaminho – uma para ela e outra para mim.[37]

---

[35] Ibidem.

[36] Ibidem.

[37] Ibidem, entrada 6472.

Estatisticamente, pelo menos, o irmão Peter tinha mais sorte no amor do que Søren. Ele havia se casado não uma vez, mas duas, casando-se com Sophie Henriette (ou Jette, como era chamada) em 1841, após a morte de Marie, sua primeira esposa. Desde aquela época, Peter e Jette, com Paul, filho do casal, viviam em uma paróquia do interior onde Peter servia como pastor de uma igreja do povoado. Como representante da igreja oficial da nação, um dos deveres de Peter era a realização de batismos obrigatórios em filhos de batistas e de outros pais dissidentes. Essa prática opunha-se à consciência de Peter e sua associação teológica com a escola grundtvigiana. Grundtvig era um adversário ferrenho dessa prática, que ele via como perseguição religiosa. Embora ele também fosse uma figura importante na igreja luterana oficial, Grundtvig apoiava um estilo mais *laissez-faire*[38] da populista "Igreja do Povo" em oposição ao modelo hierárquico de "Igreja do Estado". Esse posicionamento colocou Grundtvig e seu discípulo, Peter, em oposição direta ao supremo primaz, o bispo Mynster. O impasse entre eles veio à tona em 1845, causando um pequeno escândalo público. Embora Søren ainda fosse uma espécie de "homem de Mynster" por lealdade ao falecido pai, ele concordou em particular com Peter, insistindo para que ele continuasse firme. A questão era duplamente irritante para Søren, porque tomar o partido de Peter significava um envolvimento tácito com Grundtvig, de quem Søren não tinha quase nada de bom para dizer.

N. F. S. Grundtvig apareceu no cenário dinamarquês. Ele era poeta, político e pastor, e também autor de intermináveis volumes de história, teologia e hinologia. Uma das grandes ideias de Grundtvig foi sua assim denominada: "Descoberta Inigualável". Para Grundtvig, a "descoberta" foi que o cristianismo autêntico não reside em textos sagrados escritos em idiomas estrangeiros, mas na recitação pública do Credo dos Apóstolos e da Oração do Senhor na língua nativa do povo. Outro pilar do grundtvigianismo era que às diferentes nações da história foi designada uma tarefa divina. As eras passadas pertenceram aos judeus, aos gregos, aos romanos, e assim por diante. *Agora* era a vez da Dinamarca. Nos escritos volumosos de Grundtvig, a antiga cultura nórdica é "batizada" e recebe o *status* de revelação. Søren é contundente sobre tudo isso. "O absurdo grundtvigiano sobre a nacionalidade é também um retrocesso ao paganismo. *É inacreditável a insensatez à que os candidatos grundtvigianos*

---

[38] A expressão *laissez-faire* é francesa e significa literalmente "deixem fazer". Ela se refere, efetivamente, à liberdade de fabricar e comercializar mercadorias sem a intervenção do governo sobre o comércio. [N. de T.]

delirantes são capazes de servir. [...] O cristianismo queria especificamente acabar com a deificação de nacionalidades do paganismo!".[39]

Søren tinha pouco tempo para a vociferação de Grundtvig e considerava sua retórica populista, que combinava explicitamente o patriotismo com o cristianismo, pior do que a religião intelectualizada das elites cultas. Sua escrita particular é cheia de paródias bem-humoradas de Grundtvig e seus seguidores. Entretanto, ele não estava simplesmente desprezando Grundtvig em nível pessoal. O *Postscriptum não científico conclusivo*, a obra-prima[40] de Søren, publicada em 27 de fevereiro de 1846, é, em grande parte, sua provisão de uma rigorosa resposta intelectual, filosófica e teológica à visão de Grundtvig sobre o cristianismo, a história e a nação. Na verdade, Hegel, Martensen e outros entraram na briga, mas Grundtvig é um dos principais alvos de Søren em *Postscriptum*.

É claro, não foi *Søren* quem escreveu o livro. Foi "Johannes Climacus" quem providenciou para que esse desfecho de suas *Migalhas filosóficas* fosse publicado. A volumosa obra, com os títulos de seus capítulos comicamente complicados e com um arranjo desconcertante, sinaliza ao leitor atento que, pelo menos, parte do livro é uma sátira ao estilo preferido por Grundtvig e pelos hegelianos. Não apenas o conteúdo, mas as dimensões físicas fazem parte da brincadeira – o "pós-escrito" é quatro vezes maior do que o livro que ele deveria "concluir". Os leitores que não se deixam desviar pelo estilo jocoso são levados a uma *aventura* de conteúdo intelectual. O *Postscriptum* contém um pouco do melhor que Kierkegaard (ou quem quer que seja) tem a oferecer, e conclui muitos dos temas em desenvolvimento desde *Ou isso, ou aquilo*. Para as fases da existência – "estética", "ética" e "religiosa" – é trazida uma nova forma de vida fiel. Søren pretendia que esse livro fosse uma conclusão, não apenas para as obras de Climacus, mas para seu trabalho autoral como um todo. Com essa finalidade, ele contém uma longa seção intitulada "Um olhar de relance na literatura dinamarquesa contemporânea", que é, de fato, uma revisão e uma discussão de todos os trabalhos desde *Ou isso, ou aquilo* até, e incluindo, *Estágios no caminho da vida*. O "olhar de relance" é atribuído a Climacus, mas, no final, estão inseridas algumas páginas deliberadamente mantidas separadas do resto do texto. "A primeira e a última explanação" faz eco à carta que Søren havia

---

[39] *Kierkegaard's Journals and Papers*. 7 volumes. Bloomington: Indiana University Press, 1967-1968. Entrada 4121.

[40] No original, o autor emprega *magnum opus*, uma expressão latina que significa "grande obra", o que se pode entender como "obra-prima", "obra-mestra" ou "obra capital". [N. de T.]

publicado em *A pátria* anos antes de estrear o seu trabalho autoral com *Ou isso, ou aquilo*. No texto, ele finalmente reconhece que ele, S. Kierkegaard, é o responsável pelos textos em um sentido legal e literário. Ele pede, no entanto, que os pseudônimos sejam tratados como partes essenciais do trabalho e não como suplementos. "Portanto, se ocorrer que alguém queira citar uma passagem específica dos livros, é meu desejo, minha súplica, que ele me faça a gentileza de citar o nome do respectivo autor pseudônimo, e não o meu".

A súplica levou à conclusão o plano cuidadosamente elaborado de Søren de apresentar o cristianismo à cristandade. Os cinco ou mais anos de incessante escrita, de andanças intermináveis, de vida solitária e de despesas excessivas foram encerrados e, com isso, Søren pretendia renovar o seu ideal há muito adiado de assumir um pastorado tranquilo em uma paróquia do interior. Entretanto, tal como acontecia com todos os outros planos elaborados por Søren, este não havia de se realizar.

Por um lado, ele era um escritor, da cabeça aos pés, e a vida de pároco não era para ele. Por outro lado, a grande revelação do gênio por trás da autoria, na verdade, já havia sido feita um mês antes, no folheto calunioso de um jornal. Em retrospectiva, "A primeira e a última explanação" viria a se parecer menos com um *golpe de misericórdia* triunfante e mais com um controle de danos desesperador para uma carreira de escritor que estava apenas na metade do caminho. Em 1846, uma campanha de tabloides[41] contra Søren estava se formando, ameaçando abalar o seu trabalho como escritor e destruir o seu mundo. E o pior de tudo, ele mesmo provocou isso.

---

[41] Jornal, caderno ou suplemento de tamanho reduzido. Esse formato de jornal é mais popular no Reino Unido. [N. de T.]

CAPÍTULO 7

Vida pirata

Catrine Rørdam tem muito a responder. Quanto de dor, alegria, raiva, bom humor, tédio, alguma ideia súbita, frustração, reforma espiritual e revolução existencial teria sido negado se ela tivesse desistido dos seus deveres de anfitriã? Quantas noites em claro e carreiras arruinadas, quanta tinta derramada e quantas árvores deram suas vidas em consequência dos cafezinhos que Catrine Rørdam oferecia? Foi por causa de sua hospitalidade que Søren foi colocado no caminho das duas pessoas que provocaram o maior impacto em sua carreira de escritor. Primeiro, em 1837, Søren conheceu Regine em uma reunião organizada pela mãe de seu amigo Peter Rørdam. E foi nesse mesmo ano, em outro dos seus saraus, que Søren conheceu um jovem chamado Aron Goldschmidt.

× × ×

Não era fácil ser judeu e dinamarquês no século XIX. É verdade que não há uma opressão total e foram os judeus russos ou alemães que a agravaram, mas isso não tira o desconforto constante que se sentia na sociedade dinamarquesa. Não importava quão bem você lutasse no exército, lecionasse na universidade ou escrevesse na imprensa – qualquer judeu, aos olhos povo, estava sempre esperando o pior. Na cristandade dinamarquesa, os judeus dinamarqueses eram marginalizados de uma forma bem disfarçada. Uma "raça amaldiçoada" no folclore popular, assim como Assuero,[1] eles estão fadados a

[1] Não se trata, aqui, do rei persa que escolheu Ester como esposa (Ester 2:1-20), mas do judeu errante de mesmo nome. Assuero, segundo a tradição apócrifa, teria escarnecido de Jesus ao vê-lo carregando a cruz a caminho da crucificação. Em consequência disso, o zombador foi amaldiçoado a vagar pelo mundo afora, sem morrer, até o dia em que o Senhor voltasse, no fim dos tempos (cf. Capítulo 4). [N. de T.]

Meïr Aron Goldschmidt. Dentre os seus muitos projetos literários, Goldschmidt foi o principal autor e editor de Corsaren, *um periódico satírico* .

vagar como estrangeiros, mesmo em suas terras natais. Um judeu respeitável, cuidando dos seus afazeres diários, estava sempre pronto para ouvir a seguinte provocação: "Jerusalém está perdida!". Ou lidar com a insinuação de que, ao contrário de outras pessoas ditas "civilizadas", ele só se preocupava em ganhar dinheiro. E ai do judeu cuja preocupação é ganhar dinheiro.

Meïr Aron Goldschmidt é um homem inteligente, artístico, empático e engraçado. Ele é politicamente informado e um defensor comprometido da liberdade de expressão. Aron é romancista, redator e jornalista, e está se tornando famoso em círculos governamentais radicais e reformistas. Ele também é hábil em arranjar um meio de vida lucrativo a partir dos seus talentos literários. Sem o conhecimento do público em geral, Aron é o fundador e, secretamente, o editor-chefe da *Corsaren*,[2] uma revista satírica com promessas literárias e uma enorme influência na opinião pública. Entretanto, como muitos judeus dinamarqueses de sua geração, Aron está constantemente na defensiva, inseguro quanto ao seu lugar no mundo e suscetível a receber de boa vontade aquilo que seus companheiros gentios dinamarqueses tomam como certo. Até mesmo o seu sucesso financeiro é motivo de grande vergonha. Ele almeja ser levado a sério como artista, autor e pensador.

---

[2] O nome da revista é dinamarquês e quer dizer 'O corsário'. A palavra também pode ser interpretada como 'pirata', o que explica a escolha do autor pelo título do presente capítulo. Esse periódico foi muito popular em Copenhague (cf. Capítulo 1). [N. de T.]

Aron é particularmente suscetível às opiniões e aos conselhos de P. L. Møller. Peter Ludvig (sem parentesco com o antigo professor de Søren, Poul Martin Møller) é um poeta premiado com ambições acadêmicas. Ele é amigo e defensor precoce de Hans Christian Andersen, além de apoiador político do nacionalismo radical dinamarquês de Grundtvig. Ele também é um mulherengo notório em uma cidade que gosta mais do burburinho quando o assunto é sedução do que realmente gosta de fazer isso. Resumindo, Møller era um sujeito que não andava segundo os padrões e tinha privilégios. Ele representa muitas das coisas que Aron tanto teme como deseja. Não é de admirar que Aron, mais tarde, dedique a parte principal de sua autobiografia a Møller, descrevendo-o como "algo iminente"[3] em sua juventude, como uma espécie de "nêmese".[4]

P. L. Møller primeiro procurou Aron Goldschmidt devido à força do envolvimento deste último com a *Corsaren*. Como editor da revista satírica mais temida do país, Aron é um homem poderoso. Ele fundou esse periódico semanal em 1840 como uma saída para as ideias radicais que se opunham tanto ao conservadorismo quanto ao liberalismo da época. Na primeira edição, sob um pseudônimo, Aron escreveu que as pessoas poderiam se opor a um jornal com o nome de um tipo de navio pirata. Em vez disso, a publicação alegou por si mesma, soberbamente, que era uma embarcação "tripulada por jovens corajosos [que] estavam determinados a lutar sob sua própria bandeira pelo direito, a lealdade e a honra".[5] Entretanto, o periódico nunca chegou a atingir essas alturas inebriantes e logo ganhou a fama de assassinato de personagens, fofocas e ataques às pessoas importantes e íntegras da sociedade dinamarquesa, o tempo todo se escondendo atrás de um muro de anonimato e identidades secretas. Havia um problema sério na revista, que tinha que evitar constantemente a censura oficial, instituindo um revezamento de editores fictícios que aceitariam a queda se as coisas ficassem realmente ruins. Certa vez, em 1842, Aron ficou sem editores falsos e teve que enfrentar a lei. Em consequência disso, ele foi condenado a "seis períodos de quatro dias"[6] na prisão. Esses acontecimentos

---

[3] GOLDSCHMIDT. In: KIRMMSE, Bruce (ed.). *Encounters with Kierkegaard*. Princeton: Princeton University Press, 1996. p. 69.

[4] O autor quis fazer uma alusão à deusa Nêmesis, que cuida do destino, do equilíbrio e da vingança, segundo a mitologia grega. [N. de T.]

[5] Citado em: *Corsaren* n. 1, coleções 5 e 6. In: *Kierkegaard's Journals and Notebooks, volume 4: Journals NB-NB5*. Princeton: Princeton University Press, 2011. p. 445, nota 7.

[6] KIERKEGAARD, Søren. *Kierkegaard's Writings, XIII, Volume 13: The Corsair Affair and Articles Related to the Writings*. Editado e traduzido por Edna H. Hong e Howard V. Hong. p. xi.

escritório de Aron, entra em pânico. De acordo com a opinião geral, o disfarce dele foi tirado, ou isso teria sido apenas mais um dos planos secretos de Søren?

A resposta é um pouco das duas coisas. Søren acolheu Aron, sem seu conhecimento, como uma espécie de projeto paternalista. Em seu diário, ele descreve Aron como "um sujeito brilhante, sem opinião, sem erudição, sem um ponto de vista, sem autocontrole, mas não sem algum talento e um poder estético desencorajado".[12] Ele achava que os talentos de Aron estavam sendo desperdiçados na *Corsaren*. Søren não tinha qualquer consideração por Møller, que provavelmente serviu de modelo para o pérfido personagem "Johannes, o Sedutor" em *Ou isso, ou aquilo*. Søren achava claramente que Møller era uma má influência sobre Goldschmidt, alguém complacente. Ele escreveu em seu diário que tinha como objetivo separar Goldschmidt de Møller e tirá-lo da *Corsaren*. "Era o meu desejo arrebatar, se possível, um homem talentoso de ser um instrumento de barbárie do povo".[13]

A conversa com Aron foi o primeiro tiro de Søren na proa do navio *Corsaren*. Søren via o periódico como uma praga na sociedade, e sua forma de sátira irresponsável e antiética como uma fonte de "danos irreparáveis".[14] Todavia, os projetos de Søren para afundar o navio pirata enquanto resgatava o seu capitão não eram totalmente desinteressados. Como sempre, ele tinha em mente o seu próprio trabalho autoral e sua acolhida também.

Søren tinha um relacionamento estranho com seus críticos e leitores comuns. Em conversas particulares e em seus diários, ele se preocupava e ficava obcecado com cada crítica que seus livros recebiam, e claramente valorizava a boa opinião até mesmo de seus adversários. Em praça pública, no entanto, Søren repelia ativamente qualquer atenção e evitava conversas mais amplas sobre seus livros. Não que todos os seus livros recebessem a mesma atenção. Como regra geral, os primeiros volumes, como Ou isso, ou aquilo, tiveram mais discussões do que os mais recentes, provavelmente devido à fadiga (compreensível) do leitor na complexidade cada vez maior do trabalho autoral. O material lascivo de "Diário de um sedutor", em *Ou isso, ou aquilo*, também não fez mal. Heiberg foi brando e complacente em seu elogio a *Ou isso, ou aquilo*, descrevendo o "Diário de um sedutor", em particular, como

---

12 *Kierkegaard's Journals and Papers*. 7 volumes. Bloomington: Indiana University Press, 1967-1968. Entrada 588.

13 Ibidem.

14 KIERKEGAARD, Søren. *Kierkegaard's Writings, XIV, Volume 14: Two Ages: The Age of Revolution and the Present Age, A Literary Review*. Editado e traduzido por Howard V. Hong e Edna H. Hong.

Caricatura de Søren, de Wilhelm Marstrand, por volta de 1870. Mesmo depois de sua morte, em 1855, Søren foi perseguido por retratos desagradáveis – com suas costas curvadas e calças mal ajustadas.

"repugnante, nauseante e revoltante",[15] uma designação que ele entendia como uma censura, mas que tendia a atrair mais leitores do que repelir. Søren ficou ofendido pela crítica de Heiberg, levando Victor Eremita a escrever um "obrigado" igualmente sarcástico e complacente ao decano literário de *A pátria*, quatro dias depois. Outras críticas negativas poderiam esperar respostas desdenhosas semelhantes (pseudônimas). Nem toda a recepção foi negativa, naturalmente. Na verdade, os críticos costumavam fazer seus elogios em excesso. O bispo Mynster (sob o pseudônimo de "Kts") escreveu uma boa resenha sobre os *Discursos edificantes*. *Temor e tremor* e *Migalhas filosóficas* receberam alguns bons comentários. Entretanto, para a frustração de Kierkegaard, mesmo os críticos positivos eram vagarosos e didáticos em sua compreensão dos trabalhos. "Não, obrigado, eu posso pedir para ser insultado, em vez disso", queixou-se ele em seu diário, falando de um entusiasta, "ser insultado não prejudica essencialmente o livro, mas ser elogiado dessa maneira é ser aniquilado".[16] Outras críticas positivas ficaram ainda mais breves, com Kierkegaard

---

15 HEIBERG. In: GARFF, Joakim. *Søren Kiekegaard: a biography*. Princeton: Princeton University Press, 2005. p. 218.

16 *Kierkegaard's Journals and Papers*. 7 volumes. Bloomington: Indiana University Press, 1967-1968. Entrada 5944.

(ou um pseudônimo) saindo do seu caminho para alienar os fãs em potencial. Um artigo brilhante do jornal *Berlingske Tidende* (um jornal dinamarquês),[17] que também associou Kierkegaard aos seus pseudônimos, levou Søren a escrever, indignado, ao jornal rival *A pátria*. Ele disse, desdenhando, que o *Tidende* só prestava para embrulhar sanduíches! Tudo isso estava em perfeita harmonia com a campanha de comunicação indireta. Afinal, caso Søren estivesse tentando congregar seguidores, ele não teria criado uma nuvem elaborada de pseudônimos.

A *Corsaren* foi um dos membros fundadores do fã-clube de Kierkegaard. Ela havia elogiado Søren pelo nome em 1841. *Ou isso, ou aquilo* recebeu um aceno favorável em 1843. Em maio de 1845, ela fez ruídos positivos sobre os livros com pseudônimos, aludindo a Kierkegaard como seu autor. Mais tarde, naquele mesmo ano, Hilarius Bookbinder foi elogiado, e a edição de 14 de novembro de 1845 imortalizou Victor Eremita, alegando que, nos anais da literatura, o nome dele "nunca morrerá".[18] Esse elogio exagerado levou Søren a esboçar uma resposta sob o disfarce de Victor, pedindo a *Corsaren* para matá-lo como ela faz com todos os outros. "Tornar-se imortal" através da *Corsaren*, afirma Victor, "constituirá a minha morte."[19] No final, Søren decidiu deixar essa carta na gaveta. Entretanto, no ano seguinte, ele repetiria o mesmo sentimento em público.

A partir de suas conversas com Aron e de seus diários, é evidente que há justiça na alegação de Søren de que sua posição contra a *Corsaren* estava fermentando há algum tempo. Foi, porém, um veneno de Møller que desencadeou a luta. Por sua vez, Møller foi estimulado pelas insinuações que Kierkegaard fez a Goldschmidt, quando ele distinguiu entre o autor de *Um judeu* e a força motriz por trás da *Corsaren*. Møller não compartilhava da abordagem justa do seu amigo às fraquezas de Søren, e parecia determinado a derrubar o ironista antes que Søren pudesse fazer o mesmo com ele.

Como parte de sua candidatura à credibilidade acadêmica, Møller havia criado o seu próprio periódico literário chamado *Gæa*. Na edição de 22 de dezembro de 1845, Møller publicou, propositadamente, uma longa resenha sobre *Estágios no caminho da vida*. Foi deliberadamente estruturada de modo

---

[17] O jornal Berlingske Tidende, sediado em Copenhague, ainda está em circulação, sendo um dos periódicos mais antigos do mundo. [N. de T.]

[18] KIERKEGAARD, Søren. *Kierkegaard's Writings, XIII, Volume 13: The Corsair Affair and Articles Related to the Writings*. Editado e traduzido por Edna H. Hong e Howard V. Hong. p. ix.

[19] Ibidem, p. xiv.

Charge da revista Corsaren. *Søren encontra-se sozinho, enquanto o universo gira em torno dele.*

a dar a impressão de que o artigo representava as opiniões de vários luminares da academia. A crítica logo se expandiu para incluir *Ou isso, ou aquilo*, *Temor e tremor*, *Prefácios* e outros trabalhos de Søren, incluindo suas cartas aos jornais. De maneira considerável, apesar de aludir a vários autores, o único nome que aparece proeminentemente no artigo é o de "S. Kierkegaard". Há ocasionais palavras frias de elogio, mas, no geral, o tom é sarcástico e desdenhoso. Møller também direciona sua crítica para um território profundamente pessoal, vendo as relações de Søren com Regine da pior maneira possível:

> Mas, prender outra criatura em sua teia de aranha, dissecá-la viva ou torturar-lhe a alma gota a gota por meio de experimentos – o que não é permitido, exceto com insetos – não tem algo de horrível e revoltante para uma mente humana saudável, mesmo uma ideia como essa?[20]

A vida sexual de Søren (ou a falta dela) é grosseiramente mencionada mais de uma vez: "Ele se sacia escrevendo; em vez de se perpetuar com um feto por ano, como um ser humano normal, ele parece ter uma natureza de peixe, desovando".[21] Fascinante!

---

[20] Ibidem, p. 102.

[21] Ibidem, p. 100.

Charge da revista Corsaren. *Um membro do povo, grato, recebe a última contribuição do mestre Kierkegaard.*

Søren não costumava deixar que insultos pessoais e críticas ruins passassem despercebidos, mas a maioria de suas respostas permaneceu em forma de rascunho na sua escrivaninha. Esse não seria um desses momentos. A resposta de Søren foi rápida e decisiva. Em 27 de dezembro de 1845, *A pátria* continha uma refutação de Frater Taciturnus.[22] O longo artigo sai ricocheteando e acerta muitos golpes em P. L. Møller. Søren também era hábil em manejar rumores, e faz uma descrição pouco lisonjeira de um Møller que está disposto a fazer qualquer coisa por dinheiro e cujo artigo da *Gæa* insinua falsamente o autor na companhia de acadêmicos com os quais ele não tem nenhum negócio associado. Com relação à interpretação de *Gæa* sobre o trabalho autoral de Søren, o filósofo questiona abertamente a capacidade básica de Møller de entender o que está lendo: um golpe baixo contra um homem com pretensões a professor de estética. O golpe decisivo vem no final do artigo. Antes de terminar o texto, que até agora tinha sido todo sobre Møller e a discussão em *Gæa* sobre *Estágios no caminho da vida*, o bondoso Frater Taciturnus conclui:

> Gostaria de entrar na *Corsaren* em breve. [...] Meu superior, Hilarius Bookbinder, foi lisonjeado pela *Corsaren*, se não estou enganado. Victor Emerita teve até que

22 Trata-se do "irmão silencioso", um dos pseudônimos de Kierkegaard. [N. de T.]

Charge da revista Corsaren. *Kierkegaard, assustado, é abordado humildemente na rua pelo manso e brando* Corsaren.

experimentar a desgraça de ser imortalizado – na *Corsaren*! E, no entanto, eu já estive lá, pois *ubis spiritus, ibi ecclesia: ubi* P. L. Møller, *ibi Corsaren*.[23]

"Onde está o Espírito, existe a Igreja. Onde está P. L. Møller, existe a *Corsaren*".[24] Com essas palavras, Søren lançou o seu ataque ao jornal e aos "repugnantes" ataques do mesmo "a homens pacíficos e respeitáveis". Ele fez isso sem envolver Goldschmidt na briga, e mencionando diretamente Møller e o envergonhando. Foi um golpe rápido no ponto mais fraco daquele autor ambicioso, e ele pretendia ferir.

O envolvimento de Møller com a *Corsaren* era um segredo conhecido – mas não manifestado. Assim, a frase de Kierkegaard não foi uma revelação, mas um sonido intencional de trombeta, onde o silêncio geralmente reinava. O ato de Kierkegaard, violando as normas de etiqueta em torno da pseudonímia, teve o efeito desejado.[25] O olhar público se apegou a Møller. Mesmo antes dessa disputa literária, ele, sendo alguém polêmico, tinha poucas chances de exercer

---

[23] KIERKEGAARD, Søren. *Kierkegaard's Writings, XIII, Volume 13: The Corsair Affair and Articles Related to the Writings*. Editado e traduzido por Edna H. Hong e Howard V. Hong. p. 46.

[24] Ibidem.

[25] Expor o nome verdadeiro de um autor pseudônimo, na sociedade dinamarquesa do século XIX, não era nada elegante. [N. de T.]

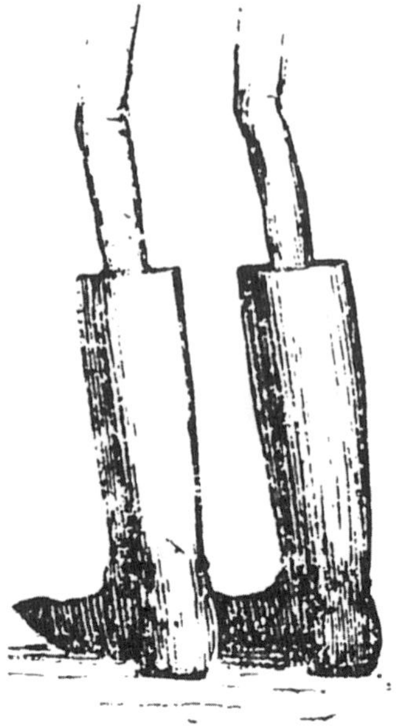

Charge da revista Corsaren.
As famosas pernas dando outro passeio.

o magistério, o que ele mais cobiçava. Møller escreveu uma carta conciliatória, mas não sincera, para o jornal *A pátria* alguns dias depois, porém o estrago já estava feito. Em todo o caso, é pouco provável que ele tenha conseguido o cargo, mas, do jeito que as coisas aconteceram, Møller percebeu que a sua referência no jornal *A pátria* foi o fator decisivo. Aron Goldschmidt concordou, escrevendo anos mais tarde: "Kierkegaard atacou-o com tanta veemência, usou palavras tão peculiares, teve, ou pareceu ter, tal efeito sobre o público que a cátedra, em vez de se aproximar de *Gæa*, foi posta em uma distância imensurável".[26]

Sem nada a perder, a *Corsaren* revidou. A edição de 2 de janeiro de 1846 contém uma conversa satírica entre o editor de *A pátria* e Frater Taciturnus, que tramam a queda da *Corsaren* e elogiam "a maior mente da Dinamarca, o autor dos livros mais volumosos da nação".[27] Kierkegaard é mencionado pessoalmente na edição seguinte, em que uma conversa zombeteira entre Søren e outras figuras públicas de Copenhague logo se transforma em uma discussão sobre o alfaiate de Søren, com uma piada em que Kierkegaard ajeita as pernas das calças

[26] GOLDSCHMIDT. In: KIRMMSE, Bruce (ed.). *Encounters with Kierkegaard*. Princeton: Princeton University Press, 1996. p. 73.

[27] KIERKEGAARD, Søren. *Kierkegaard's Writings, XIII, Volume 13: The Corsair Affair and Articles Related to the Writings*. Editado e traduzido por Edna H. Hong e Howard V. Hong. p. 110.

Charge da revista Corsaren. *A ilustração evoca a cena de um acontecimento real na vida de Søren, quando ele tentou montar num cavalo.*

para ficarem desiguais, "a fim de parecer um gênio".[28] A conversa sobre as calças continua, acompanhada de ilustrações do cartunista Peter Klæstrup. A segunda e última resposta que Søren deu a *Corsaren* apareceu em *A pátria*, em 10 de janeiro, em que Frater Taciturnus nomeia Goldschmidt como editor e compara a Corsaren a uma prostituta que se deve ignorar, e como um jornal mercenário que ataca as pessoas em busca de lucro. Por um lado, essa alusão traz à mente os flertes infames de Møller com prostitutas, e, por outro, Aron interpretaria mais tarde o "mercenário" como uma alusão à sua condição de judeu. Se estas foram ou não, de fato, as intenções de Kierkegaard, em todo o caso, sua carta termina com um apelo renovado: "Eu posso pedir para ser insultado – a injúria pessoal de ser imortalizado pela *Corsaren* é simplesmente demais".[29]

Søren ficou em silêncio (pelo menos na imprensa pública), mas Møller e Goldschmidt continuaram sua investida. Nos seis meses seguintes, a *Corsaren* manteria a piada, com a maioria das edições contendo várias caricaturas e "composições cômicas" à custa de Kierkegaard. Uma característica comum das publicações é que elas caçoavam das características físicas desajeitadas de Søren e questionavam sua sanidade. Søren é intencionalmente confundido

---

[28] Ibidem, p. 114.

[29] Ibidem, p. 50.

com um excêntrico habitante local conhecido como "Nathanson, o louco", e a ideia de que as suas roupas (especialmente as calças) são mal ajustadas é passada de desenho em desenho. São as charges, e não os textos, que mais se destacam entre todas as coisas. As tentativas de escrita humorística raramente atingiam seus objetivos, mas as caricaturas que Klæstrup fazia eram brutais em sua capacidade de tomar algo verdadeiro como alvo e usá-lo para atingir seu fim. Uma dessas charges mostra as tentativas desajeitadas de Søren de montar num cavalo; outra retrata Søren como um desocupado, agachado na entrada dos escritórios da *Corsaren*; outra tem Søren montado nas costas de uma jovem. Mais ilustrações mostram Søren em um pedestal, presenteando um membro do público, que está prostrado e agradecido, com outro de seus livros. Uma delas mostra simplesmente a silhueta de um vulto corcunda, rodeado pelos elementos da vida copenhaguense, colocando Søren, sozinho, em seu próprio universo particular.

A sátira grosseira chegou até a edição de 17 de julho de 1846, mas, a essa altura, já estava claro que a tripulação da *Corsaren* havia ficado sem balas de canhão. Goldschmidt e Møller se desentenderam com a produção do periódico. Møller foi excluído da *Corsaren*, e Goldschmidt estava ficando cansado de tudo isso. Alguns meses antes, Aron havia encontrado Søren na rua. Eles não se falaram. Não havia mais nada que pudesse ser dito. Kierkegaard, recorda Aron, "passou por mim com um olhar intenso e extremamente amargurado".[30] Aron sentiu-se "acusado e oprimido: a *Corsaren* havia triunfado na batalha, mas eu mesmo tinha adquirido a falsa sensação de ser o número um". Antes de chegar à sua casa, Aron resolveu desistir da *Corsaren* para sempre. Goldschmidt acabou vendendo o jornal. Ele foi morar no exterior, na Alemanha e na Itália, antes de retornar a Copenhague como o fundador (nomeado publicamente) da *Norte e Sul*, uma respeitada revista política.

Por sua vez, Møller continuou a escrever críticas sarcásticas sobre as obras de Kierkegaard, assim como trabalhos menores de poesia, porém, de sua autoria. Ele nunca recebeu o reconhecimento que achava que lhe era devido. Entretanto, as aspirações de Møller, duvidosas e pouco realistas, na verdade, eram para a respeitabilidade acadêmica, e ele culpou Kierkegaard pela desconsideração. Møller também deixou a Dinamarca em 1847. Ao contrário de Aron, ele nunca mais voltou para casa, morrendo na obscuridade e na pobreza, em 1865.

---

[30] GOLDSCHMIDT. In: KIRMMSE, Bruce (ed.). *Encounters with Kierkegaard*. Princeton: Princeton University Press, 1996. p. 75.

Charge da revista Corsaren. *Um escritor famoso ganha destaque ao montar nas costas de uma jovem inocente.*

Os efeitos dessa campanha de disputa e zombaria são mais facilmente explicados do que compreendidos. Para os principais atores envolvidos, o incidente foi uma mudança de vida. Para aqueles que não estavam diretamente envolvidos, pode ter sido apenas uma bobagem. Isso não é verdade unicamente para os observadores modernos. Até mesmo alguns dos contemporâneos de Søren acharam difícil simpatizar com isso. Na opinião de Hans Brøchner, Søren exagerou os efeitos da *Corsaren*: "Ele [Søren] podia refletir sobre uma bobagem até que isso, por assim dizer, assumisse uma importância histórica mundial".[31] Entretanto, em suas memórias escritas trinta anos depois dos fatos, Goldschmidt faz questão de lembrar às pessoas o ponto histórico específico em que o caso da *Corsaren* ocorreu: "Acostumados como estamos agora [1877] a veementes e violentos artigos de jornal, teremos dificuldade em entender como isso poderia soar naquele tempo ansioso e tranquilo [1846]".[32] Troels Frederik, o sobrinho de Søren, concorda: "Em nosso tempo é difícil de imaginar a vulnerabilidade arrepiante que poderia ser o destino de

---

[31] Ibidem, p. 235.

[32] KIERKEGAARD, Søren. *Kierkegaard's Writings, XIII, Volume 13: The Corsair Affair and Articles Related to the Writings*. Editado e traduzido por Edna H. Hong e Howard V. Hong. p. xxxi.

Charge da revista Corsaren. *As costas curvadas de Søren são ridicularizadas aqui.*

uma vítima de tais ataques naqueles dias".[33] Os mundos público e popular de Copenhague, em 1846, estavam à beira de uma mudança. O direito moral da pseudonímia ainda era amplamente respeitado e funcionava como um baluarte contra-ataques pessoais, que a maior parte da sociedade desaprovava em qualquer caso. Além disso, as revoluções políticas que assolariam a Europa ainda estavam a dois anos de acontecer, com todos os assassinatos ferozes de caráter e a retórica de "não fazer prisioneiros" que acompanham todas as guerras culturais. Na Dinamarca, nos anos 40, a convenção de mencionar e envergonhar alguém por meio da imprensa (algo natural na época moderna) ainda era algo relativamente novo e chocante.

Os membros ativos da Idade de Ouro da literatura dinamarquesa estavam acostumados a lançar salvas espirituosas e eruditas uns contra os outros se ocultando no conforto de seus próprios pseudônimos. O tom e o conteúdo da *Corsaren* permitiram um nível de zombaria que surpreendeu Kierkegaard. Seus passeios pela rua seriam seguidos por assobios do público zombando dele: "Søren! Søren!" e também: "Ou isso, ou aquilo!"[34] Em seu diário, ele desabafou:

---

[33] TROELS-LUND. In: KIRMMSE, Bruce (ed.). *Encounters with Kierkegaard*. Princeton: Princeton University Press, 1996. p. 181-82.

[34] As pessoas nas ruas assobiavam como se estivesse chamando um gato ou um cachorro, gritando em dinamarquês: "*Enten – Eller!*" (referindo-se ao livro de Søren, ou lhe chamando pelo nome). [N. de T.]

Cada ajudante de cozinha se sente justificado em quase me insultar em conformidade com as ordens da *Corsaren*, estudantes jovens riem consigo e se arreganham, e ficam felizes em ver uma pessoa proeminente sendo pisoteada. [...] A menor coisa que eu faça, se é simplesmente uma visita [...] se a *Corsaren* descobrir, isso é impresso e lido por todo mundo; a pessoa que eu visito fica constrangida, quase com raiva de mim, e não se pode culpá-la.[35]

Em suas caminhadas pela cidade, Søren se deparava com grupos de pessoas que ou paravam encabuladamente de falar quando ele se aproximava ou proferiam insultos enquanto ele passava. No parque, as senhoras permitiam que as suas crianças corressem até Søren, uma após a outra, para que lhe pudessem fazer perguntas bobas e corressem de volta para o grupo. Søren se sentava em seu banco na igreja apenas para ouvir os vizinhos falando em voz alta sobre as calças dele.

As calças, sempre as calças. As características físicas de Søren tornaram-se um ponto central de atenção, e suas pernas eram especialmente motivo de escrutínio. Essa obsessão do público com o quão bem o corpo desajeitado dele estava vestido não era coisa da imaginação de Søren. "Uma vez", recorda Troels Frederik do seu tio, "eu estava andando atrás dele e quis correr até ele para dizer olá. Mas, naquele momento, ouvi alguns transeuntes dizerem algo zombeteiro sobre ele e vi quando algumas pessoas do outro lado da rua pararam e deram a volta só para olhar e rir dele. Uma perna da sua calça era realmente mais curta que a outra [...] ele tinha uma aparência estranha. Instintivamente, parei, fiquei envergonhado e, de repente, lembrei-me de que tinha de ir até a outra rua".[36] O filósofo George Brandes recordava-se de que, quando estava crescendo, se tentasse sair de casa com suas meias aparecendo, sua babá lhe advertia: "Não seja um Søren Kierkegaard!".[37]

As coisas ficaram tão ruins que o alfaiate de Kierkegaard deu a entender que, caso Søren encontrasse outro fabricante de roupas, certamente isso não lhe prejudicaria nos negócios. Os insultos, sorrisos maldosos, olhares pasmos e o constrangimento social tornaram os "banhos de gente", que Søren tanto gostava, insustentáveis. Anteriormente, ele se orgulhava de sua capacidade de

---

[35] *Kierkegaard's Journals and Papers*. 7 volumes. Bloomington: Indiana University Press, 1967-1968. Entrada 5887.

[36] TROELS-LUND. In: KIRMMSE, Bruce (ed.). *Encounters with Kierkegaard*. Princeton: Princeton University Press, 1996. p. 183-84.

[37] Ibidem, p. 97.

conversar com as pessoas em todas as situações. Agora, "é a ralé, a humanidade totalmente brutal, os arruaceiros, as mulheres bobas, os alunos e os aprendizes" que o estavam insultando. Contra suas melhores intenções, Søren havia se tornado "eminente", separado dos outros. Ele não podia andar pelas ruas de Copenhague como antes. Søren acumulou mais despesas de viagem, andando de táxi pelo país, para que pudesse passear em paz. Pena que nem mesmo essas excursões lhe ajudaram, pois a reputação de Kierkegaard não se restringia à sua aparência física.

Graças à *Corsaren*, "Søren" tornou-se "Søren", um termo para um filósofo meio louco, apaixonado e desajeitado.

> E assim eu fui desperdiçado na Dinamarca: e todo mundo finge que isso não significa nada. [...] Agora o meu primeiro nome é um apelido que todo colegial sabe. O mesmo nome é usado mais frequentemente pelos autores; aparece em comédias o tempo todo e todos sabem que sou eu.[38]

Várias peças teatrais começaram a utilizar esse nome quando queriam um atalho para desenvolver um personagem cômico secundário. A peça mais evidente, perniciosa e popular, escrita por Jens Christian Hostrup, foi chamada de *Vizinhos opostos*. A primeira versão chegou ao palco em 1844, como uma produção estudantil, com uma sucessão de exibições limitada. Nela, um personagem chamado "Søren Kirk" solta um jargão enrolado cheio de proposições com "ou isso, ou aquilo" antes de ser arrastado por uma multidão frustrada. Originalmente, era uma peça de e para estudantes, e estava cheia de piadas dirigidas a pessoas de dentro da universidade. Na época, Søren ficou descontente, mas foi capaz de ignorar o insulto como sendo coisa de gente imatura. No entanto, depois da *Corsaren*, tornou-se impossível fingir que a peça era uma divertida paródia entre amigos, que Hostrup afirmava ser. Em 1845 e 1846, a peça de Hostrup saiu em turnê pelas províncias, sendo o seu sucesso alimentado, em parte, pela publicidade que o nome de "Søren" estava recebendo atualmente daquela outra produção cômica. Apesar de mudar o nome no cartaz para "Søren Torp, o teólogo", era óbvio para todos quem o personagem deveria ser. O sucesso nacional logo se tornou internacional, com a peça de Holstrup em turnê pela

---

[38] KIERKEGAARD, Søren. *Kierkegaard's Writings, XIII, Volume 13: The Corsair Affair and Articles Related to the Writings*. Editado e traduzido por Edna H. Hong e Howard V. Hong. p. 229.

Noruega em 1847. Os críticos noruegueses utilizaram livremente o nome "Søren Kierkegaard" enquanto discutiam o personagem e seus discursos bobos.

Søren esperava que as pessoas importantes e íntegras da sociedade dinamarquesa se mobilizassem em sua defesa quando ele enfrentou a *Corsaren*, pois elas também sofreram nas mãos dessa "turba de bárbaros". Mas até mesmo os seus amigos, incluindo o bispo Mynster e Giøwad, o editor de *A pátria*, ficaram em silêncio, e Søren teve que enfrentar aquele ataque sozinho. Ele havia escolhido lutar evocando as pessoas reais que estavam por trás da zombaria anônima do jornal pirata. Contudo, a tentativa de personalizar a fera levou ao surgimento de um monstro ainda maior. A multidão mexeriqueira estava ameaçando subjugá-lo. "O que eu estou sofrendo, como uma figura pública, é mais bem descrito como uma morte lenta, como ser pisoteado até a morte por gansos".[39]

Não se tratava apenas da atenção que Søren recebia, mas do *tipo* de atenção que era tão desanimador. Nas reflexões de Søren sobre o assunto, é evidente que foram as charges que o afligiram muito mais do que as legendas. Sua sensibilidade pessoal, claramente, era um problema: afinal, não foi um grande salto passar do "Søren Meias" dos tempos colegiais para o Søren de calças desajustadas de 1846. Porém, não era o simples fato de estar sendo intimidado mais uma vez que aborrecia Kierkegaard. O caso da *Corsaren* fez Søren compreender algo sobre a natureza da cristandade em que ele estava operando. As charges tiveram o efeito muito real de reduzir o edifício intelectual e espiritual que Søren vinha construindo cuidadosamente com sua autoria literária para o fato de como ele parecia estranho. Os membros do "público" mostraram-se relutantes (se não incapazes) de tratar o trabalho autoral em seus próprios termos. Eles não se deram ao trabalho de rastrear os movimentos das ideias isoladas ou comparar uma voz pseudônima com a outra, a fim de se apropriarem das conclusões interiormente como indivíduos. Em vez disso, graças à *Corsaren* e à resposta recebida de todos os níveis da sociedade, não foi a relação deles com a verdade que contou, mas a relação de Søren com suas calças.

> Tenho certeza de que toda a minha vida nunca será tão importante quanto as minhas calças vieram a ser. Sim, pode-se quase pensar que as minhas calças se tornaram o que a idade exigia, e, em caso afirmativo, espero sinceramente que a exigência de todas as idades seja moderada para a pessoa em questão; pois, ó

---

[39] *Kierkegaard's Journals and Papers*. 7 volumes. Bloomington: Indiana University Press, 1967-1968. Entrada 6906.

> bom Deus, ele não exige calças de mim, afinal, exige apenas que eu as use, e essa exigência realmente não me envergonha, porquanto eu tenho o hábito de usar calças desde os meus quatro anos de idade [...] para alguém que tenta ardentemente manter um conceito de grandeza ou potencial para cada homem, há algo de triste em ter uma abundância de observações que parecem apenas dar testemunho de irresponsabilidade, tolice, grosseria e coisas do tipo.[40]

Søren pretendia concluir a sua carreira literária com o apropriadamente intitulado *Postscriptum não científico conclusivo*. Havia outros textos em vários estados de conclusão, mas estes nunca foram considerados como parte do esquema iniciado com *Ou isso, ou aquilo*. O final do *Postscriptum* contém uma confissão de Søren de que ele é, de fato, responsável pelos pseudônimos, e termina com "um desejo e uma súplica" para que os leitores, mesmo assim, respeitem os pseudônimos como sendo os autores das obras. A maior parte do *Postscriptum* foi completada antes que Søren empunhasse a sua caneta contra os piratas, mas a decisão de incluir essa derradeira confissão autoral e esse apelo coincidiu com o seu desmascaramento pela *Corsaren*. À luz do grosseiro ataque preventivo do tabloide, Søren prevaricou se deveria aceitar ou deixar de lado o reconhecimento de sua autoria. No final, em seu diário, ele se convenceu a desistir disso e a deixar o destino seguir o seu curso. "Mas não! Sou devedor à verdade por não prestar atenção em tudo isso e fazer tudo o que foi decidido, entregando os resultados a Deus e aceitando tudo de suas mãos como uma dádiva boa e perfeita, recusando-me a agir astutamente, confiando que ele me dará um espírito firme e sábio".[41]

Não demorou muito para que Søren percebesse que a sua ideia de concluir o trabalho literário e assumir uma posição tranquila como pastor de uma igreja de alguma cidade pequena não ia acontecer. Em 20 de janeiro de 1847, ele poderia escrever que "o desejo de ser um pastor no interior sempre me atraiu e esteve no fundo da minha mente. [...] Parece perfeitamente claro, entretanto, que a situação aqui em casa está se tornando cada vez mais confusa". Ele percebe que os tempos exigem uma figura extraordinária e ousa pensar que pode ser ele. "Quando eu desisti [de Regine], renunciei a todos os desejos de uma vida agradável e aconchegante", escreve ele, mas "de agora em diante devo considerar que ser um escritor é o mesmo que estar à mercê do insulto e do ridículo. Mas continuar neste caminho não é algo autoinfligido,

---

[40] Ibidem, entrada 5863.

[41] Ibidem, entrada 5872.

pois foi o meu chamado; todo o meu ser foi projetado para isso".[42] Na mesma anotação, Søren encontra conexões entre a "idolatria da instituição" de Mynster, a "mentalidade burguesa", a "covardia e inveja" da elite culta e a violência da "turba de bárbaros". O rumo que Søren estava estabelecendo era nada menos que uma colisão com toda a cristandade.

> De agora em diante, humanamente falando, posso dizer que estou não apenas correndo sem rumo diante de mim, mas indo precipitadamente em direção à ruína certeira – confiar em Deus, precisamente, esta é a vitória. Foi desta maneira que compreendi a vida quando eu tinha dez anos, por isso, a polêmica prodigiosa em minha alma; foi assim também que a entendi quando eu tinha vinte e cinco anos; e também agora, aos trinta e quatro anos. É por este motivo que Poul Møller me chamou de o mais polêmico dos homens.[43]

A luta para salvar a alma de Goldschmidt e a do homem comum da *Corsaren* não seria um projeto extra que fora acrescentado a uma carreira de escritor concluída. Em vez disso, para Søren, o caso e suas consequências marcaram uma nova reviravolta no caminho em que o sistema o colocara anos antes. O público monstruoso surgiu e Søren começou a pensar que ele era o homem designado para derrotá-lo.

Mas para isso ele precisaria escrever mais livros.

---

[42] Ibidem, entrada 5961.

[43] Ibidem.

CAPÍTULO 8

Uma vida armada e imparcial

É 1838. O pai, já idoso, acaba de falecer. O filho mais novo se encarrega de contar ao pastor da família a notícia sombria. O pai sempre reverenciara Mynster e moldara a formação espiritual da família segundo as linhas estabelecidas pelo bispo. Agora, ao ser informado da morte do velho, Mynster está intrigado. *Quem* morreu? Leva um minuto ou dois para ele se lembrar do nome de Michael Pedersen Kierkegaard. O pregador é um homem atarefado com muitas exigências e com muitos paroquianos. Mas o filho leva em consideração que o bispo esqueceu.[1]

× × ×

"Expor-me voluntariamente ao ataque da *Corsaren* é, sem dúvida, a coisa mais intensa, na condição de gênio, que eu fiz", refletiu Søren em 1849. "Terá consequências em todos os meus escritos; será extremamente importante para todo o meu trabalho sobre o cristianismo e sobre a minha elucidação do cristianismo". Nisso ele estava correto. Os efeitos da *Corsaren*, embora aparentemente insignificantes para alguns, foram de fato profundos e duradouros para a percepção de Søren sobre si mesmo, de seu trabalho autoral e do público para quem ele estava escrevendo. Isso também levou a um fascínio renovado com o que significa se destacar como uma testemunha para o povo. "É frequentemente dito que, se Cristo viesse agora ao mundo, ele seria crucificado outra vez. Isso não é totalmente verdade. O mundo mudou; agora ele está imerso

---

1 HANNAY, Alistair. *Kierkegaard: a biography*. Cambridge: Cambridge University Press, 2001. p. 390.

em 'entendimento'. Portanto, Cristo seria ridicularizado, tratado como um homem insano, mas um homem insano de quem se ri".[2]

Søren sempre soube que era alguém singular. Agora ele começava a se ver como um tipo de mártir em potencial ou uma testemunha da verdade. "O que a cristandade precisa a todo instante é de alguém que expresse o cristianismo de maneira incalculável ou com imprudência absoluta", diz uma anotação de 1848. "Ele deve, então, ser considerado um instrumento de medição – isto é, a maneira como ele for julgado na cristandade será um teste de quanto cristianismo verdadeiro existe na cristandade em um dado momento". E Søren continua: "Se o destino dele é ser escarnecido e ridicularizado, ser considerado louco, enquanto uma geração inteira contemporânea de clérigos (que, notem bem, não se atrevem a falar de modo desobstinado ou imprudente) é honrada, sendo eles também considerados verdadeiros cristãos – então a cristandade é uma ilusão".[3] Søren é assertivo em suas reflexões de que o seu martírio – se é que se pode chamar assim – não é favorável ao *cristianismo* tanto quanto o é para "a verdade".[4] Aquele que apresenta a verdade dessa situação do jeito mais completo e fiel possível não fez julgamentos acerca do seu próprio cristianismo ou o de qualquer outra pessoa, mas proporcionou a oportunidade de uma escolha clara a ser feita. "O julgamento não é o que ele diz, mas o que é dito a respeito dele".[5]

A direção nítida da vocação de Søren segue a tentativa de "conclusão" do seu trabalho autoral e o seu "desmascaramento" simultâneo pela *Corsaren*. Søren tinha consciência de como a perda do seu julgamento no tribunal da opinião popular havia marcado um novo capítulo em sua vida. E isso literalmente. Em 9 de março de 1846, ele começou um novo diário com um novo sistema de notação. Cada volume foi rotulado como "NB" (do latim *nota bene*, que significa 'observe bem') e sucessivamente numerado, chegando a trinta e seis livros no total. Ao contrário dos diários pré-*Corsaren*, que tendem a ser uma mistura de pensamentos aleatórios e rascunhos, os volumes NB foram claramente escritos com vistas aos futuros leitores e, muitas vezes, aspiram a uma coerência nunca vista nos primeiros periódicos. Um tema comum é a reflexão de Søren sobre

---

2 *Kierkegaard's Journals and Papers*. 7 volumes. Bloomington: Indiana University Press, 1967-1968. Entrada 6373.

3 Ibidem, entrada 2642.

4 HANNAY, Alistair. *Kierkegaard: a biography*. Cambridge: Cambridge University Press, 2001. p. 369.

5 *Kierkegaard's Journals and Papers*. 7 volumes. Bloomington: Indiana University Press, 1967-1968. Entrada 2642.

a sua própria missão, como escritor e como testemunha. Outro tema é o da natureza do Indivíduo Singular, de Cristo e do cristianismo autêntico. Outro é sobre as muitas "colisões" que a trajetória de sua vida contra a cristandade projetava em seu caminho. A longa anotação inicial do primeiro volume, intitulada "Relatório", define o tom: "O *Postscriptum conclusivo* já saiu; a pseudonímia foi reconhecida [...] Tudo está em ordem; tudo o que eu tenho que fazer agora é manter a calma, ficar em silêncio, contando com a *Corsaren* para apoiar toda a iniciativa negativamente, assim como eu quero".[6] O Relatório descreve os acontecimentos do ponto de vista de Søren, esforçando-se para colocar o escárnio da melhor forma possível, mas ele admite que "esta existência é exaustiva; estou convencido de que nem uma única pessoa pode me entender".[7] Søren está frustrado pelo fato de as pessoas pensarem que ele encerrou o seu trabalho autoral por causa da *Corsaren*, e também está desapontado por luminares como o bispo Mynster pensarem que ele adaptou os seus livros com o propósito expresso de se envolver com aquele tabloide vulgar. Em vez disso, Søren insiste que o contrário é verdadeiro. Parece que ele apenas inseriu trechos específicos da *Corsaren* no *Postscriptum não científico conclusivo* porque a sua análise do estado das coisas era muito perspicaz. A *Corsaren* apenas trouxe à luz o que sempre esteve presente na cultura. Søren termina a anotação com uma reiteração de sua convicção de que seu trabalho autoral está concluído, e que expressa mais uma vez o desejo de que possa se retirar para uma vida mais tranquila. "Se eu apenas pudesse me tornar um pastor... Lá fora, numa atividade silenciosa, permitindo a mim mesmo um pouco de produtividade no meu tempo livre, eu respiraria mais facilmente, por mais que a minha vida atual tenha me gratificado".[8] A hesitação de Søren é evidente mesmo nas passagens em que ele afirma ser esse o seu desejo. Apesar de suas afirmações ocasionais de que uma paróquia do interior seria a sua vida, Søren está muito consciente de si mesmo e preocupado demais com a verdade para levar esse assunto muito longe.

Uma visita ao bispo Mynster, no outono de 1846, confirmou a Søren que ele estava destinado a algo diferente da vida eclesiástica. Ironicamente, foi a aprovação de Mynster sobre o plano de Søren para um pastorado que deu rumo aos acontecimentos. Mynster incentivou Søren a procurar essa vida em algum lugar do país. A resposta colocou Søren imediatamente em guarda. Ele percebeu que,

---

[6] Ibidem, entrada 5887.

[7] Ibidem.

[8] Ibidem.

se tornasse mais interessado nos modos, nos meios de comunicação e no seu papel como comunicador. Já antes do *Postscriptum não científico conclusivo*, Søren pretendia publicar uma resenha sobre um romance da talentosa mãe de Heiberg, Thomasine Gyllembourg. Søren disse a si mesmo que escrever uma resenha literária sobre *As duas eras*, de Madame Gyllembourg, não contaria como um trabalho autoral, já que ele estava lidando principalmente com os pensamentos de outra pessoa. O livro que resultou disso teve o título completo de *As duas eras: A era da revolução e o tempo presente – Uma resenha literária*, com uma apreciação do romance em uma metade, e na outra uma plataforma com as próprias reflexões de Søren sobre, entre outras coisas, o tempo presente e sua tendência a tagarelar em vez de preferir uma comunicação e ação significativas. A predileção do público em "nivelar" qualquer pessoa que se distingue da multidão também está sujeita à força total das consideráveis faculdades críticas de Søren. O que começou a vida como uma resenha literária terminou como uma resposta completa ao espírito da *Corsaren* em ação no mundo.

Essa brecha para uma "resenha literária" também levou a outro dos projetos favoritos e duradouros de Søren. No final, *O livro sobre Adler* nunca seria publicado durante sua vida, mas isso não ocorreu antes que o manuscrito passasse por mais revisões e reescrituras do que qualquer outra coisa do cânone kierkegaardiano. Søren recebeu os últimos trabalhos de Adolph Peter Adler em 1846 e começou a refletir sobre eles imediatamente. No ano seguinte, ele acumulou mais de 200 páginas de considerações sobre o caso do pastor errante. Adler, amigo de Søren, era um contemporâneo universitário que também estudara teologia e deixou sua marca como pró-hegeliano. Entretanto, em 1840, Adler teve uma experiência religiosa e, depois desta, afirmou que Deus lhe queria para promover uma nova doutrina que se opusesse à influência hegeliana em ação no cristianismo dinamarquês. Adler foi amplamente castigado por seu entusiasmo místico e foi obrigado a se afastar de sua paróquia. Diante da zombaria e da rejeição, Adler tentou, então, adaptar sua nova revelação conforme as ideias hegelianas.

Foi esta última rendição, mais do que a pretensão de uma revelação divina, que particularmente provocou a crítica de Søren. Em algumas ocasiões, ele havia se encontrado com Adler, tendo-o como uma figura inteligente, mas ridícula. Em um encontro memorável, Adler fez com que Søren se sentasse. Então, revelou-lhe que ele, Adler, considerava Søren um João Batista que estava preparando o caminho para sua nova revelação. Em seguida, Adler leu algumas das passagens que Jesus Cristo teria supostamente ditado a ele. Søren lembrava-se de como Adler modulava curiosamente a voz, alternando entre a fala normal e um dramático sussurro teatral. Quando Søren confessou que não percebeu nada particularmente revelador naquelas passagens, Adler se ofereceu para voltar mais tarde, na mesma noite, e ler tudo mais uma vez com aquela voz especial. Søren se absteve de rir na hora, mas confessou depois ao seu amigo Brøchner que ficou muito feliz, muito agradecido, pois ele, como João Batista, não tinha a pretensão de ser um Messias.

Era fácil não dar atenção a Adler, mas Søren estava mais interessado nos sérios problemas que o caso dele suscitava. A maior parte d'*O livro sobre Adler* leva em consideração a "diferença entre um gênio e um apóstolo" e, na verdade, é uma reflexão extensa sobre o que significa ter autoridade e falar com autoridade. Os verdadeiros apóstolos falavam a partir da revelação divina e, portanto, a qualidade da comunicação deles é irrelevante. Os gênios comunicadores, por outro lado, precisam prestar atenção à forma, se algo de bom vier da escrita deles. No final, a principal diferença entre um apóstolo e um gênio é que este não fala com autoridade, mas tem que confiar na habilidade que tem. A questão era importante para a percepção de Søren sobre si mesmo e sua vocação. O subtítulo "sem autoridade" ocorre frequentemente nos livros, tornando-se uma frase de efeito sobre todo seu trabalho literário.

É evidente que o livro sobre Adler era importante para Søren, mas havia algumas sensibilidades a serem tratadas antes que o mesmo pudesse ser publicado. Søren também era um escritor com o senso de um chamado divino e com um machado para lutar contra as ideias de Hegel e seus seguidores. Ele também foi perseguido com a acusação de sofrer de algum desequilíbrio mental. Desse modo, Søren foi compreensivelmente cauteloso ao lidar com Adler, se é que fazia isso. No final, ele decidiu não publicar, em consideração ao seu próprio caso, e também pelo respeito devido ao próprio Adler. Søren não tinha vontade de destruir a reputação de ninguém por causa de um público inconstante. Como ele bem sabia, "é cruel arruinar uma pessoa desse jeito".[11] As 200 páginas ou mais ficaram na escrivaninha, mas um trecho, "*A diferença entre um gênio e um apóstolo*", foi publicado, o que eliminou qualquer referência sobre Adler pelo nome. O ensaio apareceu como um dos *Dois ensaios ético-religiosos*, atribuído ao pseudônimo H. H., em 1849.

O curioso caso do pastor Adler não era a única coisa que ocupava a atenção de Søren durante esse tempo. Além de *As duas eras* e vários *Discursos*

---

[11] *Kierkegaard's Journals and Papers*. 7 volumes. Bloomington: Indiana University Press, 1967-1968. Entrada 6049.

publicados em 1847, um grande livro estava em andamento, deixando de lado, de uma vez por todas, a ideia de Søren de se aposentar do seu trabalho autoral.

As obras do amor resultaram de uma reflexão extensa sobre o chamado bíblico para "amar ao próximo" e sobre a consideração renovada de Søren pelo "Indivíduo Singular". Essa categoria veio à luz como uma mensagem para Regine, mas ele percebeu que isso era aplicável a quaisquer dos seus potenciais leitores. Longe de significar uma filosofia de isolamento, Søren achava que a única maneira de amar verdadeiramente alguém seria *como* e *para* indivíduos separados de qualquer grupo ou ajuntamento a que pudessem pertencer. Como resultado, *As obras do amor* é um livro profundamente revolucionário, revestido de um apelo aparentemente inócuo para todos se darem bem. Nas mãos de Søren, o "amor ao próximo" é mostrado como uma posição radical no mundo, cortando as reivindicações mais importantes em favor de si mesmo, da família e da nação. O movimento para a interioridade também é um chamado à ação. *As obras do amor* é chamado de "Deliberação cristã", um subtítulo que Søren pretendia usar a fim de diferenciá-lo dos seus outros "discursos". A deliberação, ele pensava, pretendia conduzir os leitores a um ponto de decisão ativa sobre ideias controversas, mais do que tranquilizá-los sobre verdades estabelecidas.

> Um discurso edificante sobre o amor pressupõe que as pessoas saibam essencialmente o que é o amor, e busca conquistá-las e movê-las para o amor. Mas este certamente não é o caso. Portanto, uma "deliberação" deve primeiro tirá-las do porão, chamar por elas, virar sua maneira confortável de pensar às avessas.[12]

As obras do amor foi publicado em setembro de 1847 e vendeu relativamente bem, sendo um dos poucos livros reimpressos durante a vida de Søren. O livro recebeu poucas resenhas, mas Søren não se importava, pois estava escrevendo para os Indivíduos Singulares, e não para os críticos que enchiam os jornais com seus falatórios. Ele considerou o livro em si como sua "obra" de amor. Uma seção foi escrita para Hans Peter, seu primo aleijado. Outra foi escrita em memória de seus pais já falecidos. Jette, a esposa doente de Peter, seu irmão, recebeu um exemplar para recobrar suas forças, acompanhada de uma carta sensível e encorajadora.

---

[12] Ibidem, entrada 640.

Regine Schlegel, nascida Olsen.
Fotografia de Regine datada de 1855.

Dois fãs de alto nível eram o rei Christian VIII e sua segunda esposa, a rainha Caroline Amalie. Søren entregou pessoalmente a eles um exemplar de *As obras do amor* após sua publicação. O rei pedira a Søren para visitá-lo em algumas ocasiões durante a redação do livro. Ele foi claramente tocado pelo autor que, muito parecido com um rei, também era uma figura excêntrica incapaz de passar despercebida entre as pessoas. Søren, é claro, atendeu ao pedido respeitosamente, mas, a partir de longas anotações em seu diário refletindo sobre essas visitas, sabemos que ele achou os espectadores em grande parte cansativos. "Tomei a decisão firme de visitá-los o mais raramente possível".[13] O rei gostava de conversar sobre opiniões, especialmente sobre política, mas era evidente que ele não entendia completamente os escritos de Kierkegaard. A rainha declarou ter lido algumas das obras dele, mas, nas conversas, ela se referia persistentemente a "Isso *e* aquilo"; um erro revelador que não escapou à atenção de Søren. *As obras do amor* foi entregue como uma tentativa de melhorar a situação, mas Søren refletiu que o rei parecia contente em olhar para o sumário e ficar comovido sentimentalmente por uma passagem que Søren leu em voz alta.

[13] Ibidem, entrada 6310.

Um leitor mais perceptivo foi também um dos principais membros do público que Søren pretendia alcançar. Søren estava particularmente interessado em trazer à tona a opinião do bispo Mynster ("[...] isso teria me deixado indescritivelmente feliz por ele concordar comigo [...]"),[14] e ele foi vê-lo em 4 de novembro de 1847. Era para ser outro encontro insatisfatório. "Hoje eu vi o bispo Mynster. Ele disse que estava muito ocupado – então eu saí imediatamente. Mas ele também foi muito frio comigo. Muito provavelmente ele está ofendido com o último livro".[15] E muito provavelmente. Mynster não era tolo e teria percebido que se tratava de mais uma crítica mal disfarçada atrevendo-se a contar a ele e à sua igreja o que o cristianismo realmente era.

Havia outra futura leitora a quem Søren não se atreveria a fazer uma visita. No dia anterior à breve audiência de Søren com Mynster, Regine Olsen casou-se com Johan Frederik Schlegel na Igreja de Nosso Salvador, em Copenhague.

No mês seguinte, Peter e Søren finalmente venderam a casa da família, localizada na Nytorv, dividindo os lucros. Esse acontecimento, somado ao rompimento com Mynster e ao casamento da nova sra. Schlegel, reataram simbolicamente muitos dos fios da antiga vida de Søren. O ano seguinte provaria ser um divisor de águas para o rumo que Søren, agora renovado, estava tomando. "Então veio o ano de 1848 – para mim, além de qualquer comparação, foi o ano mais rico e proveitoso que experimentei como autor".[16] Ao longo desse ano, Søren começou ou completou *Discursos cristãos, O desespero humano, Prática do cristianismo, Ponto de vista do meu trabalho como escritor, Neutralidade armada, Dois ensaios ético-religiosos, Os lírios do campo e as aves do céu*, e outras composições ocasionais.

A produtividade de Søren foi estimulada, em grande parte, pelos eventos monumentais que varreram a Europa. Em 1848, a "Primavera dos Povos"[17] estava em andamento. Itália, Alemanha, Áustria e especialmente a França viram ondas de violentos protestos republicanos contra os monarcas reinantes. Outras nações europeias presenciaram distúrbios semelhantes.

Não sendo deixada de fora, a Dinamarca também desfrutou de sua própria revolução (sem derramamento de sangue). Na noite de 20 de janeiro de 1848, o rei Christian VIII estava morto. Percebendo uma oportunidade de

---

14 Ibidem, entrada 6071.

15 Ibidem.

16 KIERKEGAARD, Søren. *Kierkegaard's Writings, XXI, Volume 20: Practice in Christianity*. Editado e traduzido por Howard V. Hong e Edna H. Hong. p. xi.

17 KIRMMSE, Bruce. *Kierkegaard in Golden Age Denmark*. Bloomington: Indiana University Press, 1990. p. 66.

mudança, um grupo dos principais republicanos de Copenhague (uma causa liberal), chefiado por H. N. Clausen, reuniu-se para redigir um projeto para uma constituição liberal. A petição foi ignorada por Frederico VII, o sucessor de Christian, entronizado recentemente. Durante o mês de fevereiro, as notícias da revolução que varreram a Itália e Paris chegaram à Dinamarca. Em março, um grupo mais robusto de reformadores liberais realizou uma série de reuniões em massa, dessa vez, lideradas por Orla Lehmann. Juntos, membros da elite culta, artesãos e camponeses estabeleceram uma plataforma liberal nacional que incluía, como ponto político central, o sufrágio universal (masculino). Em 20 de março, Lehmann e os reformadores se reuniram nos escritórios do jornal *A pátria* e redigiram outra petição. No dia seguinte, uma multidão de mais de 15.000 pessoas acompanhou Lehmann pelas ruas até os palácios reais. Eles exigiam uma constituição, a incorporação de todos os territórios de Slesvig às mãos dos dinamarqueses e a lei do "povo".[18] Significativamente, esse apelo ao homem comum estava acompanhado por uma ameaça velada da força que o homem comum poderia exercer caso ele não fosse atendido: Lehmann incluiu em sua petição a dura escolha entre a revolta popular ou o consentimento real, implorando ao rei que salvasse a Dinamarca e "não forçasse a nação à autoajuda do desespero".[19] Lehmann foi recebido, as reformas foram aceitas e, com um bramido triunfante, a multidão se dispersou. No ano seguinte, a Dinamarca tornou-se uma monarquia democrática e constitucional.

Do ponto de vista de Kierkegaard, alguém que pretendia falar ao "tempo atual", dois desenvolvimentos significativos resultaram desses eventos. O primeiro foi a explosão do conflito de Slesvig-Holstein em uma guerra declarada. Em 1848, os nacionalistas alemães apelaram ao rei para que reconhecesse a unidade da região de Slesvig-Holstein, no sul da Jutlândia. Eles se opunham aos nacionalistas liberais republicanos dinamarqueses, liderados por Lehmann, que apoiavam o partido chamado "Ultra-Dinamarquês", do qual Grundtvig também era um membro-chave. O rei foi influenciado pelos ultradinamarqueses: Slesvig, sem divisão, permaneceria constitucionalmente ligado à Dinamarca. Quando eles ouviram a notícia, o partido alemão proclamou um governo militante rival de Slesvig-Holstein. Essa violência duraria até 1851, deixando o país em um mal-estar nacionalista permanente. Em casa, isso também privaria Søren da companhia de Anders Westergaard, seu criado e amigo (a quem Kierkegaard gostava de chamar de "meu corpo"), que foi convocado para a guerra.

---

[18] Ibidem.

[19] SKOVMAND, Roar. *De folkelig bevaegelser i Danmark*. Copenhague: Shultz, 1951. p. 66.

O segundo desenvolvimento referido afetou a Igreja Luterana oficial. Não mais a Igreja do Estado, agora seria conhecida como a Igreja do Povo Dinamarquês. A transição de "Estado" para "Povo" marcou uma mudança na ênfase de uma organização clerical e constitucional, inicialmente favorecida por Mynster e Martensen, para uma organização mais livre e populista, muito para o deleite dos grundtvigianos. Muitos detalhes técnicos sobre constituições e nomenclaturas eclesiásticas eram obscuros e irrelevantes para a vida cotidiana da igreja. Entretanto, Søren estava bem ciente de que as mudanças de 1848 marcaram uma mudança significativa no imaginário cultural. Um senso indefinido de direito popular permeava a política e a religião, em que todos deviam se curvar diante de uma nova grande entidade chamada "o Povo".

A popularidade é um jogo perigoso. Afinal de contas, foi o consenso popular que manteve a *Corsaren* funcionando não menos do que manteve os dinamarqueses seguros na suposição de que, como povo civilizado, eles eram naturalmente cristãos. O rumo que Søren estava tramando divergia tanto das pressuposições conservadoras quanto das liberais. Enquanto os cidadãos da cristandade estavam sendo arrastados a favor ou contra os grandes movimentos realizados em nome do "povo", eles estavam se esquecendo das pessoas reais, dos vizinhos e das pessoas simples bem diante de seus olhos. Para Kierkegaard, isso teve consequências desastrosas: "Eles estão cegos para aquilo que o ano de 1848 tornou suficientemente claro – que a multidão, a massa, é má. Eles ainda convivem com a noção obsoleta de que se luta contra a ordem estabelecida com a ajuda do povo".[20] Em vez disso, como Søren escreveu em seu diário um ano antes: "'O indivíduo singular' é uma categoria por meio da qual, em um sentido religioso, as épocas, a história e as gerações devem prosseguir".[21] Sua missão estava se tornando clara: tirar pessoas simples dos seus agrupamentos para que elas pudessem se relacionar umas com as outras e com Deus, como pessoas, e não como um grupo. A "ordem estabelecida" certamente precisava ser combatida, mas não seria mais um movimento descaracterizado ou uma ação do povo. Os acontecimentos sociais e políticos da Dinamarca contemporânea muniram Søren de uma frase favorita para descrever sua estratégia. "Neutralidade armada" descreve uma postura militar sem obrigações partidárias. Søren escreveu um pequeno livro com esse título (não publicado durante sua vida) articulando sua posição peculiar:

---

[20] *Kierkegaard's Journals and Papers*. 7 volumes. Bloomington: Indiana University Press, 1967-1968. Entrada 2960.

[21] Ibidem, entrada 2004.

> *Neutralidade armada*. Se a minha relação fosse com os pagãos, eu não poderia ser neutro; então, em oposição a eles, eu teria que dizer que sou cristão. Mas estou vivendo na cristandade, entre os cristãos, ou entre pessoas que se dizem todas cristãs. [...] É por isso que me mantenho neutro em relação ao meu ser cristão. [...] A missão, então, é apresentar o ideal de um cristão, e aqui pretendo fazer uma batalha.[22]

Dois livros fundamentais do arsenal de ataque neutro de Søren são *O desespero humano* e *Prática do cristianismo*, ambos escritos substancialmente em 1848, mas publicados separadamente nos anos seguintes. Antes de ser impresso, Søren se referiu a *O desespero humano* como um "ataque à cristandade"[23] e à cristandade como um "conceito totalmente não cristão". Os primeiros planos do livro incluíam publicá-lo junto com outro ensaio intitulado "Uma tentativa de introduzir o cristianismo na cristandade".[24] O livro lida principalmente com as diferentes formas de desespero, o pecado original e o ato de se tornar um eu autêntico. Foi publicado no verão de 1849, mas não antes de Søren se entregar a mais uma rodada de idas e vindas sobre o título que lhe deveria ser atribuído.

Os diários de Søren e seu *Ponto de vista* publicado postumamente descrevem o relacionamento complicado com os pseudônimos em que a *Corsaren* e o conflito com a cristandade o colocaram. Antes, Søren tinha sido capaz de se posicionar acima dos seus personagens, escrevendo livros cujo conteúdo ele poderia pessoalmente estar de acordo ou não. Seja como for, o objetivo era que os leitores ponderassem e decidissem por si mesmos, e não olhassem diretamente para o autor em busca de orientação. Suas obras religiosas assinadas e sua presença constante nas ruas eram uma maneira de se distanciar desses livros. Agora, todos os olhares estavam sobre Søren, e a distância entre sua pessoa e sua escrita desmoronou. Além disso, o seu sistema de escrita havia chegado ao ponto em que as categorias cristãs mais altas precisavam ser elucidadas, um estágio mais elevado do que aquele que o próprio Søren achava que ocupava. Não parece que ele mesmo seja o cristão que ele estava descrevendo em seus novos livros.

Desse modo, um novo personagem, Anti-Climacus, nasceu com uma posição e uma relação com Søren até agora não vistas na literatura. Embora

---

22 KIERKEGAARD, Søren. *Kierkegaard's Writings, XXII, Volume 21: The Point of View*. Editado e traduzido por Howard V. Hong e Edna H. Hong. p. 138-139.

23 KIERKEGAARD, Søren. *Papers and Journals: a selection*. Londres: Penguin, 2015. p. 395.

24 *Kierkegaard's Journals and Papers*. 7 volumes. Bloomington: Indiana University Press, 1967-1968. Entrada 6271.

exista uma conexão evidente com Johannes Climacus, *anti* não significa simplesmente "contra". Em vez disso, o *anti* (como em "antecipar") conota algo maior ou mais importante. Assim como uma grande casa terá uma antessala que leva a todas as outras portas e corredores, assim também Anti-Climacus é investido de pensamentos e posições mais elevadas e mais centradas do que a dos outros pseudônimos. Anti-Climacus não tem a intenção de encobrir o envolvimento de Søren (ele lista o seu nome como editor), mas proporciona a distância necessária que Søren sentiu que precisava entre a sua obra e ele próprio. Se os leitores da cristandade se sentissem pesados e se achassem insuficientes em relação com esse cristão ideal, Søren também. "Eu me colocaria mais alto do que Johannes Climacus e mais baixo que Anti-Climacus".[25]

Alguns dias antes de Anti-Climacus subir ao palco com a publicação de *O desespero humano*, o pai de Regine, o conselheiro Terkild Olsen, faleceu. Søren havia desfrutado de um bom relacionamento com Olsen e, no ano anterior, havia tentado temerariamente uma reunião com ele e sua família, como um passo inicial a fim de buscar um entendimento com Regine. Então, Søren partiu espontaneamente para onde ele sabia que os Olsens estavam passando o feriado. "Eu estava tão feliz e quase certo de encontrar a família lá – e que deveria haver uma tentativa".[26] Qualquer um poderia ignorá-lo, menos o conselheiro Olsen. "O único", escreveu Søren, com quem "eu ouso me reconciliar com segurança, pois aqui não há perigo como há com a menina".[27] Søren ofereceu uma saudação alegre e fez uma oferta de amizade, mas isso foi demais para o pai, que, com lágrimas nos olhos, disse: "Eu não quero falar com você!"[28] E fugiu mais rápido do que Søren podia segui-lo. Søren gritou para ele que a responsabilidade de curar a ferida estava agora sob os ombros de Olsen, mas isso não adiantou. Søren refletiu mais tarde sobre o acontecido: "Todos nós choramos quando o pastor prega sobre estarmos reconciliados com os nossos inimigos. Na verdade, buscar a reconciliação é considerado um descaramento. Dessa maneira, o conselheiro Olsen [...] ficou muito furioso com isso".[29]

---

[25] Ibidem, entrada 6433.

[26] Ibidem, entrada 6247.

[27] Ibidem.

[28] Ibidem.

[29] Ibidem, entrada 6536.

Agora ele estava morto. Certo ou errado, Søren suspeitava que Olsen era a principal barreira para qualquer amizade futura com sua filha. Com esse obstáculo fora do caminho, Søren se perguntava se agora seria uma boa oportunidade para testar a possibilidade de reaproximação com Regine. Eles se viam frequentemente nas ruas ou na igreja, mas não trocavam uma só palavra. Depois de muitos rascunhos e falsos inícios, Søren finalmente encontrou as palavras para sua carta, datada de 19 de novembro de 1849. O rascunho dizia em parte:

> [...] Casar eu não pude. Mesmo se tu ainda estivesses livre, eu não poderia. Todavia, tu me amaste, assim como eu te amei. Eu te devo muito – e agora estás casada. Tudo bem. Ofereço-te pela segunda vez o que posso e ouso e devo oferecer-te: reconciliação. Faço isto por escrito para não te surpreender ou sobrecarregar. Talvez a minha personalidade tenha tido um efeito muito forte; isso não deve acontecer outra vez. Mas, pelo amor de Deus nos céus, por favor, considera seriamente se ousas te envolver nisso, e, se sim, se preferes falar comigo imediatamente ou se preferes trocar algumas palavras primeiro. Mas, se a tua resposta for "não" – então, por favor, lembra-te, por causa de um mundo melhor, de que eu também dei esse passo.
>
> Em todo o caso, como no começo até agora,
>
> S.K.[30]

O que Regine teria feito com essa carta, jamais saberemos. Ela nunca a viu. Søren, consciente de que sua abordagem incomum tinha mais do que uma lufada de clandestinidade, colocou o bilhete em um envelope anexado a uma carta de apresentação a Fritz Schlegel.

> A carta anexa é minha (S. Kierkegaard) para – sua esposa. Você mesmo deve decidir agora se deve ou não entregá-la. Eu não posso, afinal, defender muito bem a abordagem dela [...] Se você não concordar, peço-lhe para devolver-me a carta sem abri-la [...]
>
> Atenciosamente,
>
> S.K.[31]

---

[30] Ibidem, entrada 6537.

[31] Ibidem.

Isso é exatamente o que Fritz fez. Søren registrou em seu diário: "Recebi, então, uma epístola moralizadora e indignada do estimado cavalheiro, e também a carta para ela, não aberta".[32] Em outro lugar, ele comentou sobre a necessidade de evitar até mesmo qualquer aparência de atos impróprios com Regine, e se recusou a tentar conseguir a ajuda dela para persuadir Fritz da possibilidade de que os dois pudessem conversar novamente. "Agora o assunto está encerrado. Uma coisa é certa – sem o consentimento de Schlegel, não haveria uma só palavra. E ele se declarou da maneira mais definitiva possível".[33]

Com a porta fechada para uma amizade real, tudo o que restou foi que Søren voltasse a conversar com sua Regine imaginária. Ele continuou a aludir a ela em seus livros e enviou-lhe cópias de seus *Discursos* quando eles foram publicados. Sem que ele soubesse, Fritz e Regine estavam bem cientes da dimensão total dessa conversa literária unilateral. Eles tinham lido as obras de Søren em voz alta um para o outro durante o noivado e continuaram adquirindo seus livros durante toda a vida de casados, seguindo a carreira dele com interesse.

Na mesma época em que recebeu o bilhete de Schlegel e a carta não aberta, Søren sofreu outro golpe desagradável vindo de alguém muito próximo dele. Um mês antes, Peter fizera uma palestra em que comparou desfavoravelmente Søren a ninguém menos que Martensen. Para piorar, a palestra foi publicada na *Gazeta da Igreja Dinamarquesa*, um periódico grundtvigiano. Søren disparou uma carta de protesto, queixando-se da deturpação de Peter dos pseudônimos e ressaltando que as pessoas presumirão erroneamente que, sendo ele o irmão mais velho, os leitores serão levados a pensar que Peter tem acesso fidedigno à mente de Søren, o que ele certamente não tem. Søren estava intelectualmente irritado e também pessoalmente magoado. "Querido Peter", escreveu ele, "Eu li o seu artigo agora [...] Para ser honesto, ele me afetou dolorosamente de várias maneiras". Ele implora ao irmão que se é para ser comparado a Martensen, então, "parece-me que a diferença essencial deveria ter sido indicada, isto é, que eu me sacrifiquei de forma extraordinária e que ele lucrou de forma extraordinária". Finalmente, "parece-me que, tanto para o seu próprio bem quanto para o meu, você deve modificar as suas declarações a meu respeito".[34] Os comentários de Peter se aplicam somente a um punhado de pseudônimos, não a Søren, e ele reitera mais uma vez seu desejo e sua

---

[32] Ibidem.

[33] Ibidem, entrada 6538.

[34] Ibidem, entrada 6559.

súplica. "Eu mesmo pedi por escrito que essa distinção deveria ser observada. É importante para mim, e a última coisa que eu desejaria é que você, entre todas as pessoas, tenha parte, de alguma maneira, dando crédito a um descuido do qual, muitas vezes, eu tenho que sofrer o bastante por isso".[35]

Qualquer comparação com Martensen sempre haveria de incomodar, mas os detalhes dessa briga foram particularmente frustrantes. O brilho de Martensen estava aumentando rapidamente. Ele fora nomeado como professor titular de teologia na universidade e havia publicado recentemente sua *Teologia dogmática cristã*, que teve aclamação internacional. Søren tinha um exemplar e suas anotações marginais, sem surpresa alguma, são desdenhosas. "Toda a existência está se desintegrando", rabiscou ele no livro. "Enquanto alguém com olhos para ver há de perceber que tudo isso sobre milhões de cristãos é uma farsa. [...] Martensen senta e organiza um sistema dogmático. [...] Visto que tudo é como deveria ser, o assunto mais importante com que nos confrontamos agora é determinar onde os anjos devem ser colocados no sistema, e coisas assim".[36] Uma observação em particular se destaca. "Muito estranhamente, Mynster é citado com frequência [...] E, uma vez, era Mynster quem 'o sistema' iria derrubar".[37] Essa relação crescente entre Martensen e Mynster não era um bom presságio. Aparentemente, os dois eram adversários teológicos. Mynster se opunha à sistematização hegeliana de Martensen, assim como Søren. Contudo, ultimamente, os dois clérigos estavam se alinhando exatamente ao tipo de cristandade mais numerosa, oficializada e culta contra a qual Søren estava advertindo. Martensen podia ser filosoficamente obtuso, mas também era sofisticado e cortês. Em poucas palavras, ele era do agrado do bispo Mynster, fosse como Hegel ou não.

Há algum tempo, Søren vinha tentando ser do agrado de Mynster, mas não conseguiu. *Prática do cristianismo* foi o seu requerimento final para o cargo. A maior parte do livro foi escrita em 1848, mas ele foi publicado em 25 de setembro de 1850, sob o nome de Anti-Climacus. O livro teve boa vendagem (melhor que a maioria de suas outras publicações), mas foi amplamente ignorada pelos críticos. Tal como se deu com *As obras do amor*, Søren não se importou, dizendo do livro o seguinte: "Sem dúvida, é a coisa mais perfeita e verdadeira que eu já escrevi". Entretanto, ele foi rápido em acrescentar: "Não se

---

[35] Ibidem, entrada 6560.

[36] Ibidem, entrada 6448.

[37] Ibidem, entrada 6449.

deve interpretar como se eu fosse alguém que, severamente, entra em conflito com todos os demais – não, primeiro eu devo ser disciplinado pela mesma coisa; talvez não haja ninguém que se permita humilhar a si mesmo tão profundamente como eu [...] porque a obra em si mesma é um julgamento".[38]

Em retrospectiva, Søren e outras pessoas receberiam o livro como o início do seu ataque público à cristandade. Contudo, originalmente, Søren pretendia que *Prática do cristianismo* fosse um auxílio para Mynster e uma última defesa da instituição. O livro oferece reflexões ampliadas sobre várias passagens bíblicas onde Jesus convida as pessoas diretamente para segui-lo sem causar ofensa. A linguagem é suave, exortadora e centrada em Cristo. Não é ardente ou irada. Trata-se, no entanto, de uma apresentação clara sobre a necessidade de o Indivíduo Singular sair da multidão e se pôr diante de Jesus sem ter que se esconder atrás das distrações da chamada civilização cristã, seja populista ou culta. O livro inclui uma agitação "moral", propondo aos pastores e líderes da igreja que confessem sua incapacidade de preservar o cristianismo autêntico e se apoiem na graça de Deus. A principal pessoa que precisava fazer essa admissão era o bispo Mynster, o primaz da igreja dinamarquesa.

Apenas confessando sua culpa é que a igreja poderia continuar sendo a representante oficial do cristianismo na terra; o livro é, portanto, uma "defesa". Todavia, Søren não mantinha ilusões quanto ao fato de o livro poder ser facilmente entendido como um "ataque". O chamado que fez a fim de reintroduzir o cristianismo na cristandade era claramente uma pílula amarga que não tolerava o exército de professores e pregadores existente na cristandade. Ele teve conversas particulares com Mynster sobre o texto e sua "moral". O bispo estava claramente descontente com essa moral e com o uso repetido que a *Prática do cristianismo* faz da palavra "observações", que era uma alusão ao seu próprio conjunto de devoções populares que fora publicado sob esse título. Contudo, em vez de admitir que o livro estava correto, ou de atacá-lo como uma blasfêmia, Mynster decidiu ignorá-lo publicamente. O silêncio foi a gota d'água para Søren, que tanto esperou e estava perdendo rapidamente toda a veneração pelo pastor do seu pai. Para ele, ficou claro que ele não podia fazer nada.

Regine nunca esteve longe dos pensamentos de Søren, mesmo quando o seu problema com Mynster estava aumentando. Em maio de 1851, ele havia sido convidado para pregar na Igreja de Nossa Senhora, onde seu texto escolhido, e também favorito, foi o versículo de Tiago 1:17: "Toda boa dádiva

---

[38] Ibidem, entrada 6501.

e todo dom perfeito vêm do alto, descendo do Pai das luzes, que não muda como sombras inconstantes". O versículo também era importante para Regine e foi apresentado nos *Discursos*, que Søren havia dedicado a ela. Søren confessa, no diário daquele dia, que escolheu a passagem pensando na moça, e esperou que ela estivesse presente durante o sermão. Evidentemente, ela não seria vista naquele dia, mas Søren logo a veria com muita frequência.

Em abril, por razões financeiras, ele se mudou para uma casa fora dos muros da cidade. De lá, todas as manhãs, Søren faria meia hora de caminhada pela cidade, onde ele passaria regularmente por Regine na rua. Eles nunca trocaram uma palavra durante esses momentos, mas, em seus diários, Søren recontava cada olhar e cada detalhe. Eventualmente, esses encontros diários se tornaram uma fonte de preocupação para Søren, temendo se tratar de um ato impróprio. Estaria Regine planejando encontrá-lo de propósito? Mais tarde, no mesmo ano, Søren resolveu alterar sua caminhada. "Assim fui obrigado a fazer uma mudança. Eu também acreditava que seria melhor para ela, pois esse encontro diário é penoso, especialmente se ela está pensando numa reconciliação comigo, para a qual eu, naturalmente, teria que pedir o consentimento do seu marido".[39] A mudança funcionou por algum tempo, mas logo Søren relatou tê-la visto outra vez, sendo obrigado a fazer um roteiro aleatório. (Essa luta continuaria mais ou menos até que Søren voltasse para a cidade, em outubro de 1852, dessa vez nos apartamentos apertados atrás da Igreja de Nossa Senhora.) Sem dúvida, as lembranças recentes de Regine continuam na mente de Søren quando, em agosto de 1851, ele publica mais Discursos e uma explicação sobre o *Meu trabalho como escritor*. Os dois *Discursos* finais foram programados para surgir na mesma ocasião em que a discussão pública de Søren sobre a direção cristã do seu projeto apareceria. Eles traziam uma dedicatória significativa: "À pessoa não nomeada, cujo nome um dia será revelado, é dedicada, juntamente com este pequeno trabalho, toda a minha produção autoral, como foi desde o início".

A maior parte da energia de Søren como escritor foi gasta com seus diários, que, nessa altura, estavam claramente destinados à (eventual) publicação póstuma. Uma "Carta aberta" a um tal Dr. Rudelbach, publicada em *A pátria* no último dia do ano de 1851, representa a única incursão de Søren no debate público durante esse período. É uma indicação clara da posição de Søren nesse momento. Andreas Gottlob Rudelbach era um reformista renegado que tentou recrutar

---

[39] Ibidem, entrada 6800.

Christus por Bertel Thorvaldsen. A estátua está localizada na frente da Igreja de Nossa Senhora em Copenhague. Ela traz a inscrição de Mateus 11:28: "Vinde a mim". A estátua e o convite que ela faz são elementos-chave do livro Prática do cristianismo, de Søren, que servia de alerta a Mynster e à Igreja Dinamarquesa.

Søren em seu projeto de promover a separação política entre a igreja e o estado. Rudelbach pensara que Søren, como companheiro crítico do "cristianismo habitual", seria um aliado digno da sua causa. Em sua carta, Søren concorda prontamente: "Eu sou um aborrecedor do 'cristianismo habitual'. Isso é verdade. Eu detesto o cristianismo habitual em qualquer forma que ele apareça". Entretanto:

> O Cristianismo Habitual pode, de fato, possuir muitas formas [...] se não houvesse outra escolha, se essa escolha fosse apenas entre o tipo de cristianismo habitual, que é uma irreflexão da mente mundana, que, indiferentemente, continua vivendo a ilusão de ser cristã, talvez sem nunca ter qualquer impressão do cristianismo, e o tipo de cristianismo habitual que se encontra nas seitas, nos entusiastas, nos superortodoxos, nos cismáticos – se o pior vier a acontecer, eu escolheria o primeiro. O primeiro tipo ainda tomou o cristianismo em vão apenas de uma maneira irrefletida e negativa. [...] O segundo tipo tomou o cristianismo em vão, talvez por orgulho espiritual. [...] Alguém quase poderia ser tentado a sorrir para o primeiro tipo, porque há esperança; o segundo causa um estremecimento.[40]

---

[40] KIERKEGAARD, Søren. *Kierkegaard's Writings, XIII, Volume 13: The Corsair Affair and Articles Related to the Writings.* Editado e traduzido por Edna H. Hong e Howard V. Hong. p. 52.

Søren tem palavras ásperas para a obsessão que ele percebe em Rudelbach e em outros entusiastas por soluções políticas para os problemas espirituais:

> Não há nada sobre o qual eu tenha mais receio do que tudo o que se experimenta ligeiramente dessa desastrosa confusão entre política e cristianismo. [...] Se essa fé no poder salvador de instituições livres politicamente alcançadas pertence ao verdadeiro cristianismo, então eu não sou cristão, ou pior ainda, sou um filho comum de Satanás, porque, francamente, estou mesmo desconfiado dessas instituições livres politicamente alcançadas, em particular, do seu poder salvador e renovador.[41]

Ele termina sua carta com uma reiteração de sua missão na vida: "Trabalhei para fazer deste ensinamento mais e mais verdadeiro para 'o indivíduo singular'. [...] Ansiei polemicamente durante todo esse empreendimento junto à 'multidão', [...] também com o pecado atormentador de nossos tempos, uma reforma autodeclarada".[42]

Qualquer reforma que Søren pretendesse seria interior, não exterior. *Para o exame de si mesmo*, outro pequeno livro sob o seu próprio nome, mostrou essa questão quando foi publicado em 10 de setembro de 1851. Seguiram à publicação desse livro os chamados "anos de silêncio". Mais de três anos em que Søren, surpreendentemente, não imprimiu nada. *Julgue por si mesmo!* foi escrito nessa época, mas não foi publicado, pois Søren considerou que o momento não era adequado para continuar abertamente o tema de reintroduzir o cristianismo na cristandade (algo mais rigoroso do que no livro *Prática do cristianismo*). Uma miríade de anotações no seu diário durante os anos silenciosos revelam que Søren estava aperfeiçoando seu material. Uma longa anotação intitulada "Sobre ela" narra os encontros frequentes de rua (incluindo um sorriso de Regine no aniversário dele: "Ah, o quanto ela veio a significar para mim!") e um acontecimento significativo em um culto na igreja onde o texto, mais uma vez, era o versículo de Tiago 1:17. Antes que o pregador iniciasse o sermão, Søren (que estava sentado atrás) registra que Regine virou impulsivamente a cabeça para olhá-lo antes de sentar-se no banco. Søren viu o sermão e o acontecido como uma espécie de libertação para ambos.[43]

---

41 Ibidem, p. 54.

42 Ibidem, p. 56.

43 *Kierkegaard's Journals and Papers*. 7 volumes. Bloomington: Indiana University Press, 1967-1968. Entrada 6800.

Além das retomadas frequentes à "sua missão", à Regine e ao Indivíduo Singular, várias outras anotações consideram o relacionamento de Mynster e Søren. Uma longa anotação de 1852, intitulada "O possível conflito com Mynster", é previsível na medida em que esboça formas e meios de Søren levar a luta adiante. "Minha posição é: eu represento uma concepção mais autêntica do cristianismo do que Mynster. [...] Um pouco de aceitação do seu lado, e tudo será o mais vantajoso possível para ele".[44]

Os planos foram totalmente inúteis, e Søren jamais veria o bispo convertido à sua causa. Mynster faleceu em 30 de janeiro de 1854. O culto memorial feito para ele não poupou em ostentação e formalidade. As pessoas mais importantes da Dinamarca estavam presentes, com os sacerdotes de todo o país chegando ao início do dia a fim de participarem dos procedimentos. Martensen, como capelão da corte real, presidiu a todos. Devido às manobras hábeis da parte de Martensen, a diferença entre ele e Mynster havia diminuído consideravelmente ao longo dos anos. Sabia-se bem que Martensen, agora, embora relativamente jovem, tinha aspirações realistas para ser o sucessor de Mynster. Como tal, seu sermão memorial não foi sem alguma consideração à sua própria posição. Tudo o que ele disse sobre Mynster como bispo também foi - sussurra-se - o que Martensen imaginou para si mesmo. Foi assim que, no discurso memorial, Martensen falou:

> Assim, vamos agora imitar a sua fé [...] que a sua memória entre nós, em verdade, seja para edificação! Admoestemos a nós mesmos dizendo: Imitemos a fé do verdadeiro testemunho, a fé do testemunho autêntico da verdade! [...] [Que a sua preciosa memória] guie os nossos pensamentos de volta à carreira de testemunhas da verdade, que é como uma corrente sagrada que se estende através dos séculos desde o tempo dos apóstolos até os nossos dias.[45]

Podemos só imaginar a reação imediata de Søren ao ouvir esse discurso empregando seus termos favoritos como "edificante", "apóstolo", "autêntico" e, especialmente, "testemunha da verdade". *Sobre* Mynster, de todas as pessoas; *por* Martensen, de todas as pessoas.

Søren vibra furiosamente em seu banco. Então, ele vai para casa, escreve uma resposta contundente e a deixa em sua escrivaninha, e espera a sua hora.

---

44 Ibidem, entrada 6795.

45 MARTENSEN, Hans Lassen. *Leilighedstaler*. Copenhague: Gyldendal, 1884. p. 20.

CAPÍTULO 9

Uma vida concluída

O visitante está sentado em uma poltrona na sala de estar esperando ser chamado para o almoço de domingo. Anna está no corredor do lado de fora. "Tenho tão pouca vontade de ficar na mesa hoje", sussurra ela para o seu marido, Henrik. "Você acha que eu posso ficar de fora?"[1]

Henrik balança tristemente a cabeça. O dever exige isso. Ambos dão um sorriso e levam o convidado para a mesa. "Søren!" chama-o Henrik com uma bonomia afoita: "Posso tentá-lo com uma taça de vinho Madeira hoje?"[2, 3] Anna fica trêmula, e fala sobre o tempo, seus filhos, os criados... qualquer coisa.

As tentativas de desvio falham totalmente. Søren não vai desistir do seu objetivo. Imediatamente, ele parte para o seu tema favorito. O que eles acham do velho bispo Mynster, agora com dois meses do seu falecimento? Ele foi *realmente* uma testemunha? Uma testemunha *da verdade*?

"Oh, Søren, não vamos entrar nessa velha disputa", responde Anna. "Estamos totalmente familiarizados com as opiniões uns dos outros, e discutir isso ainda pode, é claro, levar a uma briga".[4]

Ela deveria saber disso. Agora, todos os dias durante uma semana, Søren é um hóspede na casa deles. E todo dia o assunto é o mesmo.

Søren começa a gesticular com o garfo. Ele levanta a voz. Seus comentários se tornam mais aguçados. Ele considera Anna uma pessoa sábia e respeita seu

---

1 TROELS-LUND. In: KIRMMSE, Bruce (ed.). *Encounters with Kierkegaard*. Princeton: Princeton University Press, 1996. p. 184-86.

2 Esse vinho português, com elevado teor alcoólico, continua sendo produzido até hoje nas adegas da Ilha da Madeira. [N. de T.]

3 TROELS-LUND. In: KIRMMSE, Bruce (ed.). *Encounters with Kierkegaard*. Princeton: Princeton University Press, 1996. p. 184-86.

4 Ibidem.

julgamento sadio. Ele quer saber: Jakob Mynster era um cristão ou uma planta venenosa? Mas há silêncio. Finalmente, Anna já teve o bastante. "Você sabe que o homem de quem você fala tão mal é alguém por quem temos o maior respeito e a quem somos profundamente gratos. Não suporto ouvi-lo sendo menosprezado continuamente aqui". Anna se levanta, pegando nas saias. "Já que você não vai parar, eu só posso me livrar disso indo para o quarto".[5]

× × ×

Durante os "anos silenciosos", de 10 de setembro de 1851 até 18 de dezembro de 1854, o poeta mais prodigioso da Dinamarca não publicou nada. "Silêncio", entretanto, é algo relativo, pois Søren nunca parou de escrever ou falar.

A história de Henrik e Anna vem do filho deles, Troels Lund. Foi através da opinião de Troels que Søren estava testando suas ideias sobre Mynster em pessoas normais como Henrik e Anna. É uma teoria digna de crédito. Søren, para quem experimentos de rua e atuações artísticas não eram estranhos, estava testando outra vez os limites dos seus circunstantes. Se Søren estivesse se perguntando como os cidadãos honrados iriam reagir a um ataque injusto à memória do falecido, ele teria uma pista de seus amigos. Se as pessoas boas da cristandade fossem parecidas com os Lunds, ficariam completamente confusas, aborrecidas e ofendidas.

Os diários, durante esses anos, assistem a Søren trabalhando seu relacionamento consigo, com Regine, com a cristandade e com Mynster. As páginas retornam múltiplas vezes a esses temas já conhecidos, com Søren testando novas maneiras de entender e descrever "sua missão". Ele está ganhando tempo e reunindo seus recursos – mas para quê? Livros como *Para o exame de si mesmo*, *O desespero humano* (ou *A doença até à morte*) e *Prática do cristianismo* foram apenas ataques disfarçados aos modos de vida, aos pensamentos e às crenças que repousavam sob a bandeira da "cristandade". No entanto, Søren insistiu repetidamente para si mesmo e para os outros que o seu ataque era, na verdade, uma defesa. *Prática do cristianismo* tinha uma "moral", chamando os líderes da igreja para admitirem suas falhas e se renderem à misericórdia de Deus, uma vez que obscureceram o cristianismo verdadeiro. Essa moral foi o fator atenuante, como Søren falou a Mynster diretamente numa conversa.

---

[5] Ibidem.

Ele tentou convencer Mynster de que os seus escritos tinham a intenção de apoiar o bispo e sua igreja da única maneira possível – começando de novo após admitir que se havia falhado. Como era de se esperar, Mynster não sentiu necessidade de se submeter às súplicas do filho arrogante de um ex-comerciante. É desnecessário dizer que a admissão da culpa que havia em sua igreja não ia acontecer. O silêncio de Søren foi devido, em grande parte, ao silêncio de Mynster. Ele estava aguardando o bispo agir. Quanto mais tempo levasse para isso acontecer, mais veríamos o aprimoramento das ideias e o desenvolvimento dos temas nos diários de Søren que tiveram uma longa gestação.

Para começar, Mynster se acha, finalmente, destituído de poder. É assim que, em 1º de março de 1854, dois meses após o funeral de Mynster, Søren está pronto para assim escrever:

> Agora ele está morto. Se ele tivesse se convencido a encerrar sua vida com a confissão para a cristandade de que o que ele representava, na verdade, não era cristianismo, mas um apaziguamento, isso teria sido extremamente desejável, pois ele carregava uma geração inteira. É por isso que a possibilidade dessa confissão tinha que ser mantida aberta até o fim, sim, até o fim, caso ele devesse fazer isso em seu leito de morte. [...] Algo que ele costumava dizer em nossas conversas, embora não se dirigindo a mim, era muito significativo: não depende de quem tem mais poder, mas de quem pode aguentar mais tempo.[6]

Por outro lado, a velha antipatia de Søren pela cristandade endurece durante os anos de silêncio, assim como sua convicção de que agora está além da redenção. No final das contas, é a *cristandade* sobre a qual Mynster e seus sucessores presidem que é o problema, mais do que qualquer outro sacerdote. A relação oficial entre o estado e a igreja, pela qual os clérigos eram efetivamente funcionários públicos do país e representantes da civilização, é claramente um problema para Kierkegaard:

> Um clérigo moderno [é] uma pessoa ativa, hábil e ágil que sabe como introduzir um pouco de cristianismo muito suavemente, de forma atraente, com uma linguagem bonita etc. – porém o mais suavemente possível. No Novo Testamento,

---

6 *Kierkegaard's Journals and Papers*. 7 volumes. Bloomington: Indiana University Press, 1967-1968. Entrada 6853.

> o cristianismo é a ferida mais profunda que pode ser tratada por um homem, projetada para colidir contra tudo na proporção mais terrível – e agora o clérigo está perfeitamente treinado para introduzir o cristianismo de tal maneira que não signifique nada; e quando ele pode fazer isso perfeitamente, é um modelo como Mynster. Que desagradável![7]

Porém, a "cristandade" não começa nem termina com a igreja oficial. Em resumo, a "igreja oficial" pode muito bem ser a cristandade, mas nem todas as "cristandades" são igrejas oficiais. A cristandade é um modo de ser, pensar e sentir que tem muito mais a ver com a apropriação cultural do cristianismo do que com qualquer acordo legal e específico entre a Igreja e o Estado. A cristandade é o que acontece quando as pessoas presumem que são cristãs devido à tradição herdada, por uma questão de nacionalidade, ou porque concordam com uma série de proposições de senso comum e diretrizes morais cristianizadas. Kierkegaard vê a cristandade como um processo pelo qual os grupos adotam, absorvem e neutralizam o cristianismo no esquecimento, enquanto admitem que ainda são cristãos. A cristandade é hábil em se proteger de sua própria fonte, pois os documentos originais do cristianismo oferecem um profundo desafio precisamente contra a forma de vida civilizada que a cristandade representa.

> O assunto é bem simples. O Novo Testamento é muito fácil de entender. Mas nós, seres humanos, somos realmente um bando de trapaceiros intrigantes; fingimos ser incapazes de compreendê-lo porque sabemos muito bem que, no instante em que o entendemos, somos obrigados a agir imediatamente de acordo com ele. Mas, a fim de fazer as pazes com o Novo Testamento, com receio de que ele fique irado conosco e nos encontre completamente errados, nós o lisonjeamos, dizemos que ele é tão tremendamente profundo, tão maravilhosamente belo, tão incomensuravelmente sublime, e tudo isso, mais ou menos como uma criancinha que finge não entender o que lhe foi ordenado e, então, é esperta o bastante para bajular o papai. Portanto, nós, seres humanos, nos fingimos incapazes de entender o NT; nós não queremos entendê-lo. Aqui, a erudição cristã tem o seu lugar. A erudição cristã é uma invenção prodigiosa da raça humana para se defender contra o NT, para garantir que alguém possa continuar sendo cristão sem deixar que o NT chegue muito perto. [...] Eu abro o NT e leio: "Se você quer ser perfeito, vá, venda os seus

---

7 Ibidem, entrada 6860.

Søren Kierkegaard. O artista e entalhador Hans Peter Hansen desenhou este retrato em 1854. Na época, Søren ignorava que estava sendo esboçado.

bens e dê o dinheiro aos pobres, e você terá um tesouro nos céus. Depois, venha e siga-me".[8] Bom Deus, todos os capitalistas, os funcionários públicos e as pessoas aposentadas, todos, sem exceção, seriam quase mendigos: nós teríamos afundado se não fosse [...] a erudição![9]

Durante esse tempo, Søren começa a usar termos medicinais, muitas vezes gastroenterológicos, para falar dessa situação. Uma anotação de 1854 diz simplesmente: "O cristianismo em repouso, o cristianismo estagnado, cria uma obstrução, e essa obstrução formidável é a doença da cristandade".[10]

A doença fatal requer cura radical. É assim que, durante os anos de silêncio, a própria identidade de Søren como escritor também sofre algum desenvolvimento. Ele reflete sobre o seu próprio estilo de comunicação e acha que algo está faltando. Até 1851, Søren descreveria confiantemente a si mesmo com

---

8 A passagem bíblica encontra-se em Mateus 19:21, com paralelos em Marcos 10:21 e Lucas 18:22.

9 *Kierkegaard's Journals and Papers*. 7 volumes. Bloomington: Indiana University Press, 1967-1968. Entrada 2872.

10 Ibidem, entrada 2731.

O bispo Hans Lassen Martensen

traços poéticos. Seu prefácio em *Dois discursos para a comunhão de sexta-feira* (agosto de 1851) determinava claramente que ele não era uma testemunha da verdade, pois ele *não tinha autoridade*, e que ele *não* estava dizendo coisa alguma que o Novo Testamento já não tinha deixado claro. Søren era, todavia, um tipo incomum de poeta. Agora, durante esse tempo de espera e permanência, a linguagem poética começa a cair no esquecimento. Ele há muito percebeu que a cristandade, com sua ênfase na cultura, na retórica e na respeitabilidade, havia se tornado mais "arte" do que "religião". "Toda a cristandade moderna é uma substituição da base essencialmente cristã pela estética."[11] A última coisa que ela precisava era de mais pessoas se tornando sentimentais. Søren nunca abandonou totalmente a linguagem poética, mas ele começa a questionar o seu valor e sugere soluções alternativas para o problema da cristandade. Significativamente, a linguagem "corretiva",[12] presente desde 1849, vem à tona. Esses corretivos, por necessidade, são nítidos, eficazes e unilaterais. Os poetas são redundantes, discretos e desanimadores. Os poetas têm todo o tempo do mundo. Os corretivos

---

[11] Ibidem, entrada 6466.

[12] HANNAY, Alistair. *Kierkegaard: a biography*. Cambridge: Cambridge University Press, 2001. p. 406.

têm que agir – e *agora!* – se quiserem ter alguma utilidade. "Afinal, a coisa a ser feita, que é essencialmente cristã, não é escrever, mas existir".[13]

Mais uma vez, ironicamente, o senso de ação urgente e decisiva de Søren aparece mais em seu diário do que na realidade. Um novo manuscrito, *Julgue por si mesmo!*, foi concluído. O livro não poupou as palavras, mas o autor sim, e o rascunho não foi enviado ao editor. Em vez disso, Søren continuou a pôr em prática os ataques contra os seus amigos incompreensivos. Ele aumentou suas polêmicas na privacidade dos seus diários. Ele escreveu uma refutação ao sermão de Martensen poucos dias depois do funeral de Mynster, mas essa carta fatal não foi enviada aos jornais até quase um ano depois.

Além da prevaricação habitual de Søren, que acompanhou quase todas as ações decisivas de sua vida, uma razão externa para esse atraso foi política. O bispo Martensen foi consagrado formalmente como sucessor de Mynster, no domingo de Pentecostes, em abril de 1854. (O diário de Søren não decepciona: "Você pode estar certo de que haverá muita retórica sobre 'o Espírito' – quão repugnante, quão revoltante, quando a verdadeira situação é que não existe uma única pessoa entre nós que ouse orar com seriedade ao Espírito Santo.")[14] Esse acontecimento feliz foi marcado por conflitos políticos ferozes. O primeiro-ministro Ørsted, alguém profundamente conservador, queria Martensen como bispo de toda a Dinamarca, mas a oposição liberal nacional, não. Søren se manteve alerta durante esse tempo, pois não queria que o seu ataque à cristandade *por* Mynster e *por* Martensen fosse associado à política partidária de esquerda ou direita. A luta partidária durou meses, mesmo após a posse de Martensen, e contribuiu para a instabilidade do governo. Em 12 de dezembro, quando Ørsted foi deposto, os liberais ganharam força, levando consigo, entre outras coisas, uma atitude mais tranquila em relação à difamação pública. O tempo parecia adequado para fazer uma mudança.

O artigo de Søren, intitulado: "O bispo Mynster era uma 'testemunha da verdade', – isto é a verdade?", explodiu como uma bomba, que foi lançada pelo jornal *A pátria*, em 18 de dezembro de 1854. Ele começa com mais do que uma insinuação de que o discurso "memorial" de Martensen não foi em memória de Mynster, mas lembrando que havia um cargo recém-aberto. Martensen, o protegido, colocou-se na grande corrente que remontava aos apóstolos, alegando que Mynster era uma testemunha da verdade:

---

[13] *Kierkegaard's Journals and Papers*. 7 volumes. Bloomington: Indiana University Press, 1967-1968. Entrada 6840.

[14] Ibidem, entrada 6862.

> A isto eu devo levantar uma objeção – e agora que o bispo Mynster está morto, eu posso e estou disposto a falar [...] não é preciso estar especialmente atento para ser capaz de ver, quando o Novo Testamento é posto ao lado da pregação de Mynster, que a proclamação do cristianismo pelo bispo Mynster (para mostrar apenas uma coisa) diminui, encobre, suprime e omite algumas das coisas que são mais decisivamente cristãs.[15]

O artigo continua mais algumas páginas explicando o que é uma "testemunha da verdade" ("isso requer incondicionalmente o sofrimento para a doutrina") e acusando Martensen de "brincar com o cristianismo" ao aplicar esse rótulo às vantagens, ao requinte e ao poder que Mynster e todo o clero da terra desfrutam. O discurso memorial de Martensen foi certamente um monumento digno – "Eu preferiria dizer: um monumento digno ao próprio prof. Martensen". Por sua vez, Mynster era mundano, "fraco, autoindulgente", um bom orador que não vivia como pregava. A polêmica conclui:

> Assim, o silêncio não pode mais continuar; a objeção deve ser levantada [...] a objeção de representar – do púlpito, e consequentemente perante Deus – o bispo Mynster como uma testemunha da verdade, porque isto é falso, mas, proclamado desta maneira, torna-se uma inverdade que clama aos céus.[16]

Søren cumpriu sua tarefa. O duplo ataque à memória de um amado ancião já falecido e a uma proeminente figura pública ainda viva provocou exatamente a resposta que ele, sem dúvida, esperava: confusão, aborrecimento e ofensa. O ataque a Martensen e a Mynster provocou protestos, mas não antes que as massas reunidas expressassem um sentimento de perplexidade. O momento do ataque – um ano após os acontecimentos – era estranho, assim como o alvo. Os nomes de Mynster e Kierkegaard, para a maioria dos leitores de Copenhague, estavam intimamente conectados. Søren nunca havia falado tão descaradamente contra o velho bispo antes. Na verdade, muito pelo contrário. Os leitores atentos que seguiram a trilha dos pseudônimos podem ter ficado menos surpresos, mas eles eram poucos e distantes entre si.

---

15 KIERKEGAARD, Søren. *Kierkegaard's Writings, XXIII, Volume 23: The Moment and Late Writings*. Princeton: Princeton University Press, 2009. p. 3-8. Editado e traduzido por Howard V. Hong e Edna H. Hong.

16 Ibidem.

Naturalmente, como os diários particulares ainda não haviam sido lidos, não havia ninguém que pudesse ter visto que esse ataque surpresa teve um longo planejamento, nem visto que a "catástrofe"[17] e a loucura aparente do ato faziam parte do plano. Talvez, os Lunds, resignados, fossem os únicos que não foram tomados de surpresa.

De dezembro de 1854 a maio de 1855, Søren publicaria vinte e um artigos no jornal *A pátria*. A reação do público começou devagar, mas logo pegou fogo. Cartas de protesto contra Søren começaram a aparecer nos jornais. Martensen publicou uma refutação no *Berling's Times* em 28 de dezembro. Entre as muitas coisas que Martensen disse em defesa de Mynster e contra Kierkegaard, ele também conseguiu fazer uma alusão a Térsites – o crítico social vulgar que diz a verdade na *Ilíada*, a quem Homero se esforça para descrever como feio, de pernas tortas e corcunda. Esse golpe baixo provocou uma repreensão de alguns amigos de Martensen, mas, em geral, era óbvio que a opinião pública oficial estava do lado do bispo. Em 30 de dezembro, Søren disparou outra missiva e, depois, muitas outras nos cinco meses seguintes. O fracasso de Martensen em responder às acusações tornou-se um tema recorrente das matérias de *A pátria*, mas nada adiantou. Martensen não seria retirado outra vez. Depois de sua única resposta, Martensen se contentou em deixar que figuras menores do clero e da universidade assumissem o controle. Ele não haveria de quebrar o seu silêncio novamente até bem depois da morte de Søren.

Uma figura que entrou na briga foi Rasmus Nielsen, o professor universitário que nutria pretensões de ser um discípulo de Søren, uma pretensão que o próprio Søren havia acolhido até perceber a natureza insistente de Nielsen. Imperturbável, Nielsen tentou se posicionar como o mediador entre Martensen e Kierkegaard, colocando-se em defesa dos dois. Para o aborrecimento de ambos os homens, Nielsen fez visitas e escreveu alguns editoriais com essa intenção, a certa altura, oferecendo-se bizarramente para apresentar uma admissão pública do fracasso da cristandade em nome de Martensen. Outra figura, o deão Victor Bloch, escreveu para *A pátria*, pedindo que Kierkegaard fosse impedido de frequentar a igreja. "Que punição cruel!", veio a resposta de Søren em 27 de abril. "Eu, a ovelha boba que não sabe ler nem escrever e que, por isso, foi excluída desta maneira, deve definhar espiritualmente, morrer de fome, sendo excluída do que realmente pode ser chamado de nutritivo, visto

---

17 *Kierkegaard's Journals and Papers*. 7 volumes. Bloomington: Indiana University Press, 1967-1968. Entrada 615.

que ela alimenta o pastor e sua família!"[18] O que Victor talvez não soubesse era que Søren tinha desistido de frequentar a igreja muito tempo antes, sentado ostensivamente na sala de leitura do seu clube nas manhãs de domingo. De qualquer modo, o mundo logo obteria a justificativa clara de Søren para sua ausência eclesiástica. "Isto deve ser dito: ao deixar de participar (se você costuma participar) do culto divino público como é agora, você sempre terá uma, e uma grande culpa a menos – você não está participando do ato de fazer Deus de bobo".[19] Outras pessoas escreviam aos jornais e, de um jeito parecido, quer escrevessem a favor ou contra Kierkegaard, receberiam invariavelmente pouca atenção em um artigo subsequente de *A pátria*.

A cada novo disparo, Søren aumentava o ataque à cristandade, mudando rapidamente de Mynster e Martensen para os clérigos em geral e outras figuras do sistema oficial que engrenavam as rodas da sociedade: capitalistas, funcionários públicos, professores e afins. O material que havia sido estocado nos últimos três anos agora estava sendo bem utilizado. As pessoas importantes e íntegras da sociedade dinamarquesa expressavam entre si repugnância, incompreensão e (muito ocasionalmente) simpatia pelas polêmicas de Kierkegaard. "Naturalmente, a batalha de Kierkegaard contra o bispo falecido também nos deixou agitados", escreveu Hans Rørdam a Peter, seu irmão (e amigo de Søren). "Kierkegaard arrasta o seu cadáver pela sujeira mais nojenta. Isto é desprezível".[20] "A pequena guerra por aqui", escreveu o poeta Ingemann, "me deixou muito irritado, principalmente por causa do apoio que a impudência e a falta de vergonha desse sofisma encontrou entre os jovens".[21] Alguém não pensaria nos filhos? Sibbern, a velha amiga e professora de Søren, encontrou apenas "arrogância e ingratidão"[22] naqueles ataques. Mesmo não sendo amigo de Mynster ou Martensen, Grundtvig também deu um sermão trovejante contra Søren, o "blasfemo".[23] Magdalene Hansen, uma proeminente defensora grundtvigiana, tinha menos certeza do que o seu líder. "Para mim,

---

[18] KIERKEGAARD, Søren. Editado por HONG, Howard V.; HONG, Edna H. *Kierkegaard's Writings, XXIII, Volume 23: The Moment and Late Writings*. Princeton: Princeton University Press, 2009. p. 56.

[19] Ibidem, p. 74.

[20] RØRDAM. In: KIRMMSE, Bruce (ed.). *Encounters with Kierkegaard*. Princeton: Princeton University Press, 1996. p. 102.

[21] Ibidem, p. 103.

[22] Ibidem.

[23] HANNAY, Alistair. *Kierkegaard: a biography*. Cambridge: Cambridge University Press, 2001. p. 408.

também tem sido uma fonte contínua de tristeza ouvir as pessoas excluindo S. K.", escreveu ela para um amigo, "como se a pergunta fosse: 'Que tipo de pessoa é S. K.?' e não: 'Será que sou cristão?'".[24]

Nem todos os ouvidos até os quais as polêmicas de Søren chegaram eram surdos ou hostis. O desabafo de Ingemann revela que ele, pelo menos, achava que os jovens estavam ouvindo isso. Assim também muitas pessoas desse grupo nebuloso foram classificadas como "o homem comum". Durante o andamento do seu ataque, Søren recebeu um bando de simpatizantes humildes e nervosos batendo à sua porta. Mesmo que as suas reservas estivessem acabando, Søren tomava um táxi de vez em quando para o interior, onde fazia questão de conversar com vaqueiros e com pedreiros. Uma amiga favorita nessas viagens era Regine, mas outra, a senhorita Regine Reinhard, chamada de Tagine pelos hóspedes da estalagem que ela mantinha. Søren começaria a procurá-la para longas conversas sobre religião. Tagine, maternalmente, certificou-se de acompanhar as publicações de Søren. Certo dia, estando sentada, alguém a viu lendo um dos artigos de Søren e perguntou-lhe zombeteiramente se ela entendia o que estava olhando. "Se eu entendo?" bufou ela. "Sim, você pode acreditar que estou entendendo cada palavra".[25] É claro que ela entendia. Søren havia passado tempo suficiente escrevendo para literatos cultos sobre os seus artigos de opinião. Agora foi a vez de Tagine. "Seu homem vulgar! Eu não separei a minha vida da sua, você sabe disso. Eu tenho vivido nas ruas, sou conhecida por todos".[26]

Durante esse tempo, uma acusação típica que as pessoas tentavam fazer contra Kierkegaard era a de hipocrisia. Muitos dos escritores de cartas e formadores de opinião tiveram uma grande satisfação em apontar que Søren não era um cristão ideal ou uma testemunha da verdade. Um exemplo foi Aron Goldschmidt, que, ao retornar do seu exílio autoimposto e agora editor da conceituada revista literária *Norte e Sul*, opinou: "Este novo Reformador – que gostaria que lhe chamassem de Herói da Fé ou Mártir da Fé – não pode absolutamente trabalhar com amor e desinteresse pela melhoria do mundo".[27]

---

[24] HANSEN. In: KIRMMSE, Bruce (ed.). *Encounters with Kierkegaard*. Princeton: Princeton University Press, 1996. p. 106.

[25] Ibidem, p. 110.

[26] KIERKEGAARD, Søren. *Kierkegaard's Writings, XXIII, Volume 23: The Moment and Late Writings*. Princeton: Princeton University Press, 2009. Editado e traduzido por Howard V. Hong e Edna H. Hong. p. 346.

[27] GOLDSCHMIDT. In: *North and South*, setembro de 1855.

O problema é que Søren, repetidamente, em voz alta e de várias maneiras, jamais afirmou ser qualquer uma dessas coisas. "Reformador", "Herói", "Mártir" e especialmente "Cristão" são rótulos que têm um significado especial, ainda mais porque foram diluídos pela cristandade. "O que eu quero?"[28] perguntou Søren em *A pátria*, em 31 de março de 1855. "Muito simplesmente – eu quero honestidade". O cristianismo da cristandade não é o cristianismo do Novo Testamento.

> Por esta honestidade, estou disposto a me aventurar. Todavia, não estou dizendo que é pelo cristianismo que me aventuro. Suponha, apenas suponha que eu me torne literalmente um sacrifício – eu ainda não me tornaria um sacrifício pelo cristianismo, mas porque eu queria honestidade. Mas, embora eu não ouse dizer que me aventuro pelo cristianismo, permaneço total e felizmente convencido de que isto, a minha aventura, é agradável a Deus, com sua aprovação. De fato, eu sei disso, pois tem sua aprovação de que – em um mundo de cristãos, onde milhões e milhões de pessoas se dizem cristãs – uma pessoa declare: não ouso me chamar de cristã; mas quero honestidade e, para esse fim, vou me aventurar.

Alguns dias antes da publicação desse artigo, Søren encontrou Regine pela última vez. Fritz Schlegel havia aceitado uma nomeação para se tornar o governador das Índias Ocidentais dinamarquesas. No dia da partida deles, em 17 de março, Regine procurou deliberadamente Søren nas ruas. Ao virar uma esquina, ela o encontrou. Assustado, Søren só teve tempo de recuar enquanto levantava o chapéu como saudação. Regine se aproximou e disse em voz baixa: "Deus te abençoe – que tudo ocorra bem com você".[29] Então ela se foi. Essa memória veio de Regine. Sobre o último encontro deles, Søren não registrou uma palavra.

Esse ato de encerramento não marcou de maneira alguma o fim do ataque vigoroso de Søren à cristandade. Se é que alguma coisa o estimulou a isso. Os artigos no jornal *A pátria* continuaram por mais alguns meses. O título do último, em 26 de maio de 1855, dizia tudo: "Que o silêncio do bispo Martensen

---

[28] KIERKEGAARD, Søren. *Kierkegaard's Writings, XXIII, Volume 23: The Moment and Late Writings*. Princeton: Princeton University Press, 2009. Editado e traduzido por Howard V. Hong e Edna H. Hong. p. 49.

[29] SCHLEGEL. In: KIRMMSE, Bruce (ed.). *Encounters with Kierkegaard*. Princeton: Princeton University Press, 1996. p. 42.

é, do ponto de vista cristão: (1) injustificável; (2) cômico; (3) um golpe baixo; (4) desprezível em vários aspectos".[30] O fim dos artigos em *A pátria* assinalou apenas o encerramento da primeira fase da campanha. A segunda fase pertenceu a *O Momento*, um periódico que o próprio Søren publicou e financiou.

Por razões não muito difíceis de entender, Søren era cauteloso com a cultura jornalística dos seus dias. Giøwad e *A pátria* haviam sido bons para ele, mas quem saberia das reviravoltas que poderiam assombrar quem chegasse perto demais desses órgãos da opinião pública popular? A solução de Søren foi lançar o seu próprio boletim informativo, inicialmente às suas próprias custas, com a esperança de que as assinaturas financiassem o restante. Para cobrir os custos, ele tirou das economias que lhe restaram da venda da casa da família. O esforço custou caro, mas pareceu compensar. Na segunda edição de *O Momento*, Søren pôde notar com satisfação que o seu periódico tinha uma circulação comparável à do jornal *A pátria*.

Traduzido em português como "O momento", o nome original do periódico, em dinamarquês, é *Øieblikket*. É uma palavra importante para Kierkegaard e ocorre em momentos essenciais de sua filosofia. Uma tradução simples de *Øieblikket* em português pode ser "ofuscante", mas a evocação mais fiel seria um golpe de vista ou um momento de visão em que tudo se torna claro. *O Momento* teve nove tiragens substanciais, de maio a setembro de 1855. Uma décima edição foi concluída, mas não foi publicada durante a vida de Søren. *O Momento* dá continuidade a todos os temas já familiares aos leitores de *A pátria*, mas amplia seus objetivos para incluir ataques mais incisivos a Grundtvig e ao conceito de Igreja do Povo. Os ataques a Grundtvig se estenderam a seus seguidores como efeitos colaterais, incluindo Peter Christian. Peter falou abertamente contra Søren em uma reunião de pastores, e Søren escreveu uma refutação, que ele decidiu não publicar. Søren se encontrou com seu irmão na primavera, mas os dois brigaram, e Peter saiu com raiva. Nem sabiam que a reunião deles, no dia 7 de junho, seria a última.

As tiragens de *O Momento* continuaram, e é nele que Søren repudia publicamente o seu papel anterior de "poeta", confessando que, como a cristandade já transformou o cristianismo em poesia, seu papel se tornou inútil. Embora Søren use o próprio nome e fale abertamente nesses textos, isso dificilmente é

---

[30] KIERKEGAARD, Søren. *Kierkegaard's Writings, XXIII, Volume 23: The Moment and Late Writings*. Princeton: Princeton University Press, 2009. Editado e traduzido por Howard V. Hong e Edna H. Hong. p. 79.

um exemplo simples de comunicação direta. "S. Kierkegaard" talvez tenha desistido de escrever poesias, mas nunca desistiu de desempenhar algum tipo de papel. Em *O Momento*, ele se compara a um cão de caça obediente que ignora as provocações da multidão até ser solto pelo dono: um detetive de polícia, um bombeiro soando um alarme, um farmacêutico com um emético, um cirurgião com um bisturi, uma pessoa reclamando de uma picada – qualquer coisa que desperte o público adormecido, causando-lhe dor em curto prazo, mas para um bem maior. A linguagem é justamente indignada, vivaz, irada e popular. Também é engraçada.

> Na esplêndida catedral, o Ilustre Reverendíssimo e Capelão Real Chefe dá um passo à frente, o preferido pelo mundo de elite; ele se apresenta diante de um círculo de escolhidos e, profundamente comovido, prega sobre o texto que ele mesmo escolheu: "Deus escolheu os humildes e os desprezados do mundo" – e não há quem ria.
>
> É o mesmo ensinamento quando Cristo diz ao jovem rico: Venda tudo o que você tem e dê aos pobres, e quando o pastor diz: Venda tudo o que você tem e dê para mim?
>
> Não se pode viver de nada. Ouvimos isso com frequência, especialmente de pastores. E os pastores são os mesmos que realizam esta façanha: o cristianismo não existe de todo – mas eles vivem nele.[31]

O Mestre da Ironia manteve um brilho nos olhos. Os amigos de Søren relatam que ele, durante esse tempo de sátira impressa, era pessoalmente caloroso, alegre e gentil. Hans Brøchner encontrou Søren na rua. "Com a maior clareza e tranquilidade, ele falou da situação que havia provocado", lembra Brøchner. "Ele foi capaz de manter não apenas a habitual equanimidade de espírito e alegria que tinha, mas até o seu senso de humor".[32]

A nona edição de *O Momento* saiu em 24 de setembro de 1855. No dia seguinte, numa folha solta de papel que havia no diário, Søren rabiscou algumas reflexões sobre sua vida e missão. A anotação termina assim:

---

31 Ibidem, p. 203-5.

32 BRØCHNER. In: KIRMMSE, Bruce (ed.). *Encounters with Kierkegaard*. Princeton: Princeton University Press, 1996. p. 248.

Anteriormente, o Hospital Real Frederico. Søren Kierkegaard foi internado aqui em 2 de outubro de 1855.

[...] Mas o que, especificamente, Deus quer? Ele quer almas capazes de louvar, adorar, servir e agradecer-lhe – a ocupação dos anjos. Portanto, Deus está rodeado por anjos. O tipo de seres encontrado nas legiões da "cristandade", que por alguns dólares são capazes de gritar e proclamar honra e louvor a Deus, esse tipo não lhe agrada. Não, os anjos o agradam, e o que o agrada ainda mais do que o louvor dos anjos é um ser humano que, na última etapa desta vida, quando Deus aparentemente se transforma em pura crueldade e com a maior crueldade concebida faz de tudo para privá-lo de todo o gosto pela vida, apesar disso, continua a acreditar que Deus é amor, que Deus faz isso por amor. Tal ser humano se torna um anjo. [...] E toda vez que ele ouve os louvores de uma pessoa a quem ele levou ao extremo desgaste na vida, Deus diz a si mesmo: É agora. Ele diz isso como se estivesse fazendo uma descoberta, mas é claro que ele estava preparado, pois ele mesmo estava presente com essa pessoa e a ajudou na medida em que Deus pode oferecer ajuda ao que somente a liberdade pode fazer. Apenas a liberdade pode fazer isso, porém o mais surpreendente é poder se expressar agradecendo a Deus por isso, como se fosse Deus quem o fizesse. E, na sua alegria em ser capaz de fazer isso, ele está tão feliz que não ouvirá absolutamente nada sobre o fato de ter feito isso, mas agradecidamente atribui tudo a Deus e ora a Deus para que isso continue assim, que é Deus quem faz isso, pois ele não tem fé em si mesmo, mas tem fé em Deus.[33]

---

[33] *Kierkegaard's Journals and Papers*. 7 volumes. Bloomington: Indiana University Press, 1967-1968. Entrada 6969.

Foi o último ato de escrita de Søren. No final do mês, em uma recepção na casa de Giøwad, Søren teve outro dos seus ataques. Ele caiu de um sofá, rejeitando as tentativas de ajuda dos outros, que estavam assustados. "Oh, deixem-me deitado aqui até a empregada varrer a casa pela manhã", brincou ele, antes de desmaiar de exaustão. Alguns dias depois, Søren desmaiou de novo, dessa vez na rua. Em 2 de outubro, ele se internou no Hospital Real Frederico. Se fora uma deliciosa ironia ou um ato de desgosto que Søren sentiu quando foi designado para a "ala Mynster", nós jamais saberemos.

O diagnóstico permaneceu incerto, mas Søren foi tratado devido à paralisia da parte inferior do seu corpo. Tuberculose da medula espinhal foi uma suspeita nas anotações do hospital, incluindo um ponto de interrogação proeminente após a palavra "tuberculose". Ele recebeu vários medicamentos para ajudá-lo a urinar e para constipação crônica. Suas pernas foram submetidas a estímulos elétricos, com pouco efeito. "Os médicos não entendem a minha doença", disse Søren ao seu visitante Emil. "É psíquica e agora eles querem tratá-la da maneira médica habitual".

Emil perguntou ao amigo como estava passando.

"Muito mal. É a morte. Ore por mim para que ela venha de maneira rápida e fácil".

Como Søren ficaria com Regine?

"Foi a coisa certa ela ter ficado com Schlegel, esse tinha sido o acordo anterior, e então eu apareci e atrapalhei as coisas. Ela sofreu muito por minha causa". (Emil relata que Søren disse isso "com amor e tristeza.")

Emil lhe pergunta: "Você está sentindo raiva e amargura?"

"Não, mas estou triste, preocupado, extremamente indignado com meu irmão Peter. [...] Escrevi um artigo contra ele, muito severo, que está na escrivaninha lá em casa".

Há muitos outros trabalhos em casa, incluindo um manuscrito completo de *O Momento* de número 10, pronto para ser impresso, mas Søren não quer se preocupar com eles agora. Seu dinheiro e sua saúde duraram apenas o tempo necessário para conseguir todas as edições que ele queria.

"Que estranho que tantas coisas na sua vida tenham sido o bastante!", exclama Emil.

"Sim", concorda Søren. "E estou muito feliz com isso, e também muito triste, porque não posso compartilhar a minha alegria com ninguém".[34]

---

[34] BOESEN. In: KIRMMSE, Bruce (ed.). *Encounters with Kierkegaard*. Princeton: Princeton University Press, 1996. p. 121-28.

"Søren Kierkegaard morreu neste edifício em 11 de novembro de 1855".

Além de Emil, Søren restringiu seus visitantes a membros da família. Henrik Lund esforçou-se para garantir a Søren que cuidaria dos assuntos financeiros e de qualquer outra coisa de que ele precisasse. Sobre isso, Søren respondeu: "Eu tenho o suficiente. O suficiente para cobrir as coisas admiravelmente. Assim como sua antiga amizade, pela qual agradeço sinceramente".[35] Sua sobrinha Henriette, ansiosa por neutralizar a impressão de que seu amado tio era um homem rabugento e irritado, faz questão de lembrar como, ao entrar no quarto, deparou-se com um brilho que praticamente saía do rosto dele, dando a impressão de uma vitória misturada com dor e tristeza. O sobrinho Troels relatou que Søren não havia perdido o seu senso de humor. Um dia, Søren concordou relutantemente com a visita do seu cunhado Johan e do menino Troels. Johan Lund ficava claramente nervoso na presença de alguma doença e, de maneira amável e vigorosa, aconselhou Søren a mudar de posição e tudo ficaria bem. "Apenas endireite as costas e se levante que a doença vai desaparecer! Eu lhe garanto isso!" Durante o silêncio constrangedor que se seguiu, Troels deu uma espiada no seu tio, que piscou de volta para o seu ajudante de conspiração com um olhar de tolerância e um senso revolucionário de diversão. Søren se endireitou, como sugeriu seu visitante desajeitado, e chegou a hora de partirem. Troels foi o último a sair do quarto. Søren segurou-lhe a mão e olhou nos seus olhos. "Obrigado por ter vindo me ver, Troels! E agora fique bem!" Para o sobrinho, tudo estava concentrado no fluxo de luz que

---

[35] Ibidem, p. 186.

vinha dos olhos – "um amor profundo, uma tristeza beatificada, uma clareza penetrante e um sorriso brincalhão".[36]

Um membro da família nunca ficava pouco tempo. Há muitas cartas de vários tios e sobrinhos para Peter Kierkegaard, atualizando-o sobre o definhamento de Søren e instando-o a vir rapidamente. Finalmente, Peter chegou ao hospital em 19 de outubro, mas acabou sendo impedido de entrar.

Meu irmão não pode ser detido pelo debate, apenas pela ação, disse Søren a Emil naquele dia. Além dos seus antigos conflitos familiares, uma comunhão final era uma das questões mais urgentes, a que Søren temia claramente que o seu irmão clérigo fosse obrigá-lo.

"Você não vai tomar a Santa Comunhão?" perguntou-lhe Emil. Afinal, ele também foi ordenado.

"Sim. Mas não de um pastor, de um leigo".

"Isto será muito difícil de conseguir".

"Então vou morrer sem isso. Não podemos discutir sobre isso. Eu fiz a minha escolha. Eu escolhi isso. Os pastores são funcionários públicos da Coroa e não têm nada a ver com o cristianismo".

Emil estava cheio de preocupação pastoral pelo seu amigo, mas também estava claramente de olho em escrever um relato para a história. Um dia antes, ele perguntou a Søren se ele acreditava em Cristo e se havia se refugiado nele.

"Sim, claro, o que mais?", veio uma resposta confusa.

"Mas você mudaria alguma coisa, qualquer coisa que você disse? Você seria menos rigoroso?"

"É assim que deve ser, caso contrário, não adianta nada. Eu certamente acho que, quando a bomba explodir, há de ser assim! Você acha que eu deveria amenizar isso, falando primeiro para despertar as pessoas e depois acalmá-las? Por que você quer me aborrecer com isso?!"

"Você não tem ideia do tipo de planta venenosa que Mynster era", Søren continuou: "Você não tem ideia. É impressionante como a corrupção dele se espalhou. Ele era um colosso. Foi preciso muita força para derrubá-lo, e a pessoa que fez isso também teve que pagar por isso".[37]

---

[36] Ibidem, p. 190.

[37] Ibidem, p. 125-26.

Em 27 de outubro, Søren jazia deitado, incapaz de falar. Emil teve que se despedir pela última vez e voltou para sua congregação, esposa e filho.

Nos dias que se seguiram, Søren perdia e recobrava a consciência. Ele não podia comer ou beber e não reconhecia ninguém. Por último, ele entrou em estado de coma. Søren Aabye Kierkegaard morreu às 9 horas da noite de domingo, no dia 11 de novembro de 1855, aos quarenta e dois anos de idade.

CAPÍTULO 10

Uma vida contínua

A história completa de como Kierkegaard alcançou o mundo fora de Copenhague encheria muitos volumes, cada um mais longo do que o relato de sua vida. Em vez disso, se nós imaginarmos a história de Søren contada como um filme, ela poderia terminar assim, com uma sucessão de pessoas e lugares passando pelos créditos.

Nossa imagem inicia com a cena de um globo girando. As linhas vermelhas começam na Dinamarca e passam pela Noruega, Suécia e Alemanha. De lá, saltam para a França, Itália, Espanha e Grã-Bretanha. As linhas vermelhas mais longas atravessam o oceano até o Canadá e os Estados Unidos. Mas até mesmo essa imagem, tão intrincada quanto parece com todas as suas linhas vermelhas saltando, é simplista demais. Existem algumas partidas falsas saltando pelo globo. O nome de Kierkegaard havia sido lido na Escócia antes que a maioria das pessoas o visse na Alemanha. Ele foi ouvido nas grandes planícies da América Central antes que as crianças das escolas dinamarquesas começassem a ler Kierkegaard em seus livros didáticos. A ladainha de línguas e culturas também é estreita demais. Devemos imaginar linhas vermelhas menores entrando e saindo de lugares como México, Brasil, China, Coréia, Austrália, Nova Zelândia, Rússia, Bósnia e Letônia, e mais além. Há estudiosos de Kierkegaard que são muçulmanos, árabes e persas, e também projetos em andamento para traduzir suas obras para o turco. O Japão tem estudiosos de Kierkegaard suficientes para formar escolas rivais de interpretação. E por aí vai.

Mas a nossa imagem terá que ser feita.

× × ×

1852. Reino Unido. Uma das primeiras notícias internacionais sobre Kierkegaard ocorreu durante sua vida. O viajante escocês Andrew Hamilton passou muito tempo vagando pela Dinamarca. Em seu diário de viagem, *Dezesseis meses nas ilhas dinamarquesas*, ele pinta uma série de retratos à caneta de personagens copenhaguenses:

> Há um homem que é impossível omitir em qualquer relato sobre a Dinamarca, mas cuja situação pode ser mais difícil de consertar; quero dizer: Søren Kierkegaard. Mas como suas obras têm, em grande parte, uma tendência religiosa, ele pode encontrar um lugar entre os teólogos. Ele é um escritor cristão filosófico, habitando cada vez mais, pode-se dizer quase insistentemente, no tema do coração humano. Não há um escritor dinamarquês mais sério do que ele, porém, não há ninguém em cujo caminho se levante mais coisas querendo impedi-lo de se tornar popular. Às vezes, ele escreve com uma beleza sobrenatural, mas, outras vezes, com uma exibição exagerada de lógica que causa repugnância no público. Tudo muito bem, se ele não fosse um escritor popular, mas é para isso que ele se propõe.[1]

É a primeira menção de Kierkegaard em inglês, e isso não desencadeou uma onda de interesse.

1855. Dinamarca. A contribuição de Henrik Lund para manter viva a memória do seu tio não cessou com o seu protesto ao lado do túmulo. Após a morte de Søren, o jovem médico assumiu a responsabilidade de agir em nome dos restos literários, dos quais havia muita coisa. O que ele encontra é "uma grande quantidade de papel, principalmente manuscritos, localizados em vários lugares".[2] Henrik faz uma tentativa aleatória de organizar alguns dos documentos e cartas de Søren, mas tudo isso se mostra demais. Ele implora ajuda ao melhor amigo de Søren, Emil Boesen. Talvez Emil esteja ocupado, talvez esteja cansado de atuar como espião literário e cachorrinho de Søren, mas, seja como for, ele resiste à tentação de se ocupar com Kierkegaard. Por fim, em 1857, os jornais vão até Peter Kierkegaard, que, por recomendação de Martensen, é agora o recém-nomeado bispo de Aalborg.

---

1 HAMILTON, Andrew apud PATTISON, George. "Great Britain: From 'Prophet of the Now' to Postmodern Ironist (and After)." *Kierkegaard's International Reception: Tome 1 Northern and Western Europe*. Editor: Jon Stewart. Burlington: Ashgate, 2009. p. 237.

2 LUND. In: *Kierkegaard's Journals and Notebooks, volume 1: Journals NB-NB5*. Princeton: Princeton University Press, 2001.

Peter Christian Kierkegaard, irmão de Søren e último Kierkegaard sobrevivente. Em 1875, ele renunciou ao cargo de bispo, citando 1João 3:15 em sua carta de renúncia. Peter morreu sob a tutela do estado em 1888.

1856. Dinamarca. A biblioteca de Søren Kierkegaard, seus utensílios domésticos e diversos bens são colocados em leilão. Um sortudo é Mogens Abraham Sommer, que agarra uma bengala. Sommer, um judeu convertido ao cristianismo com um ramo no ensino escolar, na herbologia e na pregação itinerante, considera-se um profeta na linha kierkegaardiana. Ele usa a bengala nas intermináveis viagens missionárias que fazia pelo interior do país, incitando as congregações contra o clero oficial. Sommer também ataca Martensen pela imprensa e arranja problemas com a lei por difamação. Em 1860, Sommer viaja para a América, onde ajuda outros dinamarqueses a migrarem para o Centro-Oeste e onde, presumivelmente, continua pregando sua mistura inebriante de Kierkegaard, homeopatia e socialismo cristão.

1859. Dinamarca. Peter Kierkegaard publica o *Ponto de vista* de Søren, um trabalho no qual, entre outras coisas, Søren explica retroativamente o propósito cristão de sua carreira guiada pelo sistema, um "relatório para a história" auxiliado por alguns malabarismos criativos do registro editorial. Seis anos se passam sem nada a mais.

1865. Dinamarca. Peter pede ao seu secretário, o ex-jornalista H. P. Barfod, para classificar os manuscritos. Barfod descobre muitos petiscos suculentos, incluindo a história do pai Michael, que amaldiçoou Deus na colina, e a evidência

O túmulo da família de Kierkegaard no Cemitério Assistens, em Copenhague. Søren está rodeado por seus familiares. Sua inscrição, recostada na lápide, diz o seguinte: "Daqui a pouco, / Eu vencerei. / Então toda a batalha / Vai desaparecer de uma só vez. / Então eu poderei descansar / Nos salões de rosas, / E ininterruptamente, / Sem cessar, / Falar com o meu Jesus".

de que Søren deliberadamente destruiu páginas do seu diário, sabendo que elas revelariam muito da sua tristeza secreta. Barfod é um editor dedicado que pensa no seu trabalho dos diários como desnudando a "oficina colossal e clandestina da alma".[3] Foi também ele quem teve a ideia de coletar as memórias valiosas dos colegas de escola e contemporâneos de Søren. Entretanto, Barfod e seu assistente Hermann Gottsched foram responsáveis por muita confusão irreparável. Os diários mais antigos de Søren, anteriores à revista *Corsaren*, estavam em vários estados de desordem e pareciam incongruentes ao lado dos volumes "NB". Barfod e Gottsched transcreveram e organizaram o material de acordo com um esquema que eles mesmos criaram e depois – incrivelmente – destruíram os originais. A primeira coleção de documentos e cartas é publicada em 1869. A série acabará sendo executada em oito volumes. A publicação dos documentos e do material póstumo causa uma nova onda de interesse em Søren Kierkegaard. Os livros vendem bem, e Peter, como executor literário,[4] doa o dinheiro para

---

[3] CAPPELØRN, Niels Jørgen; GARFF, Joakim; KONDRUP, Johnny (editores). *Written Images: Søren Kierkegaard's Journals, Notebooks, Booklets, Sheets, Scraps, and Slips of Paper*. Princeton: Princeton University Press, 2003. p. 56.

[4] A expressão "executor literário", embora inexistente em vários países, designa a pessoa responsável pela publicação póstuma dos trabalhos literários de algum escritor falecido. [N. de T.]

caridade. Peter é perseguido pela indecisão sobre sua vocação sacerdotal, pela culpa de suas ações em relação ao seu irmão e a inveja do sucesso de Søren. Sua saúde mental se deteriora. Em 1875, Peter renuncia seu bispado e depois entrega seus ornamentos reais. Em uma atitude que relembra, quarenta anos atrás, o motivo que teve para não tomar a comunhão, ele cita 1João 3:15 em sua carta de renúncia: "Quem odeia seu irmão [ou irmã] é assassino, e vocês sabem que nenhum assassino tem a vida eterna em si mesmo".[5] Peter morreu sob a tutela do estado em 1888.

1866. Noruega. Henrik Ibsen publica *Brand*, uma peça teatral sobre um pastor luterano inflexível com zelo reformista. No ano seguinte, ele traz *Peer Gynt*. Ibsen leu Kierkegaard e conhecia sua história, mas era cauteloso em reconhecer sua influência. Independentemente dos protestos de Ibsen, as conexões kierkegaardianas são amplamente admitidas. Muitos leitores e escritores afirmarão mais tarde que a linha de Kierkegaard lhes veio através de Ibsen, incluindo o tradutor norte-americano Howard Hong, o romancista irlandês James Joyce e o dramaturgo e filósofo espanhol Miguel de Unamuno, que gostava de se gabar de ter aprendido sozinho as línguas escandinavas a fim de ler Ibsen, mas encontrou Kierkegaard em seu lugar.

1871. Dinamarca. Se alguém fosse pedir a um leitor britânico do século XIX para mencionar um famoso escritor, filósofo e teólogo dinamarquês, um nome provável poderia ser o de Hans Lassen Martensen. O bispo Martensen era uma figura (relativamente) popular no exterior. Seus principais trabalhos foram traduzidos para o inglês durante o curso de sua vida, incluindo a *Teologia dogmática*, que tanto enfureceu Kierkegaard. Além da resposta de um jornal, durante a última rixa de Kierkegaard com o sistema oficial, Martensen ficou em silêncio, para o desprezo de Søren. Agora Martensen quebrou o silêncio, dedicando vinte ou mais páginas de sua recém-publicada *Ética cristã* para expor as ideias de Kierkegaard sobre sociabilidade e identidade, refutando-as em seguida. O livro é traduzido para o inglês em 1873 pelo editor escocês T&T Clark. É assim que Martensen, respondendo finalmente a Søren, traz a primeira discussão extensa sobre Kierkegaard ao mundo de língua inglesa. Mesmo assim, a onda de interesse não é desencadeada. Vai demorar mais do que isso para que as linhas vermelhas de Kierkegaard alcancem todo o mapa.

---

5 A tradução segue a leitura da *Nova versão internacional* para 1João 3:15. No original em inglês, o autor se refere tanto ao irmão como à irmã, por isso as palavras entre colchetes foram inseridas. [N. de T.]

Sepultura do bispo H. L. Martensen, no Cemitério Assistens, em Copenhague.

1877. Dinamarca. George Brandes não é um defensor de Kierkegaard, mas é a primeira pessoa no mundo a publicar um tratado importante da vida e do pensamento de Kierkegaard. O objetivo de Brandes é separar o que ele acha de bom em Kierkegaard – a saber, o ataque à cristandade – do que considera ruim – a saber, os propósitos cristãos pelos quais Kierkegaard fez o seu ataque. É principalmente através de Brandes que a palavra de Kierkegaard chega à Áustria e à Alemanha. As traduções alemãs mais extensas, durante muitos anos, eram feitas a partir dos escritos de Kierkegaard, posteriores a 1850, as quais eram usadas como estímulo para os movimentos anticlericais locais.

1888. Alemanha. Frederick Nietzsche recebe uma carta do seu amigo Brandes, recomendando que ele dê uma olhada nos escritos de Kierkegaard. Nietzsche fica intrigado e promete procurá-los. Mas, antes que ele possa fazer isso, sofre o colapso mental que o levará à morte.

1896. Dinamarca. Fritz Schlegel, ex-governador das Índias Ocidentais, havendo retornado recentemente a Copenhague, morre. Sua viúva, Regine, começa a conceder entrevistas a acadêmicos, biógrafos e membros do público ansiosos por novas informações sobre Kierkegaard. Todas as conversas começavam com uma admiração por Fritz, mas terminavam com Søren. Não é fácil estar envolvido com o maior poeta polêmico da Dinamarca, e Fritz sabia da pessoa excepcional que ele tinha em Regine. Fritz não nutria nenhum ciúme mesquinho, em vez disso fez tudo o que pôde para apoiar sua esposa. Regine costumava exclamar aos entrevistadores: "Oh, que ele possa me perdoar por eu ter sido tão infame, pois me envolvi com outro".[6] Do próprio Søren, Regine é infalível em sua defesa e repele quaisquer tentativas de difamação. A única coisa que Regine insistia em corrigir é a insinuação de Søren de que ela não era religiosamente séria.[7] Regine morre em 1902, com a plena percepção – como Søren havia previsto – de que ela havia entrado com ele para a história.

1913. Alemanha. O interesse na anti-igreja de Kierkegaard voltou ao catálogo. Theodor Haecker publica sua primeira monografia. Haecker se tornará o maior tradutor alemão de Kierkegaard. Convertido ao catolicismo e opositor comprometido dos nazistas, Haecker está bem ciente da relevância da mensagem de Kierkegaard para os tempos atuais.

É em grande parte através de Haecker que a maioria dos leitores e escritores alemães conhece Kierkegaard.

1913. Alemanha. Karl Jaspers está trabalhando em um hospital psiquiátrico. Ele está cada vez mais desiludido com os tratamentos bárbaros que estão sendo dispensados aos pacientes – surras e mergulhos prolongados em água quente são comumente utilizados para curar doenças cerebrais. É a partir do contato com Kierkegaard, agora e na década de 1920, que Jaspers encontra maneiras de expressar sua ideia de que uma doença mental é um "incidente" na vida de alguém e parte do desenvolvimento existencial dessa pessoa. Jaspers se tornará um filósofo e um psiquiatra altamente influente, que escreverá sobre Kierkegaard e os temas kierkegaardianos pelo resto de sua carreira, mudando a visão do sistema oficial sobre doenças mentais e saúde.

1918. Tchecoslováquia. Franz Kafka escreve em seu diário sobre seus contatos com Kierkegaard. Ele fica particularmente interessado pelo tratado que Kierkegaard faz da história de Abraão e se pergunta sobre as maneiras de contar essa antiga história hebraica a partir de uma perspectiva judaica moderna. Kierkegaard continuará sendo uma grande influência para Kafka durante toda a sua vida de escritor.

1919. Suíça. Um jovem pastor da paróquia de um vilarejo da classe operária começa a escrever seu comentário sobre o apóstolo Paulo. *A Epístola aos Romanos* caiu como uma bomba no cenário teológico, e, em consequência disso, Karl Barth

---

[6] SCHLEGEL. In: KIRMMSE, Bruce (ed.). *Encounters with Kierkegaard*. Princeton: Princeton University Press, 1996. p. 41.

[7] Ibidem, p. 54.

é nomeado para exercer o magistério na Alemanha. Sua ênfase na diferença radical entre a revelação de Deus e os esforços naturais da humanidade desafia as teologias predominantes do progresso humano e oferece uma nova maneira de pensar à luz da devastadora Grande Guerra. "Se eu tenho um sistema", escreve ele na introdução, "está limitado a um reconhecimento do que Kierkegaard chamou de 'distinção qualitativa e infinita' entre o tempo e a eternidade".[8]

1929. Alemanha. A estudante de pós-graduação Hannah Arendt escreve sua tese de doutorado sobre Agostinho e o amor ao próximo. Ela é orientada por Karl Jaspers. Arendt, uma judia alemã obrigada a fugir do seu país natal, continuará escrevendo perspicazmente sobre poder, violência e totalitarismo, cunhando a expressão "a banalidade do mal", que descreve a maneira pela qual os crimes hediondos podem ser cometidos por meio da complacência em massa. Numa entrevista de TV conduzida por Günther Gaus em 1964, ela se lembra de estudar ansiosamente política e filosofia desde muito jovem. "Então eu li Kierkegaard e tudo se encaixou".[9]

Cerca de 1930. Reino Unido. Enquanto morava em Cambridge, o filósofo austríaco Ludwig Wittgenstein comentou com um amigo: "Kierkegaard foi, de longe, o pensador mais profundo do século passado. Kierkegaard era um santo".[10]

1934. Boríngia.[11] Gregor Malantschuk, um órfão ucraniano que acabou na Alemanha após o caos da Grande Guerra, é forçado pela ascensão de Hitler a migrar novamente, dessa vez, fugindo para uma ilha dinamarquesa no mar Báltico. Lá, ele primeiro ouve a respeito de Kierkegaard por um mecânico que estava consertando uma debulhadora em uma fazenda. Ele encontra no "indivíduo singular" de Kierkegaard uma alternativa às ideologias desumanas do comunismo e do fascismo. Mais tarde, Malantschuk forma um grupo de estudos sobre Kierkegaard, onde ele orienta muitos professores e tradutores influentes, incluindo Julia Watkin e Howard e Edna Hong.[12] Após a morte de Malantschuk, sua considerável biblioteca semeou

---

8 BARTH, Karl. *Epistole to the Romans*. Oxford: Oxford University Press, 1968. p. 10.

9 STEWART, Jon (ed.). *Kierkegaard's Influence on Social-Political Thought*. Burlington: Ashgate, 2011. p. 32.

10 RHESS, Rush (editor). *Recolletions of Wittgenstein*. Oxford: Blackwell, 1981. p. 87.

11 Boríngia, em dinamarquês *Bornholm*, é uma das ilhas que pertencem ao Reino da Dinamarca. [N. de T.]

12 Howard e Edna Hong foram os responsáveis pela mais completa tradução dos escritos de Kierkegaard já feita em inglês, a qual Stephen Backhouse utilizou constantemente na produção deste livro. [N. de T.]

os centros kierkegaardianos da Universidade McGill, no Canadá, e da St. Olaf College, nos Estados Unidos.

1935. Reino Unido. E. L. Allen publica *Kierkegaard: sua vida e pensamento.* É a primeira monografia em inglês, mas tal como Brandes, Allen não é um fã. Sua descrição condena Kierkegaard com elogios fracos, e ele acha que a resposta de Kierkegaard à cristandade era muito pessimista. O próximo dinamarquês sobre quem Allen escreveu revela onde ele quer que as simpatias britânicas se concentrem. *Bispo Grundtvig: Um profeta do norte* é um brilhante endosso da visão de Grundtvig sobre a vida nacional cristã.

1937. Alemanha. O teólogo dissidente Dietrich Bonhoeffer publica *O discipulado*, seu manual para seminaristas que estão se preparando para se tornarem pastores na Alemanha dominada pelos nazistas. A tentativa impressionante do livro de articular como viver sendo cristão em uma cristandade seduzida por Hitler é semelhante no tema e na estrutura de *Prática do cristianismo*, o livro que Anti-Climacus escreveu para desestabilizar os cristãos em sua cristandade. Bonhoeffer estava mergulhado nos escritos de Kierkegaard. Os princípios mais importantes do pensamento de Bonhoeffer, como "graça acessível" e "cristianismo sem religião", foram moldados pelos seus encontros com os dinamarqueses, assim como a escolha de Bonhoeffer por uma vida real e concreta oposta à sedução do idealismo triunfalista. Devido à sua oposição a Hitler, Bonhoeffer foi executado em 1945.

1938. Reino Unido e Estados Unidos. O mundo anglo-americano é presenteado com *Os diários de Kierkegaard: de 1834 a 1854*, de Alexander Dru, e com a monumental biografia Kierkegaard, de Walter Lowrie. Eles não são os primeiros livros kierkegaardianos publicados em inglês, mas são os mais lidos. Alexander Dru, amigo de Theodor Haecker, escreveu para a Oxford University Press em 1935 propondo que eles publicassem alguns volumes traduzidos do filósofo. Dru, um católico inglês (e cunhado do romancista Evelyn Waugh), também contou com a ajuda de Walter Lowrie, que estava trabalhando no seu próprio projeto de tradução. Lowrie, um pastor episcopal norte-americano e teólogo, havia conhecido Kierkegaard por intermédio de Barth. Em 1932 (aos 64 anos de idade), ele aprendeu dinamarquês e começou o seu trabalho de tradução pouco depois. Algum material disperso havia sido traduzido por Lee M. Hollander dez anos antes, mas os exemplares não vendidos do livreto ficaram colecionando poeira no escritório de Hollander. David Swenson (um sueco que vivia nos Estados Unidos) vinha realizando traduções e ensaios de Kierkegaard desde 1916, após descobrir um exemplar em dinamarquês do *Postscriptum* em sua biblioteca local. A tradução do professor Swenson de *Migalhas filosóficas* foi lançada em 1936, e ele foi convocado para ajudar no projeto da OUP.[13] Embora Lowrie não tenha sido o primeiro tradutor norte-americano, ele provou ser uma potência incomparável nas relações públicas e na produtividade em favor do filósofo dinamarquês. O que as traduções dele perderam em elegância ou precisão, ele ganhou em vitalidade e rapidez. É através de Lowrie (algumas de suas traduções continuam sendo impressas hoje) que a maioria dos leitores ingleses será introduzida na obra de Kierkegaard. A OUP publicou as edições de Lowrie, começando com *Discursos cristãos* e *Ponto de vista* em 1939. Seguiram-se logo outros *Discursos*, *Prática do cristianismo*, *Julgue por si mesmo!* e *Para o exame de si mesmo*. Em 1940, Dru e Lowrie trabalharam em *O tempo presente*. Não passou despercebido a ninguém que o tema do livro sobre a máfia maligna fosse especialmente relevante à luz da iminente Guerra Mundial com formas de governo particularmente hábeis na manipulação da mídia e do sentimento popular. As obras filosóficas e pseudônimas de Kierkegaard apareceram em 1941: *Estágios no caminho da vida*, *A repetição*, *Temor e tremor* e *O desespero humano*.[14] O *Postscriptum não científico conclusivo* também saiu em 1941, com sua maior parte traduzida por Swenson, mas completada por Lowrie, após a morte de Swenson no ano anterior. A tradução de *Ou isso, ou aquilo* feita por Swenson, o *Conceito de angústia* e o material coletado do jornal *A pátria* e *O momento*, que Lowrie chamou de *Ataque à cristandade*, saíram em 1944. Além desse material final, a ordem de produção não correspondeu, de maneira nenhuma, à cronologia ou ao esquema pseudônimo que Søren elaborou meticulosamente um século antes.

1939. Reino Unido. A revista *New Statesman*[15] publica a crítica elogiosa de T. S. Eliot sobre um novo livro idiossincrático de um escritor de nicho normalmente associado a obras de suspense espirituais. *A descida do Espírito Santo como uma pomba*, por Charles Williams, conta a história do cristianismo do ponto de vista do movimento de Bondade e do Espírito Santo pela terra. O ponto alto do melhor capítulo é dedicado a Kierkegaard: "Seus dizeres serão

---

13 OUP é a sigla de Oxford University Press, uma casa editorial e também um dos departamentos da Universidade de Oxford. [N. de T.]

14 *O desespero humano* é o título pelo qual essa obra ficou conhecida nos países de língua portuguesa. A tradução literal do título, a partir do dinamarquês, é "A doença até à morte" (cf. Capítulo 3). [N. de T.]

15 A revista *New Statesman*, que existe desde em 1913, é um periódico semanal de Londres com material político. [N. de T.]

tão moderados em nossas mentes", prevê Williams, "que em breve não serão mais os seus dizeres, mas os nossos".[16] Outros fãs do livro incluem W. H. Auden, que, por sua conversão ao cristianismo, dá créditos a Williams, e que se tornou, em consequência disso, um apreciador de Kierkegaard ao longo da vida. Williams, amigo de C. S. Lewis, J. R. R. Tolkien, Dorothy Sayers e outros companheiros "suspeitos", não era um principiante kierkegaardiano – ele trabalhava como editor da Oxford University Press. Foi Williams quem primeiro recebeu a proposta de Dru, e também um dos primeiros defensores do projeto. Foi ele quem supervisionou o trabalho de tradução e quem conduziu as atividades e as expectativas consideráveis de Lowrie. É também a Williams que podemos agradecer por ter convencido Lowrie a não colocar na biografia o subtítulo "*The Great Dane*",[17] que soa como nome de cachorro. Durante as condições de austeridade em tempos de guerra, Williams trabalha arduamente para garantir que a imprensa pague pelo papel ao mesmo tempo em que mantenha um preço baixo para os leitores comuns. Boa parte dos custos de impressão é subsidiada pelo próprio Lowrie, e Williams tem que tratar muitas vezes sobre a questão do dinheiro com o tradutor. "K. pode reconstruir a civilização, mas teremos que ser mais econômicos do que nunca na construção de K".[18] No final, a guerra e a perspectiva de trabalhar com uma editora e um mercado mais perto de casa convencem Lowrie a transferir seu trabalho para Princeton University Press, deixando Oxford como representante europeia em vez de como editora principal. O relacionamento entre Williams e Lowrie continua cordial, com Williams sugerindo que, embora os norte-americanos possam ter comprado mais livros, pelo menos o apoio da prestigiada Universidade de Oxford foi um veículo "mais intangível, mas não menos eficaz"[19] para a recepção de Kierkegaard no idioma inglês.

1940. Estados Unidos. O recente católico romano Thomas Merton observa em seu diário: "Há uma semana, eu comprei o *Temor e tremor* de Kierkegaard na Oxford University Press, e desde então, falei tanto sobre isso, que sinto

---

[16] Charles Williams em *A descida do Espírito Santo como uma pomba.*

[17] O subtítulo *The Great Dane*, que seria colocado nas notas biográficas do trabalho, quer dizer literalmente "O grande dinamarquês", só que, em inglês, *Great Dane* também é o nome de uma raça de cães de guarda, uma que no Brasil chamamos de "dogue alemão", também conhecida como "cão dinamarquês". [N. de T.]

[18] BRAY, Suzanne; STURCH, Richard (editores). *Charles Williams and his Contemporaries.* Newcastle: Cambridge Scholars Publishing, 2009. p. 33.

[19] Ibidem, p. 35.

como se tivesse lido Kierkegaard a minha vida inteira".[20] Merton se tornará um monge, escritor espiritual, ativista não violento dos direitos civis e ativista pacífico da não proliferação nuclear, e será conhecido mundialmente. Kierkegaard continuará sendo uma presença constante na vida de Merton como uma fonte de força, orientação e desafio até a sua morte em 1968.

1942. França. O argelino Albert Camus publica seu romance *O estrangeiro* e seu tratado filosófico *O mito de Sísifo*. As obras são consideradas precursoras do existencialismo francês, embora Camus rejeite esse rótulo. A admiração de Camus por Kierkegaard está próxima, ao contrário de Jean-Paul Sartre, cujo livro *O ser e o nada* sai em 1943. Devido à sua antipatia pelo cristianismo de Kierkegaard, Sartre nega com frequência qualquer conexão. Em vez disso, seus pensamentos sobre a importância fundamental do livre-arbítrio são construídos sobre o altamente influente Ser e tempo de Martin Heidegger (1927). Acontece que o filósofo alemão *também* se esforçou ao máximo para ocultar sua dívida com Kierkegaard. *Ser e tempo* menciona relutantemente Kierkegaard três vezes nas notas e ainda está repleto de temas kierkegaardianos, mas destituídos de sua orientação cristã. A associação de Kierkegaard com os existencialismos ateístas de Camus, Sartre e Heidegger, entre outros, é algo poderoso. Isso levou a uma explosão da popularidade de Kierkegaard nas décadas de 50 e 60, tanto na França quanto na América, ao mesmo tempo em que lançou uma longa sombra sobre a recepção moderna que ele teve como pensador cristão.

1943. Estados Unidos. O dramaturgo Henry Miller faz uma resenha brilhante de *A breve existência de Kierkegaard*, de Lowrie, na revista *The New Republic*.[21] Sua abordagem é característica da época em que literatos não especializados, mas não acadêmicos, tendiam a vestir o manto kierkegaardiano. Muito do apelo de escritores, poetas, intelectuais públicos, artistas e historiadores idiossincráticos é a abordagem de Kierkegaard aos movimentos culturais que estavam definindo a "era moderna". Ouve-se falar que ele está dizendo algo à natureza desumanizadora da cultura coletiva em todos os seus aspectos, seja o comunismo, o fascismo ou o patriotismo jingoísta. Além disso, ele fornece uma maneira de falar sobre a perda da fé *e* a descoberta da fé à sombra dos sistemas cristianizados que se mostraram insustentáveis. Críticas e ensaios sobre Kierkegaard começam a aparecer em periódicos como

---

[20] MERTON, Thomas. *Run to the Mountain: The Journals of Thomas Merton Volume 1*. São Francisco: HarperCollins, 1997. p. 259.

[21] A *TNR*, como também é conhecida, é uma revista norte-americana de opinião e sua tendência é liberal; o periódico existe desde 1914. [N. de T.]

The New York Times, *The New Yorker*, *Esquire* e, na Inglaterra, em *The Times Literary Supplement*. Sua influência literária está e será sentida em figuras tão diversas como Flannery O'Connor, J. D. Salinger, John Updike e David Lodge, isto para mencionar apenas alguns autores do século XX.

1944. Estados Unidos. O autor Richard Wright, mais conhecido pelo romance *Filho nativo* (1940) e pela autobiografia publicada em breve, *Black Boy* (1945), pede à sua amiga Dorothy Norman para instruí-lo no existencialismo e nas obras de Kierkegaard, entre outros. A fim de formar um grupo de estudos com Wright, Norman convida Paul Tillich, um teólogo alemão exilado, e Hannah Arendt para virem em sua casa em Nova York. Wright torna-se um leitor entusiasta de Kierkegaard, encontrando nele uma voz para os indivíduos que buscam autenticidade em face de uma cultura hostil. Wright continua escrevendo *The Outsider*, sua exploração da experiência negra nos EUA e o primeiro romance existencialista norte-americano. O livro começa com uma citação de *O conceito de angústia*, e seu personagem principal é uma incorporação consciente das ideias kierkegaardianas.

1944. Estados Unidos. Howard A. Johnson, ex-aluno de Lowrie e agora pároco da Igreja de São João, foi convidado para um jantar oferecido pelo presidente Franklin D. Roosevelt. O presidente manifesta certo amor pelas histórias de mistério de Dorothy Sayers. Johnson sugere, como tentativa, que ela é ainda mais importante como escritora teológica. "Muitos contemporâneos como Dorothy Sayers derivam de Kierkegaard". Poucos dias depois, Frances Perkins, colega de governo do presidente, encontra Roosevelt de bom humor. "Frances, você já leu Kierkegaard? [...] Bem, você deveria lê-lo", diz ele com entusiasmo. "Isso vai te ensinar sobre os nazistas. Kierkegaard me esclarece sobre os nazistas como mais ninguém conseguiu fazer. Nunca fui capaz de entender por que pessoas que são obviamente seres humanos podem se comportar desse jeito. Eles são humanos, mas se comportam como demônios. Kierkegaard dá a você uma compreensão do que há no homem que torna possível que esses alemães sejam tão maus".[22]

1959. Estados Unidos. Martin Luther King Jr. é convidado a escrever sobre as influências que o levaram a abraçar a não violência como um modo de vida. Em "Minha peregrinação à não violência", ele fala sobre como Kierkegaard e outros ajudaram a moldar o seu pensamento, introduzindo-o no existencialismo. "Sua compreensão da 'liberdade finita' do homem é uma das contribuições

---

[22] PERKINS, Frances. *The Roosevelt I Knew*. Nova York: Viking Press, 1946. p. 147-49.

mais duradouras do existencialismo, e sua percepção da ansiedade e do conflito produzidos na vida pessoal e social do homem, como resultado da estrutura perigosa e ambígua da existência, é especialmente significativa para os nossos tempos".[23] Sombras de Kierkegaard pairam por trás da palestra de Luther King no Nobel de 1964, onde ele diz: "Nosso problema hoje é que permitimos que o interior se perca no exterior. Nós permitimos que os meios pelos quais vivemos superem os fins pelos quais vivemos".

Cerca de 1965. Estados Unidos. A família West vive em Sacramento, Califórnia. Como afro-americanos, eles enfrentam costumes injustos com relação à moradia e condições de trabalho, e o acesso a serviços como bibliotecas públicas lhe são restritos. Essa injustiça não se perde em Cornel, de treze anos de idade, que está começando a se perguntar o que ele vê na América sobre a condição humana. Cornel tem que conseguir seus livros no estoque rotativo de uma biblioteca ambulante, e é lá que ele se depara com um punhado de traduções de Lowrie. A descoberta de Cornel o ajuda a entender a natureza humana. "Ao ler Kierkegaard na biblioteca ambulante [...] aqui havia alguém [que estava] lutando seriamente contra [esse] terror, esse sofrimento e [essa] tristeza. Isso ressoou profundamente em mim".[24] Kierkegaard leva West a estudar filosofia em Harvard e em Princeton. West é um admirador de Martin Luther King Jr. e um aliado de Malcolm X, mas nunca foi membro do Partido dos Panteras Negras. Como um afro-americano e cristão envolvido na política radical, ele se encontra muitas vezes do lado de fora de muitos ambientes. Kierkegaard o ajuda a navegar por essas ideias, sempre mantendo a necessidade de pensar em situações existencialmente concretas. Em 1982, Cornel West publica *Profecia libertadora! Um cristianismo revolucionário afro-americano*, onde identifica *Migalhas filosóficas* e *Postscriptum não científico conclusivo* entre os livros-chave, mas informando principalmente seu ponto de vista. West se tornará uma proeminente figura intelectual pública, enfurecendo e inspirando em igual medida. Um ícone cultural, West emprestou sua aura política e filosófica quando apareceu em *Matrix*, um conjunto de filmes de ficção científica repleto de ideias kierkegaardianas.

1967. Estados Unidos. O primeiro volume da série *Søren Kierkegaard's Journals and Papers* é publicado pela Indiana University Press com grande

---

[23] STEWART, Jon (ed.). *Kierkegaard's Influence on Social-Political Thought*. Burlington: Ashgate, 2011. p. 102.

[24] Ibidem, p. 237, nota 27.

aceitação. Os tradutores, Howard e Edna Hong, dedicaram suas vidas à transmissão de Kierkegaard. Antes da Segunda Guerra Mundial, Howard estudara com David Swenson em Minnesota e, juntos, ele e sua esposa, Edna, moraram em Copenhague como parte do grupo de estudos de Malantschuk. De volta à América, os Hongs atendem refugiados políticos e prisioneiros de guerra enquanto alimentam seus sonhos kierkegaardianos. Para os dois, era evidente que as traduções de Lowrie e o método aleatório do cronograma de produção da OUP significavam que todo o conjunto carecia de outro olhar. Após o sucesso dos *Diários*, entre 1978 e 1998, os Hongs iriam traduzir todos, exceto quatro dos vinte e cinco volumes publicados pela Princeton University Press.[25] A conclusão do trabalho instiga o elogio do *Times Literary Supplement*: "Toda honra aos Hongs. *Kierkegaard's Writings* é uma das realizações proeminentes na história da tradução filosófica".[26]

1976. Estados Unidos. A Biblioteca Kierkegaard de Howard e Edna Hong é formalmente dedicada ao St. Olaf College, em Minnesota. Ela abriga uma réplica da biblioteca de Kierkegaard, reunida meticulosamente pelos Hongs e outros, bem como exemplares de tudo que foi escrito por Kierkegaard e também sobre ele no mundo todo. Um importante centro para acadêmicos e outras pessoas, entre os antigos visitantes da biblioteca se encontram Viktor Frankl, Paul Tillich e o romancista Walker Percy. O filósofo C. Stephen Evans foi o administrador da biblioteca antes de entregar a função ao professor Gordon Marino.

1994. Dinamarca. O Centro de Pesquisa Søren Kierkegaard é inaugurado em Copenhague. É um local para acadêmicos e pesquisadores trabalharem, mas seu objetivo principal é a produção das edições definitivas de todo o conjunto literário de Kierkegaard. Supervisionado por Niels Jørgen Cappelørn, o projeto *Søren Kierkegaard's Skrifter* ("Os escritos de Søren Kierkegaard", ou SKS) conta com cinquenta e cinco volumes de textos e comentários. Sob a direção geral de Bruce Kirmmse, a tradução em inglês dos diários do SKS está em andamento desde 2007. Os *Kierkegaard's Journals and Notebooks*[27] vão para onze volumes, publicados pela Princeton University Press. Ao contrário das versões anteriores dos diários de Kierkegaard, que foram em grande parte

---

[25] Atualmente, a maior coleção de textos kierkegaardianos conta com mais um, totalizando 26 volumes. Trata-se da mais completa tradução dos escritos de Kierkegaard já feita em inglês. É publicada pela Princeton University Press. [N. de T.]

[26] REE, Jonathan. *Times Literary Supplement*. 1998 (17).

[27] Os *Diários e Cadernos de Kierkegaard*, da Princeton University Press, ainda não foram publicados em português. [N. de T.]

dificultadas pelo tratamento improvisado, mas rastreável até Barfod, e até mesmo a Henrik Lund, essas novas edições tentam reproduzir nas páginas como eram os originais, devolvendo as grandes margens (com suas notas marginais) que Søren criou para que pudesse comentar o texto principal que havia escrito, algumas vezes, anos depois.

1995. Japão. Kierkegaard faz parte da cultura popular japonesa. Por exemplo, a *Neon Genesis Evangelion*,[28] criada por Hideaki Anno, é uma série animada de ficção científica, para a TV, que utiliza as aventuras de jovens pilotando robôs gigantes na cidade de Tóquio, pós-apocalíptica, como pretexto para contar histórias sérias e complexas sobre identidade pessoal e significado existencial. O desenho animado contém inúmeras referências a Kierkegaard, com um episódio intitulado *Sickness unto Death*,[29] como o livro. Uma série de mangás, também chamada de *Sickness unto Death*, escrita por Hikaru Asada e ilustrada por Takahiro Seguchi, foi lançada em 2010. Ela conta a história de um psicólogo que se apaixona por sua paciente, uma mulher que sofre de desespero e múltiplas personalidades.

2012. Local desconhecido. Um usuário anônimo do Twitter conquista a atenção mundial ao misturar frases insípidas no estilo de Kim Kardashian, uma celebridade da televisão na vida real, com os pensamentos de Søren Kierkegaard. A conta, que se divertia sob o nome de KimKierkegaardashian, não é para tirar sarro de Kim (ou Søren), mas para destacar o que acontece quando a típica conversa banal da autopublicidade encontra a angústia existencial. "Minha alma é um vazio e tudo ao meu redor é tão vazio quanto a eternidade. Onde eu procuro inspiração de moda ou tendências divertidas?", diz uma postagem. "Nós adoramos *selfies*! O eu desesperado, ao tomar conhecimento de si mesmo, tenta se tornar mais do que já é", diz outra.

2013. Estados Unidos. Gordon Marino, quando não atua como professor de filosofia, é treinador de boxe e jornalista esportivo. É assim que um de seus livros sobre Kierkegaard chega às mãos de Mike Tyson, o ex-campeão mundial peso-pesado de boxe. Tyson se torna notícia internacional quando fala sobre Kierkegaard no Twitter e numa entrevista ao *Wall Street Journal*. "Ele queria que fosse escrito no seu epitáfio: 'Daqui a pouco, / Eu vencerei. / Então toda a batalha / Vai desaparecer de uma só vez.' Eu adoro ler filosofia", disse

---

28 Quer dizer: "As boas novas de um novo começo". [N. de T.]

29 Tanto o desenho animado quanto o mangá têm o mesmo título em homenagem ao livro *Sygdommen til Døden* de Kierkegaard (1849), que em inglês é conhecido como *Sickness unto Death* e em português *O desespero humano*. [N. de T.]

Tyson. Esses comentários causaram um escárnio generalizado de alguns setores da imprensa popular, revelando um racismo disfarçado e um esnobismo, evidentemente incrédulo de que um atleta afro-americano com um passado criminoso pudesse tirar alguma coisa do dinamarquês intelectual. Sem dúvida, Søren, que tinha uma ou duas coisas a dizer sobre a mídia e que achava que qualquer pessoa poderia ser o Indivíduo Singular, teria uma opinião diferente.

2013. Canadá. O grupo musical Arcade Fire, de Montreal, lança o seu quarto álbum de estúdio com ótimas críticas. "*Reflektor* é povoado de personagens que procuram ativamente escapar dos sistemas de controle", escreve a *Pitchfork*, "mas o caminho para a saída conduz à pista de dança". O álbum é inspirado e nomeado em homenagem à discussão de Kierkegaard sobre as eras de sofrimento e sua reflexão em *O tempo presente*. "Parece que ele está falando sobre os tempos modernos", diz o líder Win Butler para a *Rolling Stone*. "Ele está falando sobre a imprensa e a alienação, e você lê algo do tipo: 'Cara, você não tem ideia de como isso vai ficar insano'".

2013. Canadá. O ator e *rapper* Donald Glover está em Toronto numa turnê de divulgação do seu novo álbum de *hip-hop* que foi lançado sob o seu pseudônimo de Childish Gambino. À *VICE Magazine*, ele disse:[30]

> *VICE magazine*: Você está lendo alguns livros agora?
>
> *Glover*: Sim, estou muito interessado em Kierkegaard agora.
>
> *VICE*: Cara, isso não vai te fazer feliz.
>
> *Glover*: Isso me deixa feliz, porque me faz sentir menos sozinho.

2015. Reino Unido. Simon Munnery é um comediante, apresentador de televisão e, ocasionalmente, "porta-voz" do grafiteiro Banksy (outro *agente provocador* que usa pseudônimos para se destacar entre o seu público). Munnery admira Kierkegaard há muito tempo e, um dia, decide apresentar, um tanto impulsivamente, passagens dos seus escritos num programa de comédia chamado *Simon Munnery Sings the Songs of Søren Kierkegaard*. Utilizando uma voz no tom de Johnny Rotten combinado com o tom de Kenneth Williams, Munnery lê e recita de memória longas passagens, intercaladas com suas próprias observações humorísticas. O comediante profissional faz questão

---

[30] PASTUK, Slava. "Donald Glover: Fear and Trembling." Postado em: 31 out. 2013. *Vice Magazine*. Disponivel em: <http://noisey.vice.com/en_uk/blog/donald-glover-childish-gambino-interview>.

de salientar que Kierkegaard era um escritor mestre do humor. "Eu gosto das piadas – da concisão, da linguagem realmente firme", diz Munnery em uma conversa. "Há pontos nas recitações em que a plateia ri o tempo todo". Kierkegaard, insiste ele, sabia realmente escrever uma piada.

× × ×

Kierkegaard dificilmente é um nome familiar, mas suas impressões digitais estão por toda parte. Para a maioria dos autores, ser lido apenas em dinamarquês, alemão, francês, espanhol, italiano, japonês e inglês seria suficiente, mas Kierkegaard também é uma figura significativa nessas culturas. Nada mal para um homem que raramente se afastava das muralhas da cidade de Copenhague. A história da vida moderna e do pensamento não pode ser contada sem o nome de Kierkegaard. Suas palavras moldaram a cultura erudita e popular, políticos e revolucionários, eclesiásticos e ateus, missionários, professores, jornalistas, psicólogos, terapeutas, artistas, músicos, poetas, romancistas, comediantes, teólogos, filósofos e, sim, até acadêmicos. Mesmo assim, Kierkegaard continua não pertencendo a nenhum grupo. Não existe uma igreja ou escola de Kierkegaard, nenhum movimento em seu nome. E como poderia haver? Seus pensamentos não podem ser facilmente resumidos e entregues de todo. Eles arranham, chutam e lutam contra o sistema, *qualquer* sistema – até mesmo o dele. Os pensamentos de Kierkegaard precisam ser encontrados, um por um, individualmente, ou não são encontrados. Sua insistência na existência autêntica é simplesmente declarada. São as consequências dessa existência que correm livremente. O Deus eterno e infinito está diante de você agora com o cabelo oleoso e um pedaço de peixe na barba, convidando você, que está cansado, a vir até ele, e ele lhe dará descanso. Desviar-se ofensivamente dessa pessoa seria natural, esperado, até razoável. Porém, voltar-se para tal pessoa é se afastar de tudo o que tem uma falsa reivindicação sobre a identidade que você possui e daquele que define o que é existir. Família, nação, religião e ideologia são "colocadas no seu lugar". É fácil descobrir que deuses qualquer ordem estabelecida adora – simplesmente descubra o que você não pode "colocar no seu lugar". Enquanto as pessoas continuarem a viver e a se mover mantendo no seu íntimo as ideias habituais de sua própria criação, Kierkegaard continuará a construir e provocar onde quer que ele seja encontrado pelo Indivíduo Singular.

× × ×

O novo bispo olha pela janela para a multidão no pátio abaixo. Ele não consegue ver, mas ao mesmo tempo não quer ser visto. Isso jamais poderia acontecer. É de suma importância que os jornais registrem que o recém-ordenado bispo de toda a Dinamarca, Hans L. Martensen, pastor da nação, não estava presente no enterro do seu ex-aluno, agora o flagelo de toda a cristandade, Søren Kierkegaard.

Martensen franze a testa e volta para a escrivaninha, onde ele talvez tenha começado a esboçar suas memórias. "Podemos considerar como feliz a ocasião em que ele morreu", escreve ele, "ou a coisa toda poderia ter acabado extremamente aborrecedora".[31]

---

[31] MARTENSEN, Hans Lassen. *Af mit Levnet: Meddelelser*. 3 volumes. Copenhague: Gyldendal, 1882.

Posfácio

Os kierkegaardianos estão bem cientes de que há um punhado de falhas nas escolas de interpretação. Algumas das principais dúvidas incluem se os pseudônimos de Kierkegaard são fontes confiáveis de informações biográficas; se a sua afirmação de uma direção cristã para o seu trabalho é verossímil; e se ele já abandonou completamente a "comunicação indireta", mesmo quando escrevia sob o seu próprio nome. Para essas perguntas, eu respondo: "não", "sim" e "não" e "escrevi esta biografia como tal". Estou bem ciente da maior discussão acadêmica em torno dessas questões, mas este não é o lugar para uma conversa como essa. Para os interessados nesses argumentos, eu os encaminharia para os meus outros livros e artigos publicados sobre Kierkegaard. Essas publicações também contêm a indicação mais completa das fontes secundárias que consultei ao longo dos anos. Uma nota breve sobre essas fontes: as traduções de Kierkegaard são um projeto em andamento. Para fins de padronização e facilidade de acesso, a menos quando indicado de outra forma, todas as citações primárias são de *Kierkegaard's Writings*, atualmente um clássico acadêmico completo, publicado pela Princeton University Press, tendo Howard e Edna Hong como tradutores e editores da série.[1] Salvo indicação em contrário, todas as citações de cartas e diários de Kierkegaard foram extraídas de *Kierkegaard's Journals and Papers*, uma tradução em inglês (editores: Howard V. Hong e Edna H. Hong; sete volumes). Seguindo a convenção

---

[1] A coleção conta com 26 volumes, sendo a tradução mais completa dos escritos de Kierkegaard já feita em inglês. Cada volume, além de oferecer ao leitor uma introdução histórica, contém materiais inéditos de Søren, como anotações e rascunhos. [N. de T.]

de Hong, o material *Kierkegaard's Journals and Papers* faz referências ao *Søren Kierkegaards Papirer* em dinamarquês (editores: P. A. Heiberg, V. Kuhr e E. Torsting, N. Thulstrup; treze volumes). Com relação aos pontos de vista e comentários dos contemporâneos de Kierkegaard, exceto quando indicado de outra forma, esse material é, em grande parte, retirado de *Encounters with Kierkegaard*, um compêndio inigualável de cartas e memórias de testemunhas oculares traduzidas por Bruce Kirmmse. Além de citar os contemporâneos de Kierkegaard, evitei notas de rodapé excessivas de autores secundários, os quais aparecem, de qualquer modo, na bibliografia.

Além de estudioso da obra de Kierkegaard, também sou um teólogo social e político. Por essa razão, sou atraído pelos pontos onde a teologia de Kierkegaard se confunde com fatores sociais e políticos. Felizmente, para mim, o objetivo declarado de Kierkegaard de "reintroduzir o cristianismo na cristandade" provê muitos desses pontos. "Cristandade", afinal, não é senão um fenômeno teológico, social e político. Para os que pensam que há uma separação fácil entre "política" e "religião", eu só posso sugerir que isso diz mais sobre a sua compreensão débil da igreja e do estado do que sobre a realidade desses fenômenos. Os primeiros cristãos, pelo menos, não pensavam que sua nova cidadania, reino ou Senhor estava operando em um vácuo apolítico, nem mesmo Kierkegaard, que certa vez escreveu: "O religioso é a versão transfigurada do que um político, desde que realmente ame sua condição humana e ame a humanidade, pensou em seu momento mais feliz".[2] Que eu saiba, Kierkegaard não falava sobre o cristianismo como uma "alternativa política". Contudo, sua estratégia de atrair pessoas simples para que pudessem ser reformadas segundo a imagem de Cristo e em relação umas às outras sugere que ele teria apreciado essa maneira de falar sobre um movimento que tem maiores consequências para a nação e o povo, ao mesmo tempo em que resiste à cooptação fácil pela política partidária de esquerda ou de direita.

> O conflito sobre o cristianismo não será mais um conflito doutrinário (este é o conflito entre ortodoxia e heterodoxia). O conflito (ocasionado também pelos movimentos social e comunista) será sobre o cristianismo como uma realidade. O problema será amar ao "próximo"; a atenção será direcionada para a vida de Cristo,

---

2 KIERKEGAARD, Søren. *Kierkegaard's Writings, XXII, Volume 21: The Point of View*. Editado e traduzido por Howard V. Hong e Edna H. Hong. p. 103.

e o cristianismo também se acentuará, sobretudo, em conformidade com sua vida. O mundo consumiu gradualmente essas ilusões em massa e as paredes isolantes com as quais nos protegíamos, de modo que a questão do cristianismo permaneceu simplesmente como doutrinal. Uma rebelião no mundo grita: Nós queremos ação![3]

---

[3] *Kierkegaard's Journals and Papers*. 7 volumes. Bloomington: Indiana University Press, 1967-1968. Entrada 41.

Visão geral das obras de Søren Kierkegaard

Dos ensaios de alguém que ainda vive
7 de setembro de 1838
Søren Kierkegaard

Esta, a primeira obra importante de Søren publicada, é uma revisão crítica não apenas do romance de Hans Christian Andersen, *Nada como um menestrel*, mas do próprio Andersen. O trabalho contém uma série de temas e ideias que devem se tornar um padrão para Kierkegaard: uma tentativa de associar o assunto com Hegel e com uma visão abrangente do humor da época histórica; uma obsessão pela arte, a poesia e os gênios; um foco no indivíduo como tendo um valor que transcende qualquer grupo ou circunstância a que essa pessoa pertence; uma ênfase na "autenticidade". Seguindo o padrão de grande parte do que continuará no trabalho autoral de Kierkegaard, a obra é obscura e complicada. Além disso, não foi um sucesso entre o público. Em sua autobiografia, Andersen comentou que apenas duas pessoas a leram diretamente – aquele que a escreveu e aquele sobre quem ela foi escrita!

Nesse pequeno livro, Andersen é confrontado com a filosofia de Kierkegaard sobre a arte e o indivíduo, sendo considerado insuficiente. Um indivíduo autêntico não é simplesmente um produto passivo de suas experiências. Suas escolhas, seu compromisso e sua integridade são essenciais para sua personalidade. O romance de Andersen nos conta que o seu herói é um gênio que foi reduzido à miséria como resultado de suas circunstâncias. Bobagem, bufa

Kierkegaard, "Um gênio não é uma vela que se apaga com um sopro de ar". O herói de Andersen (e, portanto, o próprio Andersen) é acusado de ser um covarde, sucumbindo à autopiedade e à fraqueza, tudo em nome da arte e da poesia. Para Kierkegaard, Andersen é uma pessoa incompleta que produziu uma obra de arte inacabada.

Como já era de se esperar, a crítica causou irritação. Andersen, embora jovem, já era um célebre escritor na época e esperava mais reverência de um novato como Søren. Os dois homens atuavam em círculos sociais e literários semelhantes, e Kierkegaard quebrara a etiqueta com sua crítica contenciosa e altamente pessoal. Criado em uma família que se deleitava com debates e argumentos, "o Garfo" atacou mais uma vez. Por vingança, Andersen caricaturou Søren como um papagaio repetitivo e sem sentido em *Os sapatos da fortuna* e escreveu uma peça que citava trechos extensos da crítica de Søren para efeitos cômicos. Essa foi a primeira vez que a sagacidade mordaz de Søren lhe trouxe vingança literária sobre si. E não seria a última.

× × ×

O conceito de ironia com referências constantes a Sócrates

16 de setembro de 1841

Søren Kierkegaard

O conceito de ironia é a versão publicada da dissertação de mestrado de Søren, que é equivalente ao doutorado de hoje. Além do seu conteúdo, a própria dissertação foi notável pelo fato de que Søren pediu permissão para escrever em dinamarquês, em vez de em latim, como geralmente se exigia. Søren afirmou que, como o seu estudo incluía uma discussão sobre o "romantismo" europeu, escrever em um idioma que nada sabia sobre esse movimento cultural seria "tão absurdo quanto pedir a alguém para descrever um círculo usando quadrados".

No livro, Søren recruta Sócrates em sua crítica à literatura e à mentalidade românticas que haviam dominado a imaginação das pessoas de sua época. Romantismo é o nome dado ao grupo de artistas, escritores, pensadores e políticos dos séculos XVII e XVIII que, em uma reação contra o racionalismo desalmado do Iluminismo, enfatizava a emoção natural, a intuição e a subjetividade. Ser irônico é fingir ignorância ou adotar uma postura que se opõe ao que você sabe ser a verdade em favor da mesma verdade.

O livro é dividido em duas partes diferentes. A primeira parte, mais longa, trata de Sócrates e argumenta que a vida e o pensamento dele são primeiramente compreendidos através das lentes da ironia. Esse argumento é traçado mediante os principais diálogos socráticos e também se apresenta como a chave para explicar as ações de Sócrates em sua própria cultura grega decadente. Em face dos sofistas que trataram a "verdade" como uma questão de retórica e concordância mútua, Sócrates se fez de insensato para mostrar aos "sábios" que eles não tinham sabedoria alguma. Em *Ironia*, Sócrates representa uma posição de "negatividade infinita": sempre demolindo, mas incapaz de construir. Em seu anseio por uma verdade universal, Sócrates rejeitou todas as "verdades" temporárias de sua sociedade. Isso pode ser "negativo", mas pelo menos não derruba um deus menor apenas para colocar outro em seu lugar.

A segunda parte de *Ironia* é muito mais curta. Aqui, o conceito de "ironia" parece ter se enraizado de uma forma corrupta na literatura e na mentalidade do romantismo. Søren gosta do descontentamento romântico na vida burguesa presunçosa, costumeira e habitual. Os românticos, diz ele, respiram ar puro nesta existência monótona e sem vida. Contudo, os românticos são retratados como usando sua ironia pela zombaria infantil e mesquinha. Eles não têm nenhuma noção da negatividade absoluta e infinita de Sócrates, que mina todas as suposições sobre a capacidade humana de produzir algo verdadeiro. Os românticos acertadamente acusam a modernidade de aprisionar as pessoas em uma escravidão de costumes sociais, materialismo e uma religiosidade superficial. No entanto, os românticos também condenam as pessoas a uma devoção escrava de suas próprias paixões subjetivas e caprichos imaturos. A ironia, argumenta Kierkegaard, é um momento necessário no caminho para expor uma mentira. Porém ela falha quando se torna a nova mentira sob a qual as pessoas vivem.

Intelectualmente, o livro sugere um desenvolvimento futuro significativo no pensamento de Kierkegaard. *Ironia* critica Sócrates por não ter uma visão do papel do Estado – ele vê apenas indivíduos e não uma comunidade. Aqui, o jovem Kierkegaard toma o partido de Hegel – uma posição que ele mais tarde rejeitaria: "Que hegeliano idiota eu fui!". Ironicamente (!), o foco no indivíduo e o método socrático para atrair as pessoas comuns se tornaria a marca registrada da vida e do trabalho maduros de Kierkegaard. Ele tinha um interesse pessoal na ironia. O livro foi escrito durante o período que antecedeu a separação de Søren e Regine. Todos os esquemas foram elaborados para distanciar as ações públicas de Søren dos sentimentos reais que o acompanharam nesse período. A natureza pseudônima da maior parte do trabalho autoral de Kierkegaard também é profundamente irônica, assim como muitas das posições que ele tomou em seu próprio nome. Significativamente, no final de sua vida, Søren empregaria a ironia socrática alegando não ser cristão, expondo assim o cristianismo da cristandade como absolutamente nenhum cristianismo.

× × ×

Ou isso, ou aquilo: Um fragmento de vida

20 de fevereiro de 1843

Vários autores pseudônimos compilados e editados por Victor Eremita.

> "Às vezes, pode ter ocorrido com você, caro leitor, de duvidar um pouco da precisão daquela familiar tese filosófica de que o exterior é o interior e o interior é o exterior".

Kierkegaard considerava *Ou isso, ou aquilo* o início do seu trabalho autoral propriamente dito. É a primeira obra de uma série de livros de pseudônimos e não pseudônimos destinados a iniciar o leitor nas várias fases da vida, expressas por diferentes personagens da cristandade.

O livro começa com uma historieta de como o editor, Victor Eremita (que significa o "eremita vitorioso"), adquiriu uma antiga escrivaninha apenas para encontrar nela uma série de papéis soltos em um compartimento secreto. *Ou isso, ou aquilo* se apresenta como a publicação que Victor fez desses papéis. A maior parte do material é atribuída a dois outros pseudônimos. "A", um jovem que vive uma vida hedonista de prazer, e "B", um homem já idoso que se revela como um juiz chamado William. O juiz exalta a vida ética para "A", especialmente quando ela é encontrada no casamento. O livro é salpicado com outros ensaios e composições, mais notavelmente o chocante "Diário do sedutor", que conta em detalhes a sedução e o abandono de uma jovem, e um sermão conclusivo lembrando a todos os personagens do livro que "em relação a Deus estamos sempre no erro".

Como todos os livros de Kierkegaard, este se ocupa com o estado da nossa existência e com a maneira de se tornar uma pessoa autêntica. Ele identifica três estágios da existência – o estético, o ético e o religioso. *Ou isso, ou aquilo* está mais preocupado com os dois primeiros, fazendo alusões a um rompimento religioso. O esteta[1] vive pela experiência e pela aparência. Sua vida encontra o seu significado mais alto no drama, na música e no amor sensual. Ou isso, ou aquilo contém as histórias de "A", o sedutor, e várias figuras líricas como Don Juan. Aqui, a vida estética é tanto atraente como articulada, mas também repleta de tédio, egoísmo e tratamento insensível aos outros. A segunda metade do livro é entregue ao juiz, cuja longa prosa, intencionalmente, deve lembrar ao leitor uma palestra exaustiva, apesar de conter muita sabedoria. O juiz é um homem "ético", o que significa que ele escolheu uma vida de responsabilidade pelos outros. O juiz também é mais feliz do que "A", uma vez que suas escolhas são mais significativas e, portanto, mais importantes para ele. A pessoa ética está envolvida com outras pessoas, enquanto o esteta está confinado principalmente à sua própria imaginação. Além disso, o esteta passa de uma experiência temporária à outra, enquanto o homem ético vive de acordo com princípios eternos. Dessa forma, tornar-se uma pessoa autêntica é visto acontecer apenas quando o indivíduo escolhe viver de acordo com um dever que é externo a si mesmo, e não conforme algum capricho de autossatisfação ou invenção humana. O juiz William também é um personagem fictício.

O *isso* ou *aquilo* do título não é a escolha da existência estética ou da existência ética, respectivamente. É uma escolha entre o estético e o ético de um lado, e o religioso de outro. "Perante Deus, estamos sempre no erro", é um lembrete de que todos os estágios da vida dependem da adesão aos sistemas e invenções humanas. O juiz ético pode estar usando a linguagem da "eternidade", porém, na realidade, ele está se conformando com os hábitos morais relativos à sua cultura, não menos do que o esteta que vive apenas pela sensação. Os dois estágios são necessários para uma vida autêntica, mas precisam ser trazidos para um terceiro. *Ou isso, ou aquilo* é também um comentário sobre Hegel, que propôs, como todos sabem, que toda oposição e contradição é uma ilusão. Para Hegel, uma tese cria sua antítese, que, por sua vez, torna-se uma síntese. Essa própria síntese produz uma antítese, e assim por diante. A história do mundo é a história da Grande Ideia (Deus) se desdobrando dessa maneira. Significativamente, é na cultura mais desenvolvida da humanidade que Hegel acha que a Mente de Deus se expressa melhor. Em vez de ver Deus ou o homem, Hegel vê os dois. É a

---

1 Alguém que professa o culto pelo que é belo. [N. de T.]

ideia de que as nações e civilizações humanas podem gerar a Verdade eterna que Kierkegaard começa a enfraquecer em *Ou isso, ou aquilo*.

× × ×

Dezoito discursos edificantes:

Dois discursos edificantes
16 de maio de 1843

Três discursos edificantes
16 de outubro de 1843

Quatro discursos edificantes
6 de dezembro de 1843

Dois discursos edificantes
5 de março de 1844

Três discursos edificantes
8 de junho de 1844

Quatro discursos edificantes
31 de agosto de 1844
Søren Kierkegaard

Quando se trata de fé, o que é necessário é "um tipo diferente de conversa".

Søren publicou essas breves composições teológicas em seu próprio nome. Por fim, ele iria reeditar os dezoito discursos diferentes sob um único título. Entretanto, as publicações originais foram projetadas mais ou menos para acompanhar a produção pseudônima, com alguns discursos chegando no mesmo dia que outros textos. A sequência começou quatro meses após a publicação de *Ou isso, ou aquilo*. Comparadas à recepção extasiada de Victor Eremita e seus amigos, as reflexões religiosas não foram um sucesso editorial. "Com a mão esquerda, eu entreguei *Ou isso, ou aquilo* para o mundo, e com a mão direita, *Dois discursos edificantes*; mas todos ou quase todos pegaram da mão esquerda com a sua direita".

Conquanto seja significativo que Søren tenha usado o seu próprio nome nesses textos, como um "tipo diferente de conversa", eles não são textos devocionais cristãos de maneira direta e convencional. Como em tudo o que Kierkegaard escreveu, ele tinha "o Indivíduo Singular" em mente, pretendendo que o leitor seguisse os experimentos e exercícios do pensamento como parte de sua formação espiritual no autêntico cristianismo e na verdadeira personalidade. "Edificante" se refere à construção de si e, às vezes, é traduzido como "instrutivo". Os *Discursos* alertam os leitores sobre a ideia de que essas composições sejam menos (ou talvez mais) do que sermões. Os *Discursos* são explicitamente cristãos, enquanto os textos pseudônimos não, embora eles cuidadosamente evitem reivindicar a autoridade de um apóstolo ou o papel de um clérigo ordenado por Deus para pregar a sua Palavra.

Os temas variam bastante, mas a maioria dos discursos adota um versículo das Escrituras ou um personagem bíblico sobre o qual refletir. Uma amostra dos títulos serve como uma indicação do todo: "O amor cobrirá uma multidão de pecados" (1843); "O Senhor o deu, e o Senhor o tomou; bendito seja o nome do Senhor" (1843); "Toda boa dádiva e todo dom perfeito vêm de cima" (1843); "Pensa no teu Criador nos dias da tua juventude" (1844); "Ele deve crescer; eu devo diminuir" (1844); "O espinho na carne" (1844).[2]

Muitos dos ensaios contêm uma inscrição semelhante: "Para o falecido Michael Pedersen Kierkegaard, ex-comerciante de roupas aqui da cidade, meu pai, esses discursos são dedicados". Outros elementos pessoais estão presentes nesses escritos. A presença de Regine, por exemplo, muitas vezes pode ser detectada no *Segundo discurso*, intitulado: "Toda boa e perfeita dádiva vêm de cima". Søren sugere que a pessoa que tenta encontrar o seu significado supremo em um universo que segue os princípios estritos de Recompensa e Castigo será condenada à frustração. Todos os dons de Deus são perfeitos,

---

[2] Os discursos de Kierkegaard, que o autor menciona como exemplo, apoiam-se nas seguintes passagens bíblicas, respectivamente: 1Pedro 4:8; Jó 1:21; Tiago 1:17; Eclesiastes 12:1; João 3:30; 2Coríntios 12:7. [N. de T.]

mesmo (e talvez, especialmente) aqueles que parecem frustrar os nossos desejos. Até mesmo um acontecimento trágico precisa ser recebido com ações de graças pela razão de que Deus pode usar o mal para o bem. A descrição de Kierkegaard da tragédia pessoal sendo redimida por Deus é especialmente comovente à luz do fato de que, nessa época, ele também estava vivendo a dor de um amor desfeito. Os *Discursos* são uma tentativa de articular como uma pessoa verdadeiramente religiosa pode abençoar o nome do Senhor quando ele dá *e* quando ele tira.[3]

× × ×

A repetição: Um ensaio de psicologia experimental

16 de outubro de 1843

Constantin Constantius

> "A esperança é uma linda donzela que te escapa entre os dedos; a lembrança é uma bela senhora com quem nunca se está satisfeito no momento; a repetição é uma amada esposa de quem nunca se cansa".

Se Deus existe, então Deus é a fonte de toda a existência. Além do mais, se Deus existe, então Deus é Eterno, e não temporário. Assim, se os egos humanos existem para realizar a sua existência autêntica, eles devem se relacionar corretamente com Deus, quer dizer, com o Eterno. É a identidade do eu que se torna autêntica mediante um relacionamento correto com a Eternidade que ocupa esse livro. A ideia de "repetição" é crucial para a pessoalidade. Sem acontecimentos repetidos, não pode haver uma realidade persistente, nem a continuidade de um eu. Sem a repetição, a vida seria uma experiência fugaz e desconexa após a outra. A repetição acontece quando um eu compromete, e volta a comprometer, seu novo eu com os ideais e as escolhas do eu passado. Escolhendo-se repetidamente, uma pessoa une os seus egos do passado e do futuro no presente. Sem a repetição não pode haver sentido – "toda a vida se dissolve em um ruído vazio e desprovido de significado". A continuidade da existência através do tempo é o que torna a "repetição" mais uma questão de

---

[3] Kierkegaard faz uma alusão à história de Jó: "Saí nu do ventre da minha mãe, e nu partirei. O Senhor o deu, o Senhor o levou; louvado seja o nome do Senhor" (Jó 1:21). [N. de T.]

eternidade do que de temporalidade. Como o Eterno, a repetição é sempre presente e sempre futura. O eu que se escolhe novamente no momento é um eu que sempre se renova: cada escolha que acarreta as escolhas do passado também abre novos caminhos no futuro. Como a Eternidade, a repetição está repleta de possibilidades. Entretanto, sem um relacionamento correto com o Eterno, a repetição se torna uma resistência vazia, assim como a tarefa inútil de Sísifo, que foi condenado a rolar a mesma pedra sempre na mesma colina.[4] Somente as escolhas feitas "diante de Deus" dão à repetição o seu valor e significado.

Trabalhando com o tema de que a repetição é necessária para uma identidade significativa, o livro *A repetição* contrasta diferentes maneiras pelas quais as pessoas tentam buscar isso. Pagãos, como Sócrates, e pré-cristãos, como o autor de Eclesiastes, adotam a atitude de que "o que é novo se torna velho". O significado da existência tem de ser encontrado olhando-se o passado (ou recordando-se dele), pois "não há nada novo debaixo do sol" (Eclesiastes 1:9). O esteta da cristandade é tal pessoa. A primeira metade de *A repetição* conta a história extravagante de um jovem que, ao perceber que gosta mais das lembranças que tem da pessoa amada do que dela mesma, faz uma viagem de volta a Berlim para reviver suas experiências mais formativas e se redescobrir. O experimento é um desastre e o jovem descobre que, ao tentar reviver o passado, ele despojou suas experiências da novidade e do significado que lhe aguardavam. Se houver uma verdadeira repetição, não se podem reproduzir as experiências externas. Isso leva à segunda seção do livro, mais curta, que explora a abordagem ética da repetição. O especialista em ética percebe que a repetição significativa tem a ver com a autoescolha responsável. Contudo, isso também está fadado ao desastre pela simples razão de que nenhum acúmulo de disciplina e constância de caráter pode restaurar um ego pecaminoso e arruinado à integridade. Aqui, surge a possibilidade religiosa de repetição. Para aquele que diz: "Estou fazendo novas todas as coisas" (Apocalipse 21:5), o que é velho se torna novo. A repetição da Eternidade não repete apenas uma vida. Ela a redime.

---

[4] Segundo nos conta a mitologia grega, Sísifo, que mais tarde foi coroado rei, era o mais astuto entre os mortais. Ele foi castigado pelos deuses – já que Sísifo os enganou várias vezes – a rolar, montanha acima, uma grande pedra, continuamente; porém, toda vez que o seu árduo esforço estava chegando ao fim, a pedra rolava montanha abaixo. E assim, ele tinha de recomeçar tudo mais uma vez. É daí que surgiu a expressão "trabalho de Sísifo", referindo-se a um trabalho que exige grandes esforços, repetitivos, todavia, sendo fadados ao insucesso. [N. de T.]

Os leitores estão perdoados se descobrirem fortes conexões autobiográficas nesse livro. O tema de um jovem repensando estética, ética e religiosamente o seu propósito na vida, depois de um romance fracassado, é muito familiar (à história de Søren). Poucos meses antes de sua publicação, Søren também fugiu para Berlim quando percebeu que Regine não o odiava. O livro está cheio de alusões à possibilidade da restauração desse amor perdido. Porém, antes que o livro fosse enviado para a impressão, Søren soube da notícia de que Regine ficara noiva de Fritz Schlegel. As edições manuscritas mostram evidências de revisões e acréscimos à luz dessa notícia, expandindo o aspecto "religioso" de restauração espiritual diante do desespero, e acrescentando uma série de comentários ambíguos sobre a constância do amor feminino. Não obstante, os leitores se enganariam se lessem *A repetição* como uma autobiografia direta. Como Søren gostava de lembrar aos seus leitores constantemente, ele era um poeta que tomava as coisas da vida (incluindo a sua) e as transforma em coisas novas. Constantin Constantius não está escrevendo uma obra de não ficção; está escrevendo um ensaio experimental sobre o que é ser um "eu" e como se tornar um.

× × ×

Temor e tremor
16 de outubro de 1843
Johannes de Silentio

> "A expressão ética para o que Abraão fez é que ele pretendia matar Isaque; a expressão religiosa é que ele pretendia sacrificar Isaque – mas, precisamente, nessa contradição, está a ansiedade, que pode tirar o sono de uma pessoa; e ainda, sem essa ansiedade, Abraão não seria quem ele foi".

Kierkegaard providenciou para que esse livro fosse publicado no mesmo dia em que *A repetição*. É atribuído ao pseudônimo de Johannes de Silentio, que diz aos seus leitores, várias vezes, que ele não é um homem que tem fé. Todavia, Johannes de Silentio se propõe a explorar o que ele acha que a fé pode ser. Ele faz isso principalmente através de uma série de reflexões extensas sobre a pessoa de Abraão e a tentativa de sacrificar Isaque. *Temor e tremor* trata seriamente a história do Gênesis, mas isso não é uma obra de exposição bíblica. Em vez disso, Johannes tenta penetrar na mente desse "pai da fé", recontando sua história de múltiplas perspectivas e comparando a situação de Abraão com outras histórias trágicas tiradas da mitologia clássica. É significativo que Johannes, muitas vezes, admita a derrota, fazendo jus ao seu nome de João, "o Silencioso". (Considerava ele a história:) "Toda vez que ele se cansava, cruzava as mãos e dizia: 'Ninguém era tão grande quanto Abraão. Quem é capaz de entendê-lo?'".

Em função de compreender a fé de Abraão, o livro apresenta algumas ideias-chave. Uma é a ideia de que "o ético" pode ser uma tentação fora do "religioso". A postura religiosa de Abraão resulta em sua disposição de cometer uma ofensa contra aquilo que é universalmente considerado ético. É sempre uma verdade que os pais não devem matar os filhos. Porém, a atitude correta de Abraão em relação a Deus envolve uma disposição para fazer exatamente isso. Portanto, a fé é algo maior que a ética. Aqui, de Silentio introduz a ideia da "suspensão teleológica do ético". *Teleológico* significa "proposital", e suspensão implica uma pausa temporária. Assim, a fé implica uma abertura para a possibilidade de que as exigências da moralidade comum possam ser temporariamente suspensas a fim de um propósito maior. De Silentio é rápido em apontar que a fé nem sempre implica em matar – ela ocorre sempre que alguém renuncia ao que é certo e bom, ao mesmo tempo em que acredita que isso lhes será restaurado. Abraão estava disposto a sacrificar Isaque, acreditando, ao mesmo tempo, que a promessa de Deus de abençoar Abraão através de Isaque ainda seria cumprida. De Silentio compara a dupla postura de "renunciar" e "receber" ao salto de um dançarino. (Embora essa frase nunca apareça no original dinamarquês, sua origem é no idioma inglês: "Salto de fé.") De Silentio chama de "Cavaleiros da Fé" as pessoas que transitam pela vida renunciando ao "ético", embora elas mantenham a esperança de que o mesmo será restaurado. Os cavaleiros não atraem a atenção dos outros sobre si mesmos. De fato, como Abraão, eles devem guardar silêncio. Justificar a "fé", fazendo referência ao que, de modo geral, é considerado sensata e universalmente "ético", é sucumbir a uma tentação.

O livro contém algumas das ideias mais marcantes do trabalho autoral de Kierkegaard. É significativo, porém, como poucas dessas ideias aparecem em seus trabalhos posteriores. O Cavaleiro da Fé e sua fé silenciosa e anônima não aparecem de novo, e a visão de Johannes de Silentio está sujeita a críticas feitas pelos pseudônimos posteriores de Kierkegaard. Embora ele fale sobre a "fé", não é realmente com o cristianismo que de Silentio está preocupado – ele põe em foco, resolutamente, personagens da antiguidade pagã e da história paleo-hebraica, e a figura de Jesus Cristo é mencionada de passagem apenas uma vez e nunca nomeada. Ao mesmo tempo, o tema da renúncia e do ato de receber está claramente relacionado aos acontecimentos da própria vida de Kierkegaard e seu relacionamento angustiante com Regine – uma conexão que não passou despercebida por ela ou qualquer pessoa que soubesse da situação deles.

A natureza pessoal do livro, algo pouco velado, e o gênio lírico que Kierkegaard emprega para desenvolver suas ideias fizeram de *Temor e tremor* um dos livros mais convincentes e influentes, não apenas da carreira de Kierkegaard, mas também da história do pensamento ocidental. O próprio Kierkegaard estava ciente do potencial desse livro para ofuscar o restante das coisas ("Oh! Uma vez que eu esteja morto, só *Temor e tremor* será suficiente para um nome imperecível como autor. Então, o livro será lido, e traduzido para línguas estrangeiras também. O leitor quase se esquivará do espantoso *páthos*[5] que há no livro". Porém, as razões acima e a natureza pseudônima dessa composição deveriam produzir uma pausa na leitura antes de tratar a visão de fé de Johannes de Silentio como a melhor e a última palavra de Søren Kierkegaard sobre o assunto.

× × ×

Migalhas filosóficas, ou Um fragmento de filosofia

13 de junho de 1844

Johannes Climacus

> "[...] pode uma felicidade eterna ser construída sobre o conhecimento histórico?"
>
> (Da folha de rosto.)

Migalhas filosóficas é atribuído a Johannes Climacus, um dos pseudônimos favoritos de Kierkegaard, e a quem são confiadas algumas das ideias mais próximas e queridas ao coração deste filósofo. Os diários de Søren revelam sua prevaricação sobre o uso ou não de um pseudônimo para esse livro, e foi

---

[5] O termo *páthos* é de origem grega e designa o poder que há na literatura, na música e nas artes de provocar sentimentos como piedade, tristeza, ternura etc. [N. de T.]

apenas no último minuto que ele riscou seu nome do manuscrito e enviou o texto aos editores como sendo de "Johannes Climacus". Esse nome já havia sido usado para substituir o de Søren em um livro anterior com muito conteúdo autobiográfico (também chamado de *Johannes Climacus*), que o filósofo deixara inacabado. O nome aparecerá, alguns anos depois, como sendo do autor da obra-prima *Postscriptum não científico*, que, na época, Søren achou que seria a conclusão do seu trabalho autoral. *Migalhas filosóficas* é um livro curto, escrito do ponto de vista de alguém que afirma ter fé, mas que ainda se sente desconfortável ao chamar a si mesmo de cristão. O assunto gira em torno dos limites da razão humana, dos métodos de aprendizagem da verdade e da *relação* entre fé, acontecimentos históricos e paradoxo. O título é uma observação satírica de Hegel e seus seguidores, que abordaram questões de fé, razão e verdade histórica de um ângulo claramente sistemático, oferecendo esquemas grandiosos e holísticos que não permitiam fragmentos soltos do pensamento.

Um dos principais temas kierkegaardianos que *Migalhas filosóficas* desenvolve é a diferença entre as categorias "pagãs" e "cristãs" de transmitir a verdade. Sócrates, o maior pagão de todos os tempos, incorpora o método "maiêutico", ou do "parto de ideias".[6] Seu objetivo era externar a verdade que havia dentro de seus discípulos, fazendo com que eles efetivamente recordassem o que já estava interiorizado. Sócrates não era o objetivo do aprendizado – na verdade, ele deve ser menos considerado para que o aprendiz possa alcançar o autoconhecimento. *Migalhas filosóficas* contrasta isso com uma abordagem da verdade em que o professor é a mensagem. Aqui, nenhum acúmulo do método maiêutico trará a verdade de dentro do aprendiz, pois o aprendiz existe em um estado de pecado. A verdade deve ser revelada, e não recordada: a condição para receber a Verdade não é adquirir mais conhecimento, mas se arrepender para ser salvo. Com a introdução de um Preceptor que é, ele mesmo, a Verdade, e não meramente um veículo para transmitir o autoconhecimento útil, *Migalhas filosóficas* conduz ao exame de outro grande tema kierkegaardiano: a ofensa ao – ou a crença no – paradoxo da encarnação. Aqui, vale a pena notar que *Migalhas* não é um livro explicitamente "cristão". Como uma forma de impedir o leitor cristianizado de fazer suposições muito

---

[6] O termo diz respeito à "maiêutica", que é sinônimo de "obstetrícia", um ramo da medicina que se ocupa da gravidez e do parto. Porém, a filosofia emprega a mesma palavra para se referir a um método filosófico: a "maiêutica socrática". Este, pressupondo que a verdade está latente no âmago do indivíduo, utiliza um método interrogativo que induz o interlocutor à descoberta de muitas verdades, ou melhor, a "parir" o conhecimento que está dentro de si. [N. de T.]

fáceis, o livro evita cuidadosamente falar sobre "Deus" e, em vez disso, faz referência ao "deus". O nome de Jesus Cristo não é mencionado, e a Encarnação é discutida inteiramente em termos de um paradoxo de conceitos mutuamente conflitantes, em vez de uma pessoa específica com uma narrativa de vida. "Vou apenas traçar [a ideia] em poucas linhas sem referência alguma a se isso foi histórico ou não". O Paradoxo é a presença do Finito com o Infinito, do Eterno com o Temporal. É um pensamento que a razão não pode conceber, e é com esse paradoxo que Climacus acha que o aprendiz deve conviver, sem ficar ofendido, se é para lhe dizer que tenha fé. A época e o lugar da Encarnação são menos importantes para Climacus do que a afirmação de que a mesma teve um tempo e um local. Como pode a fé em qualquer ponto da história ser a fonte da salvação? *Migalhas filosóficas* considera se as primeiras testemunhas da encarnação (os "discípulos de primeira mão") tiveram alguma vantagem sobre quaisquer discípulos de segunda mão que vieram depois. O livro sugere que ser um discípulo de segunda mão é impossível somente se a fé for uma questão de acumular conhecimento. A fé, porém, não é uma questão de conhecimento. É uma questão de não ficar ofendido quando confrontado com o paradoxo. O Paradoxo do Infinito residindo com o Finito não é um problema que possa ser resolvido com mais informações. Assim, os discípulos de primeira mão enfrentaram o mesmo desafio que os discípulos de segunda mão. A Encarnação foi tão ofensiva à razão um segundo depois que aconteceu como é ofensiva milhares de anos depois.

× × ×

Conceito de angústia
17 de junho de 1844
Vigilius Haufniensis

Søren providenciou para que esse livro fosse publicado cinco dias depois de *Migalhas filosóficas* e no mesmo dia que *Prefácios*. Ao contrário desses livros, e como o próprio título indica, *Angústia* é uma leitura séria e complicada. A vida interior e ansiosa de Søren informa claramente o trabalho, que, no entanto, não é uma simples autobiografia. A obra em si é apresentada como uma espécie de livro didático, o que levou alguns intérpretes a especular que se pretendia que fosse uma sátira ao método hegeliano, que tanto dominara os contemporâneos de Kierkegaard, que tratavam os assuntos pessoais com um ar distante e objetivo. O livro aborda assuntos relacionados à liberdade, ao pecado original, à culpa hereditária e ao sentimento dominante de angústia, o qual Haufniensis acha que afeta pessoas de todos os lugares.

Para termos uma ideia, a angústia pode ser tão difícil de entender quanto tem sido significativa na história do pensamento ocidental. Os primeiros tradutores ingleses de Kierkegaard empregaram a palavra "pavor", enquanto os estudiosos posteriores optaram por "ansiedade". Os filósofos existencialistas seculares tomaram muito da angústia kierkegaardiana como o medo da morte e a aniquilação inevitável que paira sobre todas as decisões humanas. A angústia para Haufniensis, porém, não era exclusivamente negativa. Tampouco era o medo de uma realidade inevitável. Em vez disso, a angústia diz respeito à possibilidade livre e é profundamente enobrecedora. Apenas os seres humanos podem sentir ansiedade sobre as possibilidades do futuro, porque somente eles têm a capacidade de escolher livremente suas vidas. "Se um ser humano fosse um animal ou um anjo, ele não poderia ficar ansioso [...] quanto mais profundamente ele se encontra em ansiedade, maior é esse homem". A angústia não é o medo do que é real. É a sensação ambígua de desconforto que as pessoas sentem quando consideram as possibilidades indefinidas da vida. Para Haufniensis, especificamente, é o desconforto que seres humanos enfrentam quando impelidos pelo Deus Eterno a se tornarem uma Pessoa Autêntica. Essa possibilidade é atraente e repulsiva ao mesmo tempo. *Atraente*, porque representa o verdadeiro lar para cada novo eu. *Repulsiva*, porque essa relação com Deus também requer a morte do antigo eu. O pecado é o que acontece quando a pessoa, com medo, se afasta da possibilidade de relação com o Eterno. Alguns pontos que seguem a partir daí são dignos de nota. Em primeiro lugar, o medo vem da angústia, mas não é sinônimo desta. Em segundo lugar, o "pecado" é visto como a propensão para o medo de se desviar de Deus (e a consequente autotraição), que todos os seres humanos compartilham. O Pecado Original é o ato da vontade que ocorreu primeiro com Adão e ocorre toda vez que um ego, com medo, agarra-se a si mesmo, em vez de se voltar para Deus. Em terceiro lugar, o pecado segue a angústia, mas a presença da angústia não causa pecado. Em vez disso, a angústia indica a presença de liberdade espiritual. Com a sua oração: "Não é a minha vontade, mas a tua que deve ser feita",[7] Jesus Cristo encarou as possibilidades do seu futuro com responsabilidade e autenticidade. A grande angústia do Getsêmani revelou uma Pessoa espiritualmente grande.

---

[7] O episódio bíblico que o autor evoca, da oração de Jesus no monte das Oliveiras, é o seguinte: Mateus 26:36-46; Marcos 14:32-42; Lucas 22:39-46; João 12:27; 18:1. [N. de T.]

× × ×

Prefácios: Leitura leve para pessoas de diferentes classes no seu tempo livre

17 de junho de 1844

Nicholas Notabene

> "Escrever um prefácio é como estar ciente de que alguém está começando a se apaixonar [...] cada acontecimento, uma sugestão de transformação".

Reserve um pensamento para o pobre velho Nicholas Notabene. Tudo o que o sujeito quer fazer é escrever, mas sua esposa o proibiu. Para ela, viver com um escritor é como ser casado com um homem que nunca está em casa. "Ser autor quando se é marido [...] é infidelidade pública!"

Não querendo enfrentar a ira dessa boa mulher, Nicholas se apoia em uma solução engenhosa. Em vez de publicar um livro próprio, ele escreverá os prefácios para vários livros que ainda não foram escritos. Dessa forma, Nicholas pode comunicar tudo o que ele quer dizer sem sucumbir à tentação de ser um autor.

Prefácios apareceu no mesmo dia que *Conceito de angústia*, e uma semana depois de *Migalhas filosóficas* e *Três discursos edificantes*. Como o título e o pseudônimo sugerem, é um trabalho mais leve que os outros, repleto de observações cômicas e ataques satíricos. Enquanto o formato de *Prefácios* parece menos rigoroso do que um texto filosófico ou religioso, o conteúdo preserva temas familiares a qualquer leitor de Kierkegaard. Boa parte da sátira é dirigida a figuras literárias importantes, como J. L. Heiberg e H. L. Martensen. Kierkegaard também tem objetivos mais amplos em mente: Notabene prefacia livros que refletem uma intoxicação cultural geral com a filosofia de Hegel, assim como o público leitor de Kierkegaard, que se preocupa mais com a aparência sofisticada de um livro difícil do que com a leitura do livro em si.

Heiberg, um intelectual conhecido, e também literato, escreveu críticas literárias sobre dois dos livros anteriores de Kierkegaard, *Ou isso, ou aquilo* e *A repetição*. As críticas não eram boas, porém, ainda mais, Kierkegaard achou que Heiberg, em seu equívoco dos livros, também os deturpara. *Prefácios* ridiculariza as tentativas pretensiosas de Heiberg de "ir além" de Hegel, assim como sua predileção pomposa de tratar os seus escritos como presentes para o público leitor. Martensen – nunca longe da mira de Kierkegaard – é satirizado por sua apresentação do ponto alto da história cristã como tendo produzido a classe tagarela, culta e sofisticada da Idade de Ouro da Dinamarca. Martensen, um teólogo hegeliano, também era conhecido na Dinamarca por adotar a frase "Duvide de tudo" (tirada de René Descartes, o filósofo francês do século XVII). De fato, os *Prefácios* bajuladores de Notabene satirizam essa abordagem ao mostrar, de modo irônico, filosofias sistemáticas que supostamente começam do nada, mas, no fim, afirmam descrever a Verdade Absoluta. Notabene confessa que ele não pode duvidar de tudo, mas, pelo menos, pode duvidar se os filósofos entendem seu próprio pensamento. A filosofia hegeliana, que tanto fascinara a cultura dinamarquesa, era a que propunha um desenvolvimento contínuo do pensamento baseado nos opostos: da tese à antítese, e desta à síntese.

"Sou tão obtuso que a filosofia não pode se tornar compreensível para mim. O oposto disso é que a filosofia é tão sagaz que ela não consegue compreender a minha obtusidade. Esses opostos são mediados em uma grande unidade, isto é, uma obtusidade comum".

× × ×

Três discursos em ocasiões imaginadas

29 de abril de 1845

Søren Kierkegaard

Esses três discursos não pseudônimos sobre ocasiões de confissão, casamento e funeral foram escritos ao mesmo tempo em que a obra pseudônima *Estágios no caminho da vida*, sendo publicados um dia antes. Não é de admirar que essas ocasiões correspondam de maneira interessante às etapas da vida referidas nos títulos complementares.[8] Como sempre, o material pseudônimo era mais popular do que o material que estava sob o nome de Kierkegaard, um fato que não passou despercebido pelo autor.

A primeira ocasião, que é a confissão, leva Kierkegaard a explorar o que significa buscar a Deus. É uma reflexão sobre os sentimentos que surgem quando se tem uma apreciação verdadeiramente estética da natureza e as maravilhas que ocorrem como resultado. O discurso supõe que, quando um eu está sozinho

---

[8] São os seguintes títulos que Kierkegaard deu a cada um dos discursos: *Por ocasião de uma confissão*; *Por ocasião de um casamento*; e *Perante uma sepultura*. [N. de T.]

consigo mesmo, longe das distrações da civilização humana, será mais receptivo a um encontro piedoso. Como a confissão em uma igreja, a apreciação pela natureza colocará a pessoa em contato com Deus. "Quando a floresta faz carrancas ao entardecer, então a lua da noite se perde nas árvores [...] então o pagão, de repente, vê a maravilha de um efeito luminoso que o fascina; então ele vê o desconhecido, e a adoração é uma expressão de admiração". Os *Discursos* não pensam que a adoração da natureza é a mesma coisa que o cristianismo; em vez disso, o cristianismo é a conclusão e a obtenção daquilo que o pagão honesto apreende e deseja fracamente. As coisas da natureza são admiráveis, mas não são em si um objeto adequado de adoração. O homem não é um com a natureza. O homem na natureza está solitário até que encontra Deus. Contudo, para isso, ele deve confessar sua culpa e, em uma confissão solitária, admitir que o seu eu ainda não é uma morada apropriada para o Divino.

A ocasião de um casamento relembra os sinceros discursos éticos do juiz William em *Ou isso, ou aquilo*. Como o juiz, Kierkegaard dá pouca atenção às noções românticas e à retórica elegante. O amor não "conquista todos" quando é uma felicidade apaixonada, mas somente quando é um dever de compromisso diário. Ao manter os votos de casamento, a pessoa entra em um relacionamento que deve ser renovado continuamente. Quando homens e mulheres vivem isso continuamente, eles se abrem para o Eterno. "Assim, uma verdadeira concepção de vida e de si mesmo é necessária para a resolução do casamento; mas isso já implica a segunda grande exigência, que é como a primeira: uma concepção verdadeira de Deus [...] portanto, é necessária uma linguagem na qual eles conversem entre si. Essa linguagem é a resolução, a única linguagem em que Deus se envolverá com um ser humano".

Se Kierkegaard se afastou do sentimentalismo comum ao discorrer sobre as responsabilidades do casamento, a ocasião sobre a sepultura encontra-se com ele partindo do tom sombrio habitual de um funeral. No discurso, a realidade da morte é um caminho para uma vida autêntica. A morte é a ocasião que leva todos igualmente a Deus. Da mesma forma, o conhecimento seguro de nossa morte é a ocasião para uma vida esperançosa e frutífera no tempo presente. Essa é uma forma de vida que cada indivíduo pode escolher, independentemente de sua posição na vida, na sociedade ou na cultura. Kierkegaard refere-se a essa vida consciente e desperta como "seriedade", e "a morte é a professora da seriedade [...] precisamente porque deixa ao indivíduo a tarefa de se descobrir [...] Diz a morte: "Eu existo; se alguém quiser aprender comigo, então, deixe-o que venha a mim". A certeza da morte é um alerta para as pessoas viverem o tempo presente como Indivíduos Singulares. "Se a morte é a noite, então a vida é o dia [...] o grito lacônico porém impulsor da seriedade, assim como o grito lacônico da morte, é: Hoje mesmo!".

× × ×

Estágios no caminho da vida

30 de abril de 1845

Vários autores pseudônimos compilados e editados por Hilarius Bookbinder

É noite na floresta. O sol já se pôs, deixando apenas uma escuridão tranquila. Cinco estetas jovens e mundanos se reúnem para um banquete em um salão de conto de fadas sob as árvores. Ali encontramos um "jovem" ambivalente quanto à possibilidade da paternidade, um cínico alfaiate de mulheres, Constantin de *A repetição*, Victor Eremita e Johannes, o Sedutor de *Ou isso, ou aquilo*. Os cinco se encontram para conversar sobre amor, filosofia e mulheres. Seus monólogos ficam cada vez mais desdenhosos quanto ao casamento e ao sexo feminino. As mulheres são, na melhor das hipóteses, uma inspiração para poemas e canções, e, na pior das hipóteses, loucas e degeneradas. A melhor coisa a fazer para evitar a armadilha que as mulheres representam é evitar o compromisso e tratar o amor delas como um ato de prazer momentâneo. A fim de selar o pacto, os homens jogam suas taças de vinho na escuridão: uma libação para os deuses do mundo.

A caminho de casa, eles encontram o juiz William e sua esposa. William escreveu um manuscrito sobre o casamento, que Victor leva embora. A missiva do juiz se torna o segundo estágio da obra. Em um contraste acentuado com a misoginia dos estetas, aquele homem virtuoso defende uma visão do casamento como o mais elevado dos esforços humanos. Os jovens querem "amor", mas nunca o terão porque não têm determinação. Somente um eu, escolhendo se dedicar diariamente a outro eu, conhecerá o amor. O casamento é um dever sagrado.

Mas há exceções. Uma coisa pode ser boa, mas ainda não é adequada para alguns indivíduos. Aqui, o livro *Estágios* faz aberturas a outros setores da vida. A pessoa verdadeiramente religiosa não suporta apenas o que é ético simplesmente porque é ético. O Indivíduo Singular, existindo diante de Deus, afasta-se de seguir habitualmente aquilo que é universal a todos, mesmo quando o universal é bom. "Culpado? / Não culpado?" é o diário de um jovem chamado Quidam, encontrado e publicado por Frater Taciturnus (Irmão Silêncio), que pescou o manuscrito de um lago. Quidam fala do seu conflito. Ele está apaixonado, mas não pode se casar. O casamento cristão requer abertura e honestidade, porém, se Quidam compartilhar sua vida com sua esposa, levará sua noiva a um estado de sofrimento, devido a um segredo de família opressivo. Em anotações marcadas como "manhã", "meia-noite" e "um ano atrás", o trabalho retorna repetidas vezes à autointrospecção melancólica. Ele relata os vários esquemas que Quidam busca para se libertar desse casamento que condenará sua amada. Finalmente, Quidam decide trazer a vergonha pública para si mesmo, permitindo assim que a amada o rejeite sem prejudicar a reputação dela. Um ano depois, Quidam agora se pergunta se ele é culpado ou não. Taciturnus nos conta que Quidam está no caminho dos religiosos. Em *Estágios*, a pessoa religiosa reconhece que Deus não é a solução para o sofrimento. Uma vida escolhida junto a Deus será distintamente marcada pelo sofrimento que resulta do fato de a pessoa estar separada. Ao contrário do esteta ou do especialista em ética, o homem religioso sabe que a desgraça acontece com qualquer pessoa e não é uma fonte de aflição. A dor verdadeiramente religiosa é culpa, e não desgraça.

A obra *Estágios* é desconcertante, obscura e monumental. Kierkegaard a reconheceu como um trabalho difícil. Para os leitores familiarizados com sua história de vida, os elementos autobiográficos saltam das páginas. Søren era ferozmente ambivalente em relação ao casamento, trabalhava sob um sentimento de destruição familiar e estava convencido de que sua vida seria uma espécie de maldição para Regine. Quidam repete com frequência frases extraídas textualmente da comunicação entre Søren e Regine, incluindo, de maneira infame, uma reimpressão palavra por palavra do bilhete que Søren usou para romper o seu noivado. O não cumprimento da confiança parece quase imperdoável. Essas observações, no entanto, são oferecidas pela retrospectiva. Em 1845, somente duas pessoas (Regine e Søren) conheciam aquelas frases particulares. A natureza intrincada do livro e seus múltiplos narradores apenas sugeriam verdades claras. O mais importante, talvez, é que eles revelaram que, quando se trata de questões de amor, identidade e fé, não existem "verdades claras".

× × ×

Postscriptum não científico conclusivo às 'Migalhas filosóficas'

27 de fevereiro de 1846

Johannes Climacus

> "Embora excluído, eu, pelo menos, entendi isso, que a única e imperdoável alta traição[9] contra o cristianismo é quando uma única pessoa considera sua relação com ele como algo garantido".

Originalmente, Søren pretendia que essa obra colossal finalizasse o "trabalho autoral" iniciado com *Ou isso, ou aquilo*. O livro leva o leitor pelas etapas do caminho da vida, aproximando as deliberações anteriores sobre estética e ética com uma reflexão ampliada sobre as formas religiosas de existência. O livro contém uma explicação (dos tipos) de projetos pseudônimos, e, com essa revelação e conclusão, Søren espera encerrar sua carreira autoral e começar uma nova, possivelmente como pastor interiorano. Em vez disso, a vida assumiu o controle até o ponto em que o *Postscriptum*, em retrospectiva, representa o ponto central de uma carreira prolífica como escritor, e não qualquer tipo de conclusão para a mesma.

Como muitas das obras de Kierkegaard, o livro combina humor e polêmica com filosofia e reflexão espiritual intensa. O termo "não científico" sinaliza a observação satírica de Søren sobre as pomposas figuras públicas de sua época (como o "professor assistente" H. L. Martensen, e também N. F. S. Grundtvig, um nacionalista, historiador e pregador), que pretendiam explicar todas as questões da vida mediante suas visões de mundo sistemáticas e pseudocientíficas. A primeira coisa que um leitor contemporâneo teria notado sobre esse livro é que ele se assemelhava fisicamente aos seus volumes rivais, zombando do seu aglomerado de notas preliminares, palavreado técnico e sumário complicado. A palavra "*Postscriptum*" indica a situação desse livro no plano de Søren, que era terminar o que Climacus iniciou em *Migalhas filosóficas*. Como o material pós-escrito tem cinco vezes o tamanho de *Migalhas*, o título também faz parte da piada.

---

[9] Em alguns países, "alta traição" diz respeito a um crime cometido contra o Estado, mas, no excerto acima, Kierkegaard, aplica tal expressão jurídica ao cristianismo, no sentido de uma traição perpetrada contra o mesmo. [N. de T.]

O livro é abrangente, mas, no fundo, é o relato do que significa, para um cidadão sério e religioso da cristandade, tornar-se finalmente cristão. As seções de abertura abordam as várias maneiras pelas quais a cristandade geralmente tenta defender sua religião. O livro questiona se a história, a igreja ou as Escrituras são suficientes para "comprovar" o cristianismo e, o que é mais importante, traça as maneiras pelas quais essas tentativas acabam traindo e distorcendo exatamente o que eles estão tentando proteger. Isso ocorre porque o cristianismo, no fundo, não é um sistema, uma ciência ou uma cosmovisão cultural. Qualquer tentativa de retratar o cristianismo como senso comum, patriótico ou objetivo fracassará pelo simples fato de que Deus não é um objeto, e a Encarnação não se trata de senso comum ou algo culturalmente aceitável. Deus, conforme se revela na Encarnação, é uma pessoa – em outras palavras, um Sujeito.

É isto o que o *Postscriptum* quer dizer com a famosa ideia kierkegaardiana: "A verdade é subjetividade" (discutida em profundidade na Parte II, Seção II, Capítulo II). Não é um hino de louvor ao subjetivismo (onde a verdade é gerada dentro de você mesmo), mas um relato da natureza essencialmente centrada do cristianismo autêntico e da existência humana, onde é reconhecido que, se alguém há de conhecer a verdade do Deus encarnado, terá que fazer isso como sujeito. Essa relação não é apenas altamente pessoal, mas também altamente desafiadora para as formas de religião e identidade que, em geral, são encontradas na cristandade. "A imoralidade que há em nossa época talvez não seja luxúria, prazer e sensualidade, mas sim um desprezo panteísta e vicioso dos seres humanos como indivíduos. [...] Assim como no deserto os indivíduos precisavam viajar em grandes caravanas, com medo de salteadores e animais selvagens, assim também os indivíduos de hoje têm horror à existência porque ela é desolada; eles se atrevem a viver apenas em grandes multidões e a se agrupar *em massa* com o propósito de serem, pelo menos, alguma coisa".

O *Postscriptum* denomina a religião, quando parte do senso comum de culturas e grupos, de "Religiosidade A", e a diferencia da "Religiosidade B", que reconhece a natureza íntima e pessoalmente reflexiva do cristianismo, a qual não se pode obter simplesmente por fazer parte de uma cultura cristianizada. O choque entre a maioria das formas de cristianismo e o cristianismo autêntico se tornará explícito nos últimos estágios da vida de Kierkegaard, porém está implícito aqui também. "Agora, se alguém acha que isto não está certo, que ele não é cristão, esse alguém é considerado excêntrico. Sua esposa lhe diz: 'Como você não pode ser cristão? Você é dinamarquês, não é? O livro de geografia não diz que a religião predominante na Dinamarca é a religião cristã luterana? [...] Você não cuida do seu trabalho no escritório como um bom funcionário público? Você não é um bom sujeito em uma nação cristã, em um estado cristão luterano? Então, é claro que você é um cristão'".

× × ×

As duas eras: A era da revolução e o tempo presente – Uma resenha literária

30 de março de 1846

Søren Kierkegaard

> "O público é tudo e nada, o mais perigoso de todos os poderes e o mais insignificante".

Um mês depois de concluir o seu trabalho autoral, Søren publicou *As duas eras*. Muito parecido, no entanto, com o ardiloso autor de *Prefácios*, Søren teve uma brecha. *As duas eras* não é um livro, mas a crítica de um livro. Thomasine Gyllembourg era uma escritora célebre, e Søren era admirador dos romances dela, os quais ele acreditava terem capturado brilhantemente as tensões da vida contemporânea. Seu livro *As duas eras* é uma revisão extensa do romance dessa autora, e ambos têm o mesmo título. As duas primeiras seções pertencem ao romance, enquanto a seção final consiste em um ensaio sobre o tema da mentalidade da época. Às vezes, esta última seção aparece separadamente sob o título de *O tempo presente*.

Søren identifica duas mentalidades concorrentes que deixam sua marca em qualquer época, um *éthos* de revolução e decisão, e um *éthos* de reflexão, deliberação e diálogo.[10] Ambas as mentalidades têm o seu lugar, mas a era contemporânea foi longe demais na mesma direção. "Em contraste com a era da revolução, que entrava em ação, a era atual é um tempo de publicidade, a era de anúncios diversificados: nada acontece, mas ainda há uma publicidade interminável".

---

[10] Em grego antigo, *éthos* significa "habito, costume, uso", e se refere ao conjunto de costumes e hábitos que caracterizam uma determinada época, população ou região (cf. Capítulo 6). [N. de T.]

Em uma época superada pela reflexão, falar em fazer algo importante, na verdade, substitui o ato de fazê-lo. A multidão gosta mais da aparência de determinação do que tolera a realidade dela. De fato, a multidão trabalha para deter o indivíduo que se aventura por conta própria. "O ar aprisionado sempre se torna nocivo, e o aprisionamento da reflexão, sem nenhuma ventilação ou acontecimento, desenvolve uma inveja censurável". O nome que Kierkegaard dá ao modo como as sociedades trabalham para derrubar qualquer membro que atue desafiando o senso comum é "nivelamento". O nivelamento é o processo de abstração pelo qual as escolhas decisivas são despojadas do seu poder ao serem transformadas em "ideias" ou "visões de mundo", e as pessoas são classificadas em grupos. O nivelamento acontece onde tribos, gerações, igrejas ou países reivindicam lealdade individual, mas Søren tem um termo genérico: "Para que o nivelamento aconteça, um fantasma deve primeiro ressuscitar [...] uma abstração monstruosa, algo abrangente que não é nada, uma miragem – e esse fantasma é o público". Uma das armas mais poderosas do público na guerra para se defender dos indivíduos que levam sua existência a sério é um fluxo interminável de fofocas sobre celebridades, conflitos ideológicos inventados e opiniões apresentadas como fatos que ninguém possui, mas que todos têm. Søren mira especialmente na imprensa popular como agente de nivelamento. Servindo-se da imprensa, o público é preservado através de tagarelices. "O que é tagarelar? É o anulamento da disjunção apaixonada entre ficar em silêncio e falar. Somente a pessoa que pode permanecer essencialmente em silêncio pode falar essencialmente, pode agir essencialmente. O silêncio é interioridade. [...] Mas a tagarelice tem pavor do momento de silêncio, o qual revelaria o vazio". Isso não é de todo ruim, entretanto. Embora o público invejoso se oponha inevitavelmente a qualquer um que desafie o seu poder, o resultado é que o indivíduo estará, enfim, exatamente onde ele precisa estar, caso queira se encontrar com Deus. Despojada de qualquer ilusão de que "o público" detém qualquer verdade, amor ou autenticidade, a pessoa que foi nivelada pode se achar lançada "no abraço do Eterno". Se tudo isso parece uma cena improvável, vale a pena notar que, nos meses que antecederam a publicação de *As duas eras*, o próprio Søren havia sido objeto de escárnio incessante pela imprensa popular e tinha experimentado uma profunda compreensão de onde ele se encontrava em relação ao público, sua vocação e seu Deus.

× × ×

Discursos edificantes em vários espíritos

13 de março de 1847

Søren Kierkegaard

Søren não parou de escrever em 1846, mas tudo isso estava nos seus diários particulares, e foi quase um ano depois de *Postscriptum* e *As duas eras* que o público foi presenteado com outra publicação. O livro *Vários espíritos* dispensa muito da sátira e da ambiguidade dos trabalhos anteriores, sendo mais seriamente cristãos do que os *Dezoito discursos edificantes* de alguns anos atrás. O conjunto é dividido em três partes distintas: pureza de coração, os lírios do campo e o evangelho do sofrimento. Desde então, os discursos desenvolveram uma reputação como clássicos espirituais de discipulado e devoção. Contudo, a julgar pela falta de comentários críticos, eles não causaram muito impacto no primeiro público-alvo de Kierkegaard.

A pureza diz respeito à integridade e totalidade de um propósito. O tema constante da primeira parte é "pureza de coração é desejar uma coisa". O leitor é continuamente lembrado que é responsável pela condição de sua própria alma. Sabe-se bem que os homens são julgados na décima primeira hora, mas, aos olhos da Eternidade, "é sempre a décima primeira hora". O ensaio gasta menos tempo com a "pureza" do que podem esperar muitas pessoas que estão acostumadas a chamados de arrependimento em face do julgamento. Em vez disso, o trabalho se concentra no que pode significar "desejar uma coisa". Apenas uma coisa é boa, e esta coisa é a vontade de Deus. Existem muitas barreiras para desejar a vontade de Deus, as quais Søren chama todas de dualidade mental. A pessoa que tem a mente dupla pode querer ser boa pela aprovação dos homens, por recompensas piedosas ou por medo de punição. Não importa qual seja a boa intenção, o ego está em conflito porque não deseja o bem em si mesmo. O ego está em rebelião contra si mesmo e contra Deus. Ele precisa de reconciliação, um ato de graça que vem toda vez que um indivíduo se arrepende. Além disso, o arrependimento não é um acontecimento único. A natureza multifacetada da vida significa que o indivíduo precisa estar sempre atento: o arrependimento verdadeiro é acompanhado por uma ansiedade constante (no sentido kierkegaardiano), pela qual Deus renova continuamente o ego em sua totalidade.

Os lírios celebram o que é ser uma vida humana florescente. Um tema controlador é o contentamento e o ego firme diante da ansiedade coletiva. Considerem os lírios. Havia, certa vez, um lírio que vivia sozinho num pequeno vale, tendo apenas algumas pequeninas flores e urtigas como companhia. Ele vivia feliz até que, um dia, um pássaro malicioso passou voando e encheu a cabeça do lírio com histórias dos mais belos lírios que cresciam em grande número além do vale. O lírio ficou conturbado. Por que ele estava isolado, sozinho, tendo apenas ervas daninhas de companhia? O lírio também queria ser grandioso e, por isso, pediu ao pássaro para levá-lo até a colina. O pássaro, então, arrancou o lírio pelas raízes e o depositou entre os grupos de flores que lhe eram semelhantes. Infelizmente, o lírio não pôde criar raízes. Então, ele murchou e morreu.

O sofrimento é uma meditação prolongada sobre o que significa seguir a Cristo. Por acaso Jesus sofreu para que os seus discípulos pudessem ter uma vida de conforto? Ou poderia ser que, como Jó, uma vida de sofrimento e uma vida de retidão não sejam mutuamente exclusivas? Todavia, não seria correto pensar que esse discurso fosse uma celebração do sofrimento. As boas novas do evangelho não são as dificuldades, mas, com Cristo, o fardo se torna leve. Há regozijo no sofrimento porque Deus não causa isso, mas sim o mundo, quando sente a sua autoridade ameaçada. O sofrimento dos apóstolos era um sinal da retidão que havia na causa deles. O sofrimento ensina a resignação paciente e, acima de tudo, oferece a oportunidade para a mais antiga das orações cristãs: "Não seja feita a minha vontade, mas a tua" (Lucas 22:42).[11]

× × ×

As obras do amor

29 de setembro de 1847

Søren Kierkegaard

Com seu foco constante sobre o aspecto altamente pessoal da identidade e da fé autênticas, uma crítica recorrente a Kierkegaard é que seu pensamento é irremediavelmente individualista. Críticas semelhantes perseguiram Søren em seus próprios dias. O livro *As obras do amor* foi escrito, em parte, como uma resposta aos contemporâneos que o acusaram de não ter nenhum sentimento

---

[11] Registro bíblico da oração de Jesus feita no monte das Oliveiras: "Pai, se queres, afasta de mim este cálice; contudo, não seja feita a minha vontade, mas a tua" (Lucas 22:42). [N. de T.]

pela vida social dos outros. O tamanho de *As obras do amor* é substancial. Seu assunto é o duplo mandamento de Jesus sobre o amor. Seus principais temas incluem um comentário sobre a cultura luterana em torno das "obras" e da "graça", um exame em busca do "amor" e uma exploração do principal alvo humano do amor cristão – a saber, "o próximo".

O livro favorito de Søren na Bíblia era a Epístola de Tiago. A insistência da carta de que "a fé sem obras está morta"[12] informa as observações de Søren em *As obras do amor* sobre uma cultura cristianizada que agora considera a fé como garantia. A grande reforma de Martinho Lutero foi baseada na ideia de que a salvação é pela graça de Deus, e não por qualquer coisa que os seres humanos possam fazer para merecê-la. Entretanto, na opinião de Søren, o luteranismo dinamarquês tomou essa graça a baixo custo, supondo que a "fé" era uma questão de costume. A natureza transformadora da graça em uma vida dedicada a Jesus Cristo foi perdida em uma cultura que supunha que se tornar cristão era algo tão fácil quanto nascer. *As obras* é parte da tentativa de Søren de rejuvenescer um aspecto crucial da vida cristã que havia sido esquecido graças à cristandade. As obras no livro não são de ativismo social, esmolas ou indulgências. São as qualidades do amor extraídas do Novo Testamento. Por exemplo, o amor "fortalece", "acredita em todas as coisas", "espera", "permanece" e "cobre uma multidão de pecados".

Além de uma percepção saudável do resultado da fé, a cristandade também esqueceu o que é o amor cristão. As várias formas de amor estão divididas em duas categorias: *éros* (sentimento de apaixonado) e *agápe* (amor desinteressado).[13] Aqui o amor erótico não significa apenas o sexo. O sentimento de apaixonado é um amor de "gostar por gostar". É o amor do patriota, do membro de uma tribo, do casal apaixonado, do melhor amigo ou da unidade familiar. Esse amor tem sua utilidade; no entanto, é necessário notar que ele também tende ao egoísmo monstruoso. O sentimento de apaixonado é, por necessidade, exclusivo. Tal amor é mais forte quando é dirigido a um, e somente a um objeto, seja uma pessoa amada, uma família ou um país. Porém, se o meu amor é dirigido principalmente àqueles que sintonizam comigo e se parecem comigo tanto quanto possível, então o horizonte final desse amor... sou eu.

---

[12] Mais detalhes do tema bíblico sobre fé e obras em Tiago 2:14-26. [N. de T.]

[13] Ambas as palavras em itálico estão transliteradas de acordo com sua pronúncia no grego antigo. [N. de T.]

"O amor erótico e a amizade são o auge do amor-próprio, o eu intoxicado com outro eu".

Søren identifica esse tipo de amor como "pagão". Por outro lado, o amor verdadeiro em relação ao outros, que não é baseado no interesse próprio, é de origem cristã. Ágape é o amor de Deus, que não exige nada dos seres humanos. É também o amor que nós podemos sentir pelos outros, independentemente do que eles podem fazer por nós, ou do tipo de relacionamento que eles têm conosco. Na verdade, apenas o *agápe* pode realmente ser chamado de "amor", pois somente o *agápe* se preocupa com as outras pessoas. A história de Jesus sobre o bom samaritano[14] fornece a Søren o termo pelo qual chamar essas "outras pessoas": o próximo. "Ninguém no paganismo amava ao próximo; ninguém suspeitava que ele existisse. Portanto, o que paganismo chamava de amor [...] era sentimento de apaixonado". O livro *As obras* põe em contraste o chamado sentimento de apaixonado, inventado por poetas e políticos, com o amor aparentemente comum ordenado por Jesus. Esse amor pode não inspirar nenhum artista *pop*, mas resultará em pessoas reais com suas reais necessidades atendidas. "O amor ao próximo não quer ser cantado – quer ser realizado". Ao contrário da obsessão erótica de identificar quem é mais merecedor de amor, Kierkegaard comenta que, quando alguém está procurando pelo próximo, tudo o que se precisa fazer é abrir a porta e sair. "A primeira pessoa que você encontrar é o seu próximo, a quem você deverá amar [...] Não há uma única pessoa em todo o mundo que seja tão segura e fácil de reconhecer como o próximo".

× × ×

Discursos cristãos

26 de abril de 1848

Søren Kierkegaard

> "O sacrifício que ele ofereceu, ele não o ofereceu para todas as pessoas em geral, nem queria salvar todas as pessoas em geral – e isso também não pode ser feito dessa maneira. Não. Ele se sacrificou para salvar cada um individualmente".

---

14 Dentre os quatro Evangelhos, a parábola do bom samaritano encontra-se apenas no relato de Lucas (10:25-37). [N. de T.]

O ano de 1848 foi um ano importante para a Europa e a Dinamarca, politicamente, e para Kierkegaard, pessoalmente. Esse ano presenciou a rápida sucessão de revoluções populares varrerem antigos regimes, os quais Kierkegaard observa os efeitos em longo prazo e as implicações do sentimento popular e da democracia em prol da verdade e da existência individual. Ele observa que esse ano lhe foi extraordinariamente produtivo do ponto de vista da escrita e do pensamento; porém, apenas dois trabalhos foram publicados. O primeiro deles, *Discursos cristãos*, recebeu seu título porque, na visão de Kierkegaard, os "discursos" denotam uma discussão aberta, enquanto um "sermão" sugere que o falante está discursando "com autoridade". As quatro partes do livro foram escritas em diferentes momentos no decurso de 1847 a 1848, e refletem a profunda desconfiança de Søren sobre a autossatisfação da cristandade, que evitava a responsabilidade individual à custa do triunfalismo histórico abstrato. A primeira seção é intitulada "Os cuidados dos pagãos", e se concentra no mundo pré-cristão e em sua mentalidade ansiosa. A segunda seção, "Estados da mente na contenda do sofrimento", oferece uma discussão sobre a alegria que a vida cristã oferece diante das várias dificuldades. A terceira seção, "Pensamentos que ferem pelas costas", é um ataque polêmico que aponta o "paganismo" que realmente acusa a cristandade. A quarta seção, que Kierkegaard pretendia como um chamado restaurador de adoração após a purificação do templo, é intitulada "Discursos para a comunhão de sexta-feira". Ela contém várias reflexões sobre sete passagens bíblicas, duas das quais Søren, na verdade, proferiu na Igreja de Nossa Senhora. O discurso sobre Mateus 11:28, em particular, é digno de nota porque a famosa estátua do Cristo de Thorvaldsen, que contém esse versículo, fica ao lado do púlpito de onde Søren pregou.[15] A passagem bíblica, na qual Jesus convida todos que estão cansados a virem até ele e receberem descanso, irá desempenhar um papel crucial em *Prática do cristianismo* e no ataque subsequente de Søren à religião distorcida do bispo Mynster. Kierkegaard pretendia dedicar parte dos *Discursos cristãos* a Mynster, mas retirou a dedicatória para prevenir a possibilidade de que o bispo pudesse responder com uma admissão de culpa à luz das polêmicas da terceira seção. A admissão não foi imediata.

× × ×

---

[15] "Venham a mim, todos os que estão cansados e sobrecarregados, e eu lhes darei descanso" (Mateus 11:28). Algumas notas do autor sobre a famosa escultura de Bertel Thorvaldsen encontram-se na terceira ilustração do capítulo 8. [N. de T.]

A crise e uma crise na vida de uma atriz

Publicado no jornal A Pátria em quatro partes, de 24 a 27 de julho de 1848

Inter et inter

Esta foi a segunda de apenas duas obras que Kierkegaard publicou em 1848. Foi deliberadamente divulgada mais ou menos em conjunto com *Discursos cristãos*, sendo uma espécie de suporte para o modelo iniciado com *Ou isso, ou aquilo* e os *Discursos edificantes* em 1843, onde ele assinava trabalhos de seriedade religiosa acompanhados de experimentos filosóficos e estéticos pseudônimos. "Eu gostaria de criar uma pequena mistificação literária", diz Søren no seu diário de *Crise*. O pseudônimo que ele escolheu para concorrer com os *Discursos* assinados foi *Inter et inter* (em latim, 'entre e entre'), o que parece se referir ao fato de que essa pequena obra se situa entre a primeira fase da autoria de Johannes Climacus e a segunda fase anunciada pelo pseudônimo Anti-Climacus, que está para ser inaugurada. A obra também é importante para Kierkegaard, pois ele queria sinalizar aos leitores que, embora fosse de fato um escritor religioso sério, ele não havia, por essa razão, abandonado a apreciação pela poesia, pelo drama e pela estética.

A atriz do título é Johanne Luise Heiberg, esposa do decano literário J. L. Heiberg. A *crise* do título é algo que qualquer artista enfrenta: eles vão sucumbir à ansiedade ou fazer sucesso sob pressão? *Uma crise* é aquela especificamente para a sra. Heiberg, que estava enfrentando o desafio de assumir a personagem Julieta de Shakespeare, quase vinte anos após ter interpretado o papel pela primeira vez. O livro interpreta e aprecia o trabalho dela, especialmente sua capacidade de preservar o autocontrole diante da multidão que lhe assiste. Ela não desmorona na presença da ansiedade. O livro segue em frente para encarar a crítica da arte e a apreciação pública em geral, principalmente quando se transformam numa obsessão pela vida privada dos artistas, sua idade ou características físicas. Em vez disso, o livro *A crise e uma crise* apresenta uma teoria da qualidade intemporal das ideias essenciais que a atriz transmite, independentemente da sua idade ou estágio na vida. Os Heibergs apreciaram a obra, e Johanne elogiou muitíssimo a maneira como Søren, que não era ator, conseguiu expressar em palavras o que ela muitas vezes sentia, mas não conseguia expressar.

× × ×

Os lírios do campo e as aves do céu: Três discursos devocionais

14 de maio de 1849

Søren Kierkegaard

A fim de manter a tradição de imprimir com a "mão esquerda e com a direita",[16] Kierkegaard providenciou para que esses discursos fossem publicados em seu próprio nome no mesmo dia em que a segunda edição de *Ou isso, ou aquilo* chegou às prateleiras.

Kierkegaard amava a natureza e, muitas vezes, refletia sobre as lições que se pode aprender com ela. Ele escreve com frequência sobre os tratamentos bíblicos da natureza e, aqui, retorna ao tema com seus discursos sobre vários dizeres de Jesus extraídos do evangelho de Mateus sobre os lírios do campo, a impossibilidade de servir a dois senhores, as aves do céu e a erva do campo.[17] Existem três discursos. O primeiro é sobre o "silêncio" como uma forma de comunicação essencial. Os pássaros e as flores não podem falar, mas o silêncio deles é um professor. A obra é um exemplo da frustração crescente de Kierkegaard com a "poética" como a melhor maneira de se comunicar, e confronta a noção romântica da verdade através da poesia com a comunicação dos lírios apoiada por Jesus. "Uma vez que o ser humano é capaz de falar, a capacidade de ficar em silêncio é uma arte".

O segundo discurso diz respeito à "obediência". "Então, prestai atenção à natureza ao vosso redor. Tudo, na natureza, é obediência, obediência incondicional". Os pássaros e as flores são bons exemplos da paz que vem de servir a somente um mestre. Mas existe uma diferença crucial entre a natureza e os seres humanos. As aves são naturalmente "obedientes" porque não têm vontade. As pessoas têm que escolher obedecer a Deus, uma escolha que geralmente não fazem. Nisso, os seres humanos descobrem um aspecto de Deus que os pássaros e os lírios nunca saberão – que ele é paciente. Deus ordena a obediência ("tu deves"), mas também toma os humanos pacientemente pela mão e mostra-lhes as flores do campo para que aprendamos o que é viver em paz com um, e somente um, mestre.

---

16 "Imprimir com a 'mão esquerda e com a direita'", isto é, ora assinando o livro com um pseudônimo, ora assinando outro com seu próprio nome, Søren Aabye Kierkegaard. [N. de T.]

17 Os temas bíblicos podem ser encontrados, respectivamente, em Mateus 6:19-34. [N. de T.]

O terceiro discurso considera a "alegria". Os pássaros cantam incessantemente e as flores florescem. A natureza está cheia de alegria. Isto não é porque a natureza está isenta de dor e sofrimento. Kierkegaard não é sentimental o bastante para pensar que a vida dos pássaros e dos animais é tudo menos brutal e curta ("Sabemos que toda a natureza criada geme", Romanos 8:22). Mesmo assim, a natureza é alegre porque ela faz essencialmente o que deve fazer. As aves fazem isso sem querer. Os seres humanos têm que fazer escolhas para serem o que eles essencialmente são. "O que é ser alegre? É verdadeiramente estar presente consigo; mas estar verdadeiramente presente consigo tem que ser hoje". A alegria da existência é a alegria de ser você mesmo, que é finalmente estar com e em Deus, pois Deus está eternamente "presente em si mesmo sendo *hoje*". Este é o Deus sempre presente de quem se diz: "Hoje, se ouvirdes a sua voz, não endureçais os vossos corações" (Hebreus 3:15). "Oh, que alegria incondicional: dele é o reino, e o poder, e a glória – para todo o sempre".

× × ×

Dois ensaios ético-religiosos

19 de maio de 1849

H. H.

Esse manuscrito foi enviado aos impressores em 5 de maio de 1849, no trigésimo sexto aniversário de Kierkegaard. É composto por duas partes: "Será que um ser humano tem o direito de entregar-se à morte pela verdade?" e: "A diferença entre um gênio e um apóstolo". Ambos os ensaios foram escritos originalmente em 1847. Em seus diários, Kierkegaard comenta que esse livro não pertence à sua "autoria" propriamente dita, pois é um comentário e um ponto de vista sobre a produção autoral como um todo. Ele ficou muito indeciso se o trabalho deveria ser publicado sob o seu próprio nome ou se fosse publicado anonimamente. No final, ele atribuiu o trabalho a H. H., que está, junto com Anti-Climacus, acima do próprio Kierkegaard. O segundo ensaio é um excerto do material publicado postumamente em *O livro sobre Adler*, que será discutido abaixo. O primeiro ensaio é extraído de muitas ideias que Søren já havia trabalhado em seus diários. Ele nos conta que o rascunho do manuscrito foi concluído em oito horas. O ensaio preocupa-se com a mais importante de todas as categorias kierkegaardianas: o mártir, que é uma verdadeira testemunha da verdade. Vamos supor que um pregador esteja explanando eloquentemente sobre as glórias da história do martírio e, em seguida, que um homem ingênuo, no banco da igreja, se adiante e diga que está pronto para se tornar um. O pregador ficará surpreso. Tornar-se um mártir? De onde nos céus ele teve *essa* ideia? "Viaje, encontre alguma distração, tome um laxante". A confusão sobre o assunto é abundante na cristandade, tanto para os pregadores como para o público. Kierkegaard tenta esclarecer a situação comparando a morte heroica de Sócrates com a crucificação de Jesus. Ao contrário daquele filósofo meramente humano, a morte de Cristo não foi um martírio em prol de uma ideia, mas para expiação e redenção. Kierkegaard salienta que Jesus não morreu *pela* verdade. Ele mesmo é a verdade. Sócrates morreu por sua concepção limitada da verdade. Cristo morreu por seus inimigos; sua ressurreição foi o sinal de que o amor e a verdade (em outras palavras: julgamento) estavam unidos naquele momento. A diferença categórica entre a morte de Jesus e a morte de qualquer outra pessoa nas mãos do povo é que somente a morte de Jesus removeu a culpa do povo. O homem que voluntariamente abraça o martírio está levando o povo à culpa. Deus é o único que pode remover a culpa e, portanto, somente Deus tem o direito de se deixar morrer pela verdade. Os homens, em vez disso, devem "se preocupar amorosamente com os outros, por aqueles que, caso alguém seja condenado à morte, devem se tornar culpados de levar alguém à morte".

× × ×

O desespero humano: Uma exposição psicológica cristã para a edificação e o despertar[18]

30 de julho de 1849

Anti-Climacus

A doença que leva à morte é o *desespero*. Deve-se diferenciar o desespero da depressão, que é tristeza, melancolia ou, como nos diz a ciência moderna, substâncias químicas desequilibradas no cérebro. Alguém pode estar deprimido sem estar desesperado e, alternativamente, pode viver em total conforto,

---

[18] É como se conhece essa obra de Søren Kierkegaard em português, de 1849. Em dinamarquês ela se chama *Sygdommen til Døden*, que literalmente quer dizer: "A doença até à morte" (cf. Capítulo 3). [N. de T.]

mas estar desesperado. O desespero tem a ver com o fato de alguém viver uma vida sem encontrar o verdadeiro significado dela, ou, na linguagem kierkegaardiana, sem encontrar o seu eu autêntico. "Mas o que é o ego?", pergunta *O desespero humano*, em uma seção célebre de abertura. "O eu é uma relação que se relaciona consigo mesma, ou é a relação que se relaciona consigo mesma na relação; o eu não é a relação, mas sim a relação que se relaciona consigo mesma". Essa formulação complicada é, provavelmente, em parte, uma piada sobre uma terminologia hegeliana semelhante. Mas, nas mãos de Kierkegaard – ou melhor, de *Anti-Climacus* – a formulação também funciona como uma plataforma de lançamento para um exame minucioso da identidade humana e por que, às vezes, e muitas vezes, dá errado. O eu, que deve ser observado a partir da formulação acima, é mais um *verbo* do que um *pronome*. É uma ação. O desespero é um fenômeno particularmente relacionado à ação do ego em relação a si mesmo, mas de tal modo que é uma relação errônea; daí uma "doença". O desespero (muito parecido com a ansiedade do livro anterior, *O conceito de angústia*, do qual esta é companheira) presume e requer um eu, representando assim certa humanização e superioridade da existência. Os animais não se desesperam porque eles não são capazes de ser como as pessoas. O ato de se desesperar é humano, mas não é necessário para a humanidade. É uma marca de algo potencialmente glorioso que deu errado. "A possibilidade desta doença é a superioridade do homem sobre o animal; estar ciente desta doença é a superioridade cristã sobre o homem natural; ser curado desta doença é a bem-aventurança do cristão". O desespero é a ação de não querer ser um eu autêntico. Achegue-se a Deus. Ele é o criador de todas as coisas e o fundamento de toda a existência. Se alguém quiser encontrar uma existência autêntica, então deve ser orientado corretamente até Deus. A ação de se tornar um eu sempre acontece diante de Deus, e a recusa de se tornar um eu também acontece diante de Deus.

Assim, Anti-Climacus começa a segunda parte do seu livro com o título: "O desespero é pecado". Alguns seres humanos se rebelam ativamente contra Deus ou se ofendem com sua revelação. Eles não vivem uma relação correta com a existência e, portanto, nunca se tornarão autênticos. Eles estão em desespero. Outros seres humanos temem o fardo de serem indivíduos. Eles se escondem em seus agrupamentos e distrações em massa. Em consequência disso, eles não encontram uma existência autêntica e ficam afastados de uma relação correta com o Deus que fundamenta toda a existência. Eles também vivem em desespero diante de Deus, o que é pecado.

O *desespero humano* desenvolve uma categoria que se tornará de grande importância para Kierkegaard, a saber, a "possibilidade de ofensa". E: "Há muita conversa sobre ficar ofendido com o cristianismo, porque é tão obscuro e sombrio, ofendido porque é tão rigoroso etc.; mas o melhor de tudo para explicar de uma vez o motivo real porque os homens ficam ofendidos com o cristianismo é que ele é muito elevado, porque o objetivo dele não é o objetivo do homem, porque ele quer transformar o homem em algo tão extraordinário que o mesmo não lhe pode compreender o pensamento". Anti-Climacus faz grandes esforços para contrariar a ideia comum (que ele chama de socrática e pagã) de que o pecado é a ignorância. Segundo os princípios cristãos, o pecado é uma questão da vontade. "Portanto, interpretado de maneira cristã, o pecado tem suas raízes na vontade, não no conhecimento, e essa corrupção de querer algo afeta a consciência do indivíduo".

Esse é o primeiro livro do pseudônimo Anti-Climacus, um personagem criado por Kierkegaard a fim de representar uma expressão do cristianismo a que Søren aspirava. Ele se colocou abaixo de Anti-Climacus, mas acima de Johannes Climacus. Esse livro estabelece temas importantes como o ato de se tornar um eu como um ato religioso, a possibilidade de ofensa a Jesus, e um velado "ataque à cristandade": tudo será colocado com grande efeito no próximo livro de Anti-Climacus, *Prática do cristianismo*.

× × ×

Três discursos para a comunhão de sexta-feira

13 de novembro de 1849

Søren Kierkegaard

Ao todo, Kierkegaard escreveu treze discursos sobre a "comunhão de sexta-feira", três dos quais ele proferiu pessoalmente na Igreja de Nossa Senhora em Copenhague. Sete discursos de comunhão foram publicados como parte dos *Discursos cristãos* em 1848. Um foi incluído em *Prática do cristianismo* em 1850. Três foram postos em circulação como *Três discursos* em 1849 e *Dois discursos* em 1851. Uma décima quarta composição, tratando da mulher pecadora em Lucas 7:36-50, destinava-se originalmente a ser um discurso de comunhão, mas foi publicado separadamente, em 1850, como um *Discurso edificante*. Embora os discursos de comunhão recebam relativamente pouca atenção quando comparados às suas outras obras, Kierkegaard menciona nos seus diários como ele gosta de pensar que o restante da sua produção autoral foi elaborado em conjunto com eles, encontrando o descanso no altar da contemplação e no culto comunitário.

Os três discursos de 1849 são "O Sumo Sacerdote" (Hebreus 4:15), "O coletor de impostos" (Lucas 18:13) e "A mulher pecadora" (Lucas 7:47). Aqui, Søren desenvolve o tema de que Cristo, como Sumo Sacerdote, é o maior sofredor que pode entender melhor a aflição de alguém do que qualquer amigo. Por sua vez, o amor sacrifical de Cristo exige do seguidor um novo padrão de santidade. O cobrador de impostos é examinado por sua humildade. A cristandade conseguiu transformar os atos de humildade em uma fonte de orgulho: ocupa-se o lugar mais humilde com a cabeça erguida e os olhos abertos, esperando ser levado ao melhor lugar. Em vez disso, o homem de Lucas 18:13 está longe da multidão. Com os olhos baixos, ele espera, e é assim que encontra Deus. A mulher pecadora é uma das favoritas nos temas de Kierkegaard, e ele retorna a ela com frequência nos seus discursos. Ele destaca todos os contrastes que a história apresenta: banquetes como local de confissão, a casa do fariseu como local de graça, e a mulher que encontra a salvação esquecendo-se de si mesma. Em seu amor por Jesus, ela não se tomou em consideração, e ali encontrou precisamente a salvação de si mesma. "Essa mulher era uma pecadora – no entanto, ela se tornou um protótipo. Bem-aventurado é aquele que se parece com ela em amar muito!".

× × ×

Prática do cristianismo

27 de setembro de 1850

Anti-Climacus (com S. Kierkegaard indicado como editor)

> "Se você não pode suportar a contemporaneidade [...] então você não é essencialmente cristão".

É bem sabido que Jesus emitiu muitos "ditos difíceis": Ofereça-lhe a outra face; Venda tudo o que você possui e dê aos pobres; Se alguém vem a mim e não aborrece ao pai e a mãe, esposa e filhos, irmãos e irmãs, sim, até mesmo a própria vida, tal pessoa não pode ser meu discípulo; e assim por diante. [19] Anti-Climacus, em *Prática do cristianismo*, insiste em outra sentença, nem sempre considerada um mandamento difícil: "Venham a mim, todos os que estão cansados e sobrecarregados, e eu lhes darei descanso"[20] (Mateus 11:28).

A cristandade se esqueceu de que esta é uma palavra difícil, porque os membros da cristandade se esqueceram de viver no tempo presente com Jesus sempre diante deles. A ofensividade potencial de "Venham a mim" é anulada se imaginarmos que aquele que está falando é obviamente capaz de dar o descanso desejado às almas sofredoras; se aquele que está falando é obviamente Deus. A cristandade olha para todos os séculos que se passaram, para as pessoas que se dizem cristãs ou para as nações que são fundadas na moralidade cristã e conclui que Jesus era Deus como uma questão de bom senso. A única razão pela qual alguém não acredita em Jesus é porque não tem informações suficientes sobre ele e sobre a história da cultura dos seus seguidores. Anti-Climacus, no entanto, faz questão de nos lembrar de que esta não é a pessoa que os primeiros discípulos conheceram. A "evidência" da divindade de Jesus não é aparente se alguém está diante dele. Assim, ter a fé que Jesus exigiu dos discípulos não pode ser o consentimento aos dados históricos e intelectuais que compõem a religião cristã. Mesmo os milagres registrados no Novo Testamento não são apresentados como provas do *status* de Jesus. Eles são, em vez disso, momentos decisivos em que as pessoas ao seu redor são colocadas diante de alguém que se parece com uma pessoa finita e, ainda assim, fala e age como um ser infinito. "É na situação de contemporaneidade com um ser humano em particular, com um ser humano como os outros – que ele fala sobre si mesmo de tal maneira! [...] ele se torna totalmente diferente do que é ser uma pessoa, torna-se o divino – ele, um ser humano singular".

O descanso que Jesus oferece é um repouso autêntico, que não se pode separar da fé. *A Prática do cristianismo* sugere que o oposto da fé não é a dúvida, mas sim a ofensa. Somente se um indivíduo se apresenta com ofensividade potencial a Jesus, o Cristo, e não quer se afastar descontente, pode-se dizer que essa pessoa tem uma relação correta com a Encarnação. Esse potencial de ofensa só pode ser encontrado na contemporaneidade com Cristo, estando ciente do seu chamado nesse momento. A ofensividade potencial aparece de muitas formas, e Anti-Climacus mapeia todas elas. A primeira forma de ofensa

---

[19] O autor se baseou, respectivamente, em Lucas 6:29; 18:22; 14:26. [N. de T.]

[20] Mateus 11:28. [N. de T.]

é o desafio que Jesus representa para as instituições e a moral do seu tempo e também a do nosso. Anti-Climacus não acha que isso seja um aspecto menos importante da vida de Jesus, de jeito nenhum, mas não é algo *essencialmente* ofensivo sobre ele, pois esta forma de ofensa está aberta a qualquer pessoa que imite a Cristo. A ofensa essencial ocorre de modo "elevado" e "baixo". A ofensa elevada é que esse homem que está diante de você *é Deus*. A ofensa baixa é que Deus *é esse homem*. Em todos os casos, Jesus permanece como uma figura que representa a impossibilidade da comunicação direta. Mesmo quando ele faz afirmações diretas à sua divindade ("Eu e o Pai somos um" [João 10:30]), ou age de maneira divina (ressuscitando Lázaro dos mortos), ainda é esse homem que está fazendo e dizendo e, assim, a comunicação é indireta. Não há nada que Jesus faça que automaticamente resulte em fé. O ouvinte deve escolher como deve responder cada vez.

A seção final de *Prática do cristianismo* é uma longa reflexão sobre João 12:32: "Mas eu, quando for levantado da terra, atrairei todos a mim".[21] Seu tema é a crucificação, o sofrimento e a imitação. A cruz é um sinal de ofensa. É também aquilo a que Jesus chama os seus discípulos. Aqueles que não ficarem ofendidos com o Deus-Homem irão obedecer a ele e imitá-lo, negando a si mesmo e tomando cada um sua própria cruz. Ao fazer isso, os discípulos de Jesus estarão se colocando em posições em que eles também permanecerão como sinais de ofensa, agindo como catalisadores para que outros sejam introduzidos na contemporaneidade com Cristo. "A pessoa só se torna cristã na situação de contemporaneidade com Cristo e, nesta situação, todos também se tornarão conscientes".

Historicamente, a *Prática do cristianismo* não tem sido o livro mais lido ou o mais criticado de Kierkegaard. Contudo, a opinião dele é: "sem dúvida a coisa mais perfeita e mais verdadeira que já escrevi". É sem dúvida o seu texto mais importante. O pseudônimo Anti-Climacus foi criado para representar a mais alta expressão do cristianismo – uma posição a que Søren aspirava. O livro contém uma "moral" que oferece uma defesa da igreja oficial, convocando os pregadores e professores da cristandade a confessarem que o cristianismo que promovem não é o cristianismo do Novo Testamento e também uma contemporaneidade potencialmente ofensiva. A "moral" foi dirigida principalmente ao bispo Mynster, que leu o livro e contou a Søren, em particular, do seu descontentamento, mas que não tratou das acusações impressas

---

[21] João 12:32. [N. de T.]

ou do púlpito. O silêncio público de Mynster sobre a *Prática do cristianismo* também abriu caminho para o silêncio de Søren. Ele logo deixaria de publicar por três anos enquanto esperava Mynster reconhecer a igreja dele como tendo parte na ilusão da cristandade. A confissão nunca aconteceu e o ataque à cristandade veio em seguida. Quando o livro foi reimpresso em 1855, Søren afirmou que, se fosse escrevê-lo outra vez, deixaria tudo igual, mas tiraria o pseudônimo e retrataria a "moral".

× × ×

Um discurso edificante: A mulher que era pecadora

20 de dezembro de 1850

Søren Kierkegaard

Originalmente, esse pequeno ensaio fazia parte da série mais longa de discursos sobre a comunhão de sexta-feira, antes de Kierkegaard decidir que funcionaria melhor como um trabalho separado de "edificação". (Veja a anotação acima para *Três discursos para a comunhão de sexta-feira.*) Com esse *Discurso* de 1850, Kierkegaard retorna ao tema da mulher apanhada em adultério. Os escritos de Kierkegaard contêm muitas palavras duras sobre as mulheres, as quais surgem das opiniões dele sobre o casamento como um exemplo da dissipação da cristandade. Contudo, esse *Discurso* não é um desses momentos, pois encontra as mulheres do Novo Testamento, especialmente a mulher apanhada em adultério, como mestras do cristianismo autêntico e da existência. Ela não implorou nem discutiu com Jesus; não fez nada para ganhar o perdão. Ela esperou com tristeza os pecados dela: "Da mesma forma, você pode aprender com uma mulher como lamentar o pecado corretamente, da mulher pecadora cujos pecados há muito, muito tempo deixaram de existir e foram esquecidos, mas sendo ela mesma eternamente inesquecível".

× × ×

Dois discursos para a comunhão de sexta-feira

7 de agosto de 1851

Søren Kierkegaard

Os *Dois discursos* de 1851 consideram como "Aquele a quem pouco é perdoado ama pouco" (Lucas 7:47) e como "O amor encobrirá uma multidão de pecados" (1Pedro 4:8). O primeiro discurso retorna à mulher pecadora, mas dessa vez é intencionalmente inquietante, visando mais inquietação do que conforto à pessoa que se aproxima da Mesa do Senhor. Enquanto o chamado de Jesus para as pessoas virem até ele é uma palavra de descanso para os que estão fora da igreja, sua advertência em Lucas 7:47 é para as pessoas cristianizadas que podem tomar o seu perdão como garantido. Você sente pouco perdão? Então, talvez, você tenha pouco amor. O segundo discurso é dirigido àquele que, na verdade, reconheceu os próprios pecados e os confessou. A consciência individual pode ser capaz de confessar, mas é incapaz de esquecer o pecado. Felizmente, Deus não apenas perdoa, mas se *esquece* do pecado do penitente. O livro termina com a visão de Kierkegaard sobre a comunhão como perdão e formação de identidade: "Somente permanecendo nele, somente vivendo-se nele, você está protegido [...] é a comunhão, esta comunhão pela qual você deve se esforçar para preservar em sua vida diária, vivendo-a cada vez mais em si mesmo e vivendo-se nele, em seu amor, que encobre uma multidão de pecados".

Um elemento biográfico importante e notável de *Dois discursos* é sua dedicatória de abertura: "À pessoa não nomeada, cujo nome um dia será revelado, é dedicada, juntamente com este pequeno trabalho, toda a minha produção autoral, como foi desde o início". É significativo que os discursos tenham sido publicados no mesmo dia em que Kierkegaard publicou *Do meu trabalho como escritor*. Os discursos e sua dedicatória indireta a Regine deveriam ser lidos à luz dessa composição complementar.

x x x

Do meu trabalho como escritor

7 de agosto de 1851

Søren Kierkegaard

Os leitores posteriores dos diários de Kierkegaard e seus livros póstumos estão bem informados de que ele escreveu sobre si mesmo e seu projeto autoral. Seus leitores contemporâneos, no entanto, tinham apenas materiais dispersos para continuar, tal como no *Postscriptum não científico conclusivo* a espirituosa "crítica da literatura dinamarquesa recente". *Do meu trabalho como escritor* foi a única composição de caráter autobiográfico que Kierkegaard lançou em sua vida. Essa ocasião surgiu com a reimpressão de *Ou isso, ou aquilo* em 1849. A reedição do livro mais antigo e mais popular de sua "autoria" levou a um novo ciclo de autorreflexão. Kierkegaard sentiu a necessidade de reiterar a direção cristã da obra de sua vida, de modo a não permitir que o projeto caísse no mero esteticismo e moralismo do primeiro livro. Ele pensou em publicar *O ponto de vista do meu trabalho* como escritor para acompanhar seu relançamento, mas depois se conteve, considerando que esse longo trabalho ficaria aberto a mal-entendidos. Em vez disso, uma versão mais curta, *Do meu trabalho como escritor*, foi criada. (*O ponto de vista* seria publicado após a sua morte.) O livreto não faz parte do trabalho autoral *per* si. É "um ato" e, portanto, deve ser breve e atraente, tendo pouco menos de vinte páginas.

Nessa composição, Kierkegaard reitera sua intenção de provocar "a multidão" para que "o Indivíduo" possa emergir. Seu objetivo é trazer o cristianismo de volta à cristandade, um objetivo que só pode ser feito com astúcia graças à ilusão perpetuada pela cristandade. Em um mundo onde todos se consideram cristãos, como é natural, Kierkegaard achou por bem apimentar sua produção autoral com pessoas que não são cristãs, mas sabem disso e o podem afirmar. Kierkegaard explica a desunião, a confusão e até mesmo o engano na sua produção autoral como um "esforço piedoso" trabalhando para se comunicar com os religiosos autênticos da única maneira que se pode comunicar – indireta e dialeticamente. Kierkegaard descreve sua produção autoral como um "trabalho que trabalha contra si mesmo". Como um fazendeiro com seu arado, Kierkegaard cruza e atravessa o campo várias vezes a fim de sulcar a terra profundamente. Kierkegaard conclui a seção principal do seu relato insistindo que ele é um escritor "sem autoridade". Ele pede para ser considerado não apenas o autor dos trabalhos, mas também o leitor. Os desafios e as edificações servem tanto para ele quanto para qualquer outra pessoa. "Perante

Deus", afirma ele, "considero todo o meu trabalho de escritor como minha própria formação e desenvolvimento, mas não no sentido de que agora eu esteja completo".

× × ×

Para o exame de si mesmo

10 de setembro de 1851

Søren Kierkegaard

> "E o homem, esse sujeito inteligente, parece ter perdido o sono a fim de inventar novos instrumentos que aumentam os ruídos, que espalham o barulho e a insignificância com a maior pressa possível e na maior escala possível. Sim, tudo é logo virado de cabeça para baixo: a comunicação é, de fato, levada ao seu ponto mais baixo em relação ao seu significado e, simultaneamente, os meios de comunicação, de fato, são levados ao seu ponto mais alto em relação à sua circulação rápida e geral; pelo que é divulgado com tanta pressa e, por outro lado, o que tem maior circulação do que – o lixo!".

Kierkegaard, sem entusiasmo, tentou concluir sua produção autoral quatro vezes em sua vida. Em 1846, a tinta estava quase seca no *Postscriptum não científico conclusivo* antes que ele desse um jeito de continuar escrevendo. Depois, em 1848, ele pensou que os *Discursos cristãos* e *A crise e uma crise na vida de uma atriz* poderiam marcar o fim. Menos de um ano depois, esse "fim" foi seguido por outra conclusão com *Do meu trabalho como escritor* e *Dois discursos* com uma dedicatória velada a Regine. Finalmente, em 1851, ele lançou *Para o exame de si mesmo*, recusando-se a publicar *Julgue por si mesmo!*, um trabalho complementar. Os três anos de silêncio seguintes sugeriram que, dessa vez, Kierkegaard tivesse conseguido parar. O silêncio pode ser explicado pelo fato de que Kierkegaard considerou *Julgue por si mesmo!* muito rigoroso e *Para o exame de si mesmo* um ato final apropriado ao desafio proposto pela primeira vez ao Bispo Mynster em *Prática do cristianismo*. Ele estava esperando que Mynster respondesse. Não seria pela morte do bispo e sua subsequente valorização como "testemunha da verdade" que Søren vacilaria no seu ataque final à cristandade.

Para o exame de si mesmo tem três seções, moldadas a partir de datas importantes do calendário litúrgico. A primeira é uma consideração sobre as Escrituras e uma celebração no quinto domingo depois da Páscoa. A segunda é uma reflexão sobre Cristo como o caminho, à luz do dia da ascensão. O terceiro é um tratado para o Pentecostes e um debate sobre o Espírito Santo. O livro mostra Kierkegaard abordando o luteranismo e a Reforma Protestante. A reforma trai a si mesma ao permitir simplesmente que uma forma débil de cristianismo cultural substitua a outra. Em vez disso, o cristianismo autêntico é sempre novo, reformando-se a cada geração e a cada indivíduo. A maior ameaça à complacência da cristandade são os seus próprios textos sagrados. A cristandade inventou muitas maneiras de se proteger do desafio inerente às Escrituras. "Muito ao modo como um menino coloca um guardanapo ou mais nas calças quando vai comer", as pessoas colocam camadas de pesquisa e interpretação acadêmica entre elas mesmas e a Bíblia. "Eu enfio tudo isso entre a Palavra e eu; então, dou a essa interpretação e erudição o nome de seriedade e zelo pela verdade". As Escrituras não são intelectualmente difíceis de entender. Suas *implicações* é que são difíceis. Kierkegaard pede a seus leitores para não pensarem nas Escrituras como repositórios primários de dados históricos ou de belas literaturas, mas que eles as usem como um espelho para o exame de si. Atrevam-se a ficar sozinhos com as Escrituras! Se alguém ousar isso, encontrará invariavelmente Jesus Cristo em suas páginas. Cristo é o caminho. O dia da ascensão representa uma tentação à cristandade, pois é muito fácil pensar no Cristo glorificado em vez do Cristo encarnado que veio primeiro. Kierkegaard dedica um tempo à diferença entre o caminho "difícil" e "estreito" de Cristo, e o caminho largo e fácil da destruição. Kierkegaard faz questão de salientar que nem todos os caminhos difíceis e estreitos são os caminhos de Cristo. Pode haver idolatria e autoilusão em uma vida de martírio também. Os seguidores de Cristo não são solicitados a imitar a vida de um sofredor, mas sim a vida de Jesus, e esta é a diferença.

Kierkegaard termina o livro com um debate sobre a ação do Espírito Santo. "É o Espírito quem dá a vida". A cristandade considera a vida no Espírito garantida – como se o papel de Deus fosse endossar qualquer vida confortável que os cidadãos tenham escolhido por si mesmos. "Não, não! [...] que blasfêmia!". Não é a antiga vida que o Espírito Santo endossa, mas uma *nova vida*. Essa vida nova requer a morte da antiga. Aqui, Kierkegaard conta a parábola de um proprietário rico que comprou um conjunto de cavalos. Ele os conduziu por meses, e logo estavam cansados e sem fôlego. Eles "adquiriram todos os tipos de peculiaridades e maus hábitos" e "ficaram cada vez mais magros a cada dia". Desesperado, o dono chama um cocheiro real. O condutor habilidoso ficou com eles durante um mês. "Em todo o campo não havia um grupo de cavalos que erguesse a cabeça com tanto orgulho". E como isso aconteceu? O proprietário "conduziu os cavalos de acordo com o entendimento deles sobre o que é dirigir; o cocheiro real os conduziu de acordo com o entendimento do cocheiro sobre o que é conduzir". Kierkegaard conclui: "Assim também deve ser conosco, os seres humanos". O Espírito, como autor da vida, dá-nos vida (fé, esperança e amor)na qual o homem chegou ao fim dos seus próprios recursos.

Kierkegaard procurou deliberadamente o maior número possível de leitores *Para o exame de si mesmo*, que está escrito de maneira simples e cativante. É conveniente que este, o último livro da autoria oficial de Kierkegaard, seja também uma ótima sugestão para um novo leitor se perguntando qual deveria ser o primeiro livro.

× × ×

O "Ataque à cristandade" e O momento e últimos escritos

18 de dezembro de 1854 a 24 de setembro de 1855;

A edição nº 10 de *O Momento* foi publicada postumamente em 1881.

Søren Kierkegaard

> "Assim o silêncio não pode mais continuar; a objeção deve ser levantada [...] a objeção de estar representando – do púlpito e, consequentemente, diante de Deus – o bispo Mynster como uma testemunha da verdade, porque isso é falso, mas, proclamado dessa forma, torna-se uma inverdade que clama ao céu".

O "Ataque à cristandade" não é o título de uma única obra, mas, ao contrário, uma designação coletiva para uma série de artigos polêmicos que apareceram originalmente no periódico de publicação própria *O Momento* e no jornal *A Pátria*, de 1854 a 1855. O nome se aplica ao turbilhão de ocorrências, editoriais, ensaios, cartas aos jornais e apelos ao público que caracterizaram o estágio final da carreira de Kierkegaard como escritor. Também marca a fase final da sua vida, quando ele morreu no meio dos ataques antes que a décima edição de *O Momento* pudesse ser publicada. Nesses artigos, Kierkegaard não recorre a pseudônimos, mas escreve em seu próprio nome. Contudo, mesmo essa "comunicação direta" permanece, de certo modo, indireta, pois Kierkegaard adota um papel de "corretivo" para a ordem estabelecida. Ele fala sobre si mesmo como um chefe de bombeiros tocando um sino, um detetive desvendando um grande crime, uma mutuca incomodando sua vítima com uma picada ou um médico fazendo com que seu paciente vomite a fim de purificá-lo do veneno. A causa de todas essas comparações urgentes é a *cristandade*, que, para Kierkegaard, abrange não só a Igreja Luterana da Dinamarca, mas também toda e qualquer cultura cristianizada. "Ó Lutero, você tinha noventa e cinco teses – que terrível! E, no entanto, num sentido mais profundo, quanto mais teses, menos terrível. A questão é muito mais terrível – existe apenas uma tese. O cristianismo do Novo Testamento não existe de maneira nenhuma".

O problema com a cristandade é que ela induz os seus membros a confundirem o fato de ser membro de uma civilização com o fato de ser autenticamente religioso e, como resultado, acaba com o cristianismo. Em *O Momento*, Kierkegaard sustenta que não é cristão, pois sob a cristandade esse termo perdeu o sentido. Ele também enfatiza que não está tentando converter ninguém ao cristianismo – apenas tentando fazer com que os leitores encarem honestamente o que são e o que não são. "Portanto, que haja luz sobre este assunto, que fique claro às pessoas o que o Novo Testamento entende por ser cristão, para que todos possam escolher se querem ser cristãos ou se honestamente, claramente e francamente não o querem".

Nesses artigos, Kierkegaard apela ao homem comum, e ele menciona e envergonha várias figuras públicas da cristandade, mais notavelmente Jakob Mynster, o bispo da Dinamarca falecido há pouco tempo, e seu sucessor, o bispo Hans Martensen.

> Uma descrição realista do pastor é: um funcionário público metade mundano, metade eclesiástico, totalmente suspeito, uma pessoa de classe com uma família, que (na esperança de uma promoção [...]) garante a si mesmo um meio de subsistência, também, se necessário, com a ajuda da polícia [...] vive em Jesus Cristo crucificado, alegando que essa profunda sinceridade (essa "imitação de Jesus Cristo"?) é o cristianismo do Novo Testamento [...]
>
> [...] é fácil ver que, do ponto de vista cristão, toda a sua existência é uma malversação [...] O "pastor" tem um interesse monetário em que as pessoas se digam cristãs, pois cada pessoa é, naturalmente, um membro contribuinte e também contribui para dar a toda essa profissão um poder visível – mas nada é mais perigoso

> para o verdadeiro cristianismo, nada vai mais contra a sua natureza, do que fazer as pessoas assumirem levianamente o título de "cristãos" [...] e "o pastor" tem um interesse pecuniário em ter isso ali, de modo que, ao assumirem o título de "cristãos", as pessoas não venham a saber o que é o cristianismo de verdade, senão todo o mecanismo de mil escritórios reais e o poder social estariam arruinados –, mas nada é mais perigoso para o verdadeiro cristianismo, nada é mais contrário à sua natureza, do que essa monstruosidade fazendo com que isso continue lá, de modo que as pessoas assumam o título de "cristãos".

Os artigos causaram uma grande ofensa, bem como a admiração de todos os círculos da sociedade.

Obras póstumas

O livro sobre Adler

Escrito de 1846 a 1847; revisado em 1848; publicado postumamente em 1872

Søren Kierkegaard

Kierkegaard trabalhou e reformulou o material desse livro muitas vezes. Eventualmente, em 1849, ele publicou um pequeno trecho, "A diferença entre um gênio e um apóstolo", como um dos *Dois ensaios ético-religiosos* atribuídos ao pseudônimo "H. H.". O processo complicado e a relutância de Søren em publicar o trabalho completo se devem a dois fatores: a preocupação pessoal de Kierkegaard com Adolph Peter Adler e a preocupação vocacional de Kierkegaard consigo mesmo. O livro é extraordinariamente importante como um documento sobre o autoentendimento de Kierkegaard como um poeta que escreve de acordo com os princípios cristãos, mas "sem autoridade". Adler, contemporâneo de Søren, era um pastor que começou sua carreira como teólogo hegeliano antes de ter uma experiência religiosa na qual ele alegou que Jesus queria que a influência hegeliana fosse erradicada de toda a sua teologia. Adler sofreu um escárnio generalizado e foi afastado do seu pastorado em 1844. Ele continuou a escrever, mas voltou atrás em sua alegação anterior de estar se comunicando por uma revelação direta, ao invés de formular o seu trabalho como sendo um novo desenvolvimento filosófico.

O livro é essencialmente uma investigação sobre o conceito de revelação divina, as várias maneiras pelas quais os tempos modernos confundem suas categorias em relação à verdade e qual é a diferença entre comunicar-se com autoridade divina (como um "apóstolo") e comunicar-se com habilidade (como um "gênio"). Kierkegaard não questiona a possibilidade de revelação, mas sim a alegação original de Adler, baseada em sua tentativa subsequente de revestir sua revelação divina como uma filosofia sofisticada. As palavras de um "gênio" podem ser criticadas, discutidas e apreciadas. Um "apóstolo", com uma revelação, só pode ser recebido ou rejeitado. "A questão é muito simples: Você vai obedecer? ou: Você não vai obedecer? Você vai, com fé, se submeter [...] à autoridade divina ou vai se ofender?". Cuidado! Continua Kierkegaard, pois não assumir qualquer atitude também é uma ofensa.

Kierkegaard faz uma distinção entre o acontecimento histórico no cristianismo (a aparição do paradoxo do Deus-Homem) e a história da cristandade (o desenvolvimento da civilização cristã e da igreja). A confusão moderna surge porque a cristandade tenta provar a plausibilidade do seu acontecimento fundamental apelando ao senso comum, à alfabetização ou à sofisticação intelectual. Porém, diz Kierkegaard, o paradoxo não deve ser testado e provado pelos homens. São os homens que são provados e testados pelo paradoxo, o qual deve ser encontrado mais uma vez na contemporaneidade.

Adler afirmou que ele era um apóstolo com uma revelação, mas tentou se comunicar como um gênio com habilidade retórica. As duas categorias são qualitativamente diferentes. Essa é a confusão de Adler, a confusão que ele compartilha com sua cultura mais ampla. Assim, o último capítulo do livro considera Adler um "fenômeno" da época atual. O tempo atual confunde estética com religiosidade – por exemplo, muita tinta é derramada elogiando o apóstolo Paulo por seu excelente domínio do grego. O tempo atual se embriaga vendo-se coletivamente como um movimento avançado da história, e não como indivíduos que estão continuamente diante do paradoxo. A época atual pensa que quanto mais as pessoas se reúnem em torno de algo que é ou se torna mais verdadeiro, esquecendo-se de que a revelação divina, se existir, permanece verdadeira, quer atraia a concordância de um milhão de pessoas, cem, uma, ou mesmo ninguém da raça humana.

× × ×

Ponto de vista do meu trabalho como escritor* e *"O Indivíduo Singular": Duas "notas" acerca do meu trabalho como escritor

Escrito em 1848; publicado postumamente em 1859

Neutralidade armada

Escrito em 1848; publicado postumamente em 1880

Søren Kierkegaard

> "O Ponto de vista do meu trabalho como escritor não deve ser publicado, não, não! [...] O livro em si é verdadeiro e, na minha opinião, magistral. Mas um livro como este só pode ser publicado depois da minha morte".

O popular *Ou isso, ou aquilo* deveria ser reimpresso em 1849. Embora o dinheiro que viria dessa publicação fosse bem-vindo, o acontecimento não foi totalmente positivo para Kierkegaard. Esse trabalho estético-moral pertence ao começo de sua produção literária. Em 1849, as obras passaram para questões religiosas muito mais sérias, confrontando de maneira vigorosa um entendimento altamente cristocêntrico do cristianismo contra os pressupostos culturais da cristandade. Kierkegaard estava preocupado em trazer sua produção literária de volta ao estágio estético. Para deixar as coisas ainda mais complicadas, grande parte do material de 1848, o que tinha conteúdo mais cristão, ainda estava na escrivaninha de Kierkegaard, enquanto ele se perguntava de que maneira e sob qual nome tudo seria impresso. Sua autoria serviu-se de pseudônimos não cristãos a fim de enganar convictamente os leitores para a edificação cristã. O material atual que estava aguardando a publicação era cristão em um nível mais alto e ideal do que Kierkegaard havia expressado anteriormente. Algum tipo de relatório relembrando os leitores sobre todos os trabalhos autorais e uma descrição do seu método de comunicação indireta e direta parecia em ordem.

Kierkegaard considerou insistentemente sobre o aspecto que esse relato deveria tomar. O *Ponto de vista* foi concluído em novembro de 1848, mas Søren estava preocupado por ter dito muito sobre seu autoconhecimento e que este era propenso a mal-entendidos. No fim, uma versão muito mais curta, feita a partir do *Ponto de vista*, foi publicada em 1851, intitulada *Do meu trabalho como escritor*. O trabalho completo, juntamente com o material que o acompanhava sobre o "O Indivíduo Singular" e *Neutralidade armada*, foi publicado, finalmente, por Peter Kierkegaard, anos depois da morte de Søren.

O livro apresenta o fato de que Kierkegaard foi um autor religioso desde o princípio. Embora houvesse uma intenção cristã, Kierkegaard não afirma que todo o seu projeto foi planejado integralmente desde o início – ele se desenvolveu à medida que as obras apareciam. Kierkegaard reitera outra vez que ele é tanto o *leitor* quanto o autor das obras, e as vê como um meio para sua autoedificação guiada pelo comando divino. O livro justifica o "engano" dos pseudônimos e a necessidade de comunicar o cristianismo indiretamente. Ele descreve a relação de Kierkegaard com as mãos "esquerda" e "direita" de sua composição literária e dedica muito tempo rastreando a "parte do comando divino na minha produção autoral".

O breve trabalho intitulado *Neutralidade armada* destinava-se servir de suplemento ao *Ponto de vista*, mas, na verdade, foi publicado pouco mais de vinte anos depois. Ele explica a "posição" de Kierkegaard "como autor cristão na cristandade". O título é uma alusão aos levantes conservadores e radicais da Dinamarca contemporânea e da concepção de Kierkegaard de que, "em relação à confusão multiforme dos tempos modernos", a posição autenticamente cristã precisa ser protegida ferozmente da cooptação partidária. O ensaio exalta a necessidade de toda cultura e geração cristianizada "sustentar a imagem ideal de um cristão". De qualquer maneira, Kierkegaard não é esse ideal, mas sua obra tenta apresentar essa imagem. "Humilde perante Deus, com o meu conhecimento do que significa realmente ser cristão, e com o meu conhecimento de mim mesmo, de modo algum me atrevo a afirmar que sou cristão em qualquer sentido notável". Isso está em contraste acentuado com os milhares de cristãos que "sabiam definitivamente que eram cristãos, mas não sabiam definitivamente o que significa ser cristão".

As notas sobre "O Indivíduo Singular" são frequentemente negligenciadas, mas contêm discussões importantes sobre a postura de Kierkegaard em relação à política. "Mas, apesar de 'pouco prático', o religioso é a representação transfigurada da eternidade do mais belo sonho da política". O ensaio contém algumas das expressões mais claras de Kierkegaard sobre o que significa ser um indivíduo perante a coletividade. "A multidão é uma inverdade" quando assume o manto da autoridade unicamente pela força do seu tamanho e por sua força numérica. A verdade, no entanto, não é uma questão de "reunião de milhares" ou de votação. Em vez disso, "a verdade se relaciona com o indivíduo em particular". Isto não é elitismo: "todos podem ser únicos". Cristo pregou para tirar as pessoas dos seus agrupamentos, uma ação que a multidão odeia. "É por isso que todo aquele que, verdadeiramente, quer servir a verdade é, em alguns aspectos, um mártir".

× × ×

Julgue por si mesmo!

Escrito de 1851 a 1852; publicado postumamente em 1876

Søren Kierkegaard

Julgue por si mesmo! foi escrito originalmente como uma sequência de *Para o exame de si mesmo* e traz o subtítulo "Para o exame de si mesmo, recomendado para o tempo atual: Segunda série". No final, Kierkegaard decidiu segurar essa parte mais incisiva até que o bispo Mynster respondesse às chamadas repetidas de Kierkegaard sobre a confissão de culpa da cristandade em anular o cristianismo autêntico. A confissão nunca aconteceu e *Julgue por si mesmo!* permaneceu entre os documentos póstumos de Kierkegaard até 1876, quando foi publicado por Peter Kierkegaard.

O livro se divide em duas partes, com temas familiares a qualquer leitor que tenha se deparado com o material de "ataque" de Kierkegaard e com o cristianismo ideal de Anti-Climacus. A primeira parte é um apelo para "Tornar-se sóbrio", um ato definido, finalmente, como "chegar tão perto de si mesmo em entendimento, em saber, que todo o entendimento se torna uma ação". A névoa embriagada inicial da qual o leitor precisa emergir, naturalmente, é a intoxicação da cristandade sofisticada, sensata e criteriosa. A segunda seção é um retorno ao tema favorito sobre "Cristo, o Protótipo" e outra reflexão sobre Mateus 6:24: "Ninguém pode servir a dois senhores". O cristianismo não é uma doutrina. Não é um conjunto de dados acadêmicos que pedem aprovação ou objeção ou um conjunto de princípios morais. Todos esses são fenômenos *objetivos*. Em vez disso, tem a ver com "o subjetivo" (isto é, pessoas na condição de sujeitos e não de objetos). Jesus Cristo "como o protótipo requer imitação" e, assim, "expulsa toda a ansiedade da alma de uma pessoa".

A "moral" do livro é digna de nota. Aqui, Kierkegaard (corretamente) antecipa a resposta comum de considerá-lo outro reformador, mas, em termos inequívocos, ele rejeita esse rótulo. O apelo de Kierkegaard é para o indivíduo singular. Ele não está buscando discípulos ou iniciando um novo movimento. Ele afirma que está feliz em deixar a ordem estabelecida existir em todas as suas formas, mas com a *advertência* de que se confesse diante de Deus o quão longe ela está de imitar o protótipo. A menos que, e até que isso aconteça, toda a "reforma" é apenas mais um ruído no tempo atual. A mania de reforma é como reorganizar espreguiçadeiras em um navio que está afundando. É um engano "não estar disposto a sofrer e fazer sacrifícios [...] Isso não pode ser ideia de Deus, mas é um artifício humano, e é por isso que, em vez de temor e tremor e muita provação espiritual, existem: gritos de alegria e aprovação, aplausos, confusão, tumulto, vozeria – e alarme falso".

Bibliografia

Kierkegaard

Søren Kierkegaard: Samelede Værker [Obras selecionadas]. Editores: A. B. Drachmann, J. L. Heiberg, *et al.*, 20 vols. København: Gyldendal, 1962-1964.

Søren Kierkegaards Papirer [Documentos e diários]. Editores: P. A. Heiberg, V. Kuhr, E. Torsting, N. Thulstrup, vols. I-XIII. København: Gyldendal, 1909-1948, 1968-1970, 1975-1978.

Søren Kierkegaards Skrifter [Escritos]. Editores: Niels Cappelørn, Niels Jørgen, Joakim Garff, *et al.* 55 volumes em andamento. København: Gads Forlag, de 1997 até o presente.

Traduções de Kierkegaard

Kierkegaard's Journals and Papers. Editores: Howard V. Hong e Edna H. Hong. 7 volumes. Bloomington: Indiana University Press, 1967-1968.

Kierkegaard's Journals and Notebooks. Editores: Niels Jørgen Cappelørn, Alastair Hannay, David Kangas, Bruce H. Kirmmse, George Pattison, Vanessa Rumble, K. Brian Söderquist. 8 volumes. Princeton: Princeton University Press, 2011.

Kierkegaard's Writings. Editores: Howard V. Hong e Edna H. Hong. 26 volumes. Princeton: Princeton University Press, 1978-1998.

I. *Early Polemical Writings*. Editado e traduzido por Julia Watkin.

II. *The Concept of Irony, with Continual Reference to Socrates/Notes of Schelling's Berlin Lectures*. Editado e traduzido por Howard V. Hong e Edna H. Hong.

III. *Either/Or*. Editado e traduzido por Howard V. Hong e Edna H. Hong.

IV. *Either/Or* Part Two. Editado e traduzido por Howard V. Hong e Edna H. Hong.

V. *Eighteen Upbuilding Discourses*. Editado e traduzido por Howard V. Hong e Edna H. Hong.

VI. *Fear and Trembling/Repetition* (Dois livros em um volume). Editado e traduzido por Edna H. Hong e Howard V. Hong.

VII. *Philosophical Fragments, or a Fragment of Philosophy/Johannes Climacus, or De omnibus dubitandum est* (Dois livros em um volume). Editado e traduzido por Edna H. Hong e Howard V. Hong.

VIII. *Concept of Anxiety: A Simple Psychologically Orienting Deliberation on the Dogmatic Issue of Hereditary Sin*. Editado e traduzido por Reidar Thomte.

IX. *Prefaces: Writing Sampler*. Editado e traduzido por Todd W. Nichol.

X. *Three Discourses on Imagined Occasions*. Editado e traduzido por Edna H. Hong e Howard V. Hong.

XI. *Stages on Life's Way*. Editado e traduzido por Howard V. Hong e Edna H. Hong.

XII. *Concluding Unscientific Postscript to Philosophical Fragments*. Editado e traduzido por Howard V. Hong e Edna H. Hong.

XIII. *The Corsair Affair and Articles Related to the Writings*. Editado e traduzido por Edna H. Hong e Howard V. Hong.

XIV. *Two Ages: The Age of Revolution and the Present Age, A Literary Review*. Editado e traduzido por Howard V. Hong e Edna H. Hong.

XV. *Upbuilding Discourses in Various Spirits*. Editado e traduzido por Howard V. Hong e Edna H. Hong.

XVI. *Works of Love*. Editado e traduzido por Howard V. Hong e Edna H. Hong.

XVII. *Christian Discourses: The Crisis and a Crisis in the Life of an Actress.* Editado e traduzido por Howard V. Hong e Edna H. Hong.

XVIII. *Without Authority* (contendo: *Lily in the Field and the Bird of the Air*; *Two Ethical-Religious Essays*; *Three Discourses at the Communion on Fridays*; *An Upbuilding Discourse*; *Two Discourses at the Communion on Fridays*). Editado e traduzido por Howard V. Hong e Edna H. Hong.

XIX. *Sickness unto Death: A Christian Psychological Exposition for Upbuilding and Awakening.* Editado e traduzido por Edna H. Hong e Howard V. Hong.

XX. *Practice in Christianity.* Editado e traduzido por Howard V. Hong e Edna H. Hong.

XXI. *For Self-Examination/Judge for Yourself!* (Dois livros em um volume). Editado e traduzido por Howard V. Hong e Edna H. Hong.

XXII. *The Point of View.* Editado e traduzido por Howard V. Hong e Edna H. Hong.

XXIII. *The Moment and Late Writings.* Editado e traduzido por Howard V. Hong e Edna H. Hong.

XXIV. *The Book on Adler.* Editado e traduzido por Howard V. Hong e Edna H. Hong.

XXV. *Letters and Documents.* Editado e traduzido por Henrik Rosenmeier.

XXVI. *Cumulative Index to Kierkegaard's Writings.* Compilado por Nathaniel J. Hong, Kathryn Hong, Regine Prenzel-Guthrie.

Papers and Journals: A Selection. Tradução de Alastair Hannay. Penguin: Londres, 2015.

Outras fontes selecionadas

AIKEN, David. "Kierkegaard's Three Stages: A Pilgrim's Regress?" *Faith and Philosophy*, vol. 13, 1996.

ALLEN, E. L. "Grundtvig and Kierkegaard." *The Congregational Quarterly*, vol. XXIV, 1946, pp. 205-212.

________. *Bishop Grundtvig: A Prophet of the North*. Londres: James Clarke & Co., 1949.

ANTONIO, Edward P. "Søren Kierkegaard." *Empire and the Christian Tradition: New Readings of Classical Theologians*. Editores: Kwok Pui-lan, Don Compier. Mineápolis: Fortress Press, 2007.

ARBAUGH, George E.; ARBAUGH, George B. *Kierkegaard's Authorship*. Londres: Allen and Unwin, 1968.

AUKEN, Sune. *Sagas Spejl: Mytologi, historie og kristendom hos N. F. S. Grundtvig*. København: Glydendal, 2005.

BACKHOUSE, Stephen. *Kierkegaard's Critique of Christian Nationalism*. Oxford: Oxford University Press, 2011.

________. "Kierkegaard and Politics in Golden Age Denmark." *Blackwell's Companion to Kierkegaard*. Editor: Jon Stewart. Oxford: Blackwell, 2015.

________. "Nationalism and Patriotism." *The Oxford Handbook of Theology and Modern European Thought*. Editores: Nicholas Adams, George Pattison, Graham Ward. Oxford: Oxford University Press, 2011.

________. "State and Nation in the Theology of H. L. Martensen." *Hans Lassen Martensen: Theologian, Philosopher and Social Critic*. Editor: Jon Stewart. Copenhague: Tusculanum Press, 2012.

BARTH, Karl. *Church Dogmatics* IV/2. Tradução de G. W. Bromiley. Edinburgh: T & T Clark, 1958.

________. *Epistle to the Romans*. Tradução de Edwyn C. Hoskyns. Oxford: Oxford University Press, 1968.

________. *Fragments Grave and Gay*. Tradução de Martin Rumscheidt. Londres: Collins, 1971.

BELLINGER, Charles K. "Toward a Kierkegaardian Understanding of Hitler, Stalin and the Cold War." *Foundations of Kierkegaard's Vision of Community*. Editores: George Connell e C. Stephen Evans. New Jersey: Humanities Press, 1992.

BEST, Steven; KELLNER, Douglas. "Modernity, Mass Society, and the Media: Reflections on the Corsair Affair." *International Kierkegaard Commentary: The Corsair Affair*. Ed. Robert L. Perkins. Macon: Mercer University Press, 1990.

BONHOEFFER, Dietrich. *The Cost of Discipleship*. Londres: SCM, 2011.

BROOKFIELD, Christopher. "What Was Kierkegaard's Task? A Frontier to be Explored." *Union Seminary Quarterly Review*, vol. 18, 1962, pp. 23-35.

BUKDAHL, Jørgen. *Søren Kierkegaard and the Common Man*. Tradução de Bruce H. Kirmmse. Cambridge: William B. Eerdmans Publishing, 2001.

CAMP, Zoe. "The 100 Best Albums of the Decade So Far (2010-2014)." *Pitchfork*. (Agosto, 2014).

CAPPELØRN, Niels Jørgen; GARFF, Joakim; KONDRUP, Johnny (editores). *Written Images: Søren Kierkegaard's Journals, Notebooks, Booklets, Sheets, Scraps, and Slips of Paper*. Princeton: Princeton University Press, 2003.

CHRISTENSEN, Dan C. *Hans Christian Ørsted: Reading Nature's Mind*. Oxford: Oxford University Press, 2013.

COLLINS, James. *Mind of Kierkegaard*. Londres: Secker and Warburg, 1954.

CROXALL, T. H. *Kierkegaard Commentary*. Londres: James Nisbet, 1956.

DAISE, Benjamin. *Kierkegaard's Socratic Art*. Macon: Mercer University Press, 1999.

DOOLEY, Mark. *The Politics of Exodus: Søren Kierkegaard's Ethics of Responsibility*. Nova York: Fordham University Press, 2001.

DOYLE, Patrick. "Win Butler Reveals Secret Influences Behind Arcade Fire's 'Reflektor.'" *Rolling Stone* (22 out. 2013).

DRU, Alexander (tradutor). *The Journals of Kierkegaard 1834-1854*. Oxford: Oxford University Press, 1938.

DRURY, Maurice. "Some Notes of Conversations with Wittgenstein." *Recollections of Wittgenstein*. Editor: Rush Rhees. Oxford: Blackwell, 1981.

ELIOT, T. S. "A Lay Theologian" [Uma resenha de *The Descent of the Dove*, por Charles Williams]. *The New Statesman* (9 dez. 1939).

EVANS, Stephen C. *Kierkegaard's Ethic of Love*. Oxford: Oxford University Press, 2004.

FENGER, Henning. *Kierkegaard: The Myths and Their Origins*. Tradução de George Schoolfield. Londres: Yale University Press, 1980.

FERREIRA, M. Jamie. "Faith and the Kierkegaardian Leap." *The Cambridge Companion to Kierkegaard*. Editores: A. Hannay e G. Marino. Cambridge: Cambridge University Press, 1997.

GARFF, Joakim. *Søren Kierkegaard: A Biography*. Tradução de Bruce H. Kirmmse. Princeton: Princeton University Press, 2005.

________; SØLTOFT, Pia. *Søren Kierkegaard: Objects of Love, Works of Love*. Copenhague: Museu de Copenhague, 2013.

________. "To Produce Was My Life: Problems, Perspectives within the Kierkegaardian Biography." *Kierkegaard Revisited*. Tradução de Stacey Elizabeth Axe. Editores: Niels Jørgen Cappelørn e Jon Stewart. Nova York: Walter de Gruyter, 1997.

________. CAPPELØRN, Niels Jørgen; KONDRU, Johnny (editores). *Written Images: Søren Kierkegaard's Journals, Notebooks, Booklets, Sheets, Scraps, and Slips of Paper*. Princeton: Princeton University Press, 2003.

GEORGE, Peter. "Something Anti-Social about Works of Love." *Kierkegaard: The Self in Society*. Editores: George Pattison e Steven Shakespeare. Londres: Macmillan, 1998.

HAMILTON, Andrew. *Sixteen Months in the Danish Isles*. Londres: Bentley, 1852.

HANNAY, Alistair. *Kierkegaard: A Biography*. Cambridge: Cambridge University Press, 2001.

HARTSHORNE, M. Holmes. *Kierkegaard, Godly Deceiver*. Nova York: Columbia University Press, 1990.

HATTON, Nigel. "Martin Luther King." *Kierkegaard's Influence on Social-Political Thought*. Editor: Jon Stewart. Burlington: Ashgate, 2011.

HOLM, Anders. *Historie og Efterklang: En studie i N. F. S. Grundtvigs tidsskrift 'Danne-Virke.'* Odense: Odense Universite-forlag, 2001.

HOLM, Søren. *Søren Kierkegaard's Historiefilosofi*. København: Bianco Luno Bogtrykkeri, 1962.

HOLMER, Paul. "On Understanding Kierkegaard." *A Kierkegaard Critique*. Editores: Howard Johnson e Niels Thulstrup. Nova York: Harper, 1962.

HUNTINGTON, Patricia J. "Heidegger's Reading of Kierkegaard Revisited." *Kierkegaard in Post/Modernity*. Editores: Martin Matuštík e Merold Westphal. Bloomington: Indiana University Press, 1995.

KING Jr., Martin Luther. "The Quest for Peace and Justice." *Nobel Lecture* (11 dez. 1964).

KIRMMSE, Bruce. "'But I am Almost Never Understood [...]' Or, Who Killed Søren Kierkegaard?" *Kierkegaard: The Self and Society*. Editores: George Pattison e Steven Shakespeare. Londres: Macmillan, 1998.

________ (editor e tradutor). *Encounters With Kierkegaard: A Life as Seen by His Contemporaries*. Princeton: Princeton University Press, 1996.

________. *Kierkegaard in Golden Age Denmark*. Bloomington: Indiana University Press, 1990.

KOCH, Hal. *Grundtvig*. Tradução de Llewellyn Jones. Yellow Springs: Antioch Press, 1952.

LINDHARDT, P. G. "Martensen, Hans Lassen." *Dansk Biografisk Leksikon*. Tredje Udgave, Bind 9 [Dicionário Biográfico Dinamarquês, 3. ed., vol. 9]. København: Gyldendal, 1981.

LOWRIE, Walter. *Kierkegaard*. Londres: Oxford University Press, 1938.

________. *A Short Life of Kierkegaard*. Nova York: Anchor Books, 1961.

LÜBKE, Poul. "Kierkegaard and Indirect Communication." *History of European Ideas*, vol. 12, 1990, pp. 30-40.

LYBY, Thorkild. "Peter Christian Kierkegaard." *Kierkegaard and His Danish Contemporaries: Tome II Theology*. Editor: Jon Stewart. Burlington: Ashgate Publishing, 2009.

MACKEY, Louis. *Kierkegaard: A Kind of Poet*. Filadélfia: University of Pennsylvania Press, 1971.

________. *Points of View*. Tallahassee: Florida State University Press, 1986.

MALANTSCHUK, Gregor. *Kierkegaard's Thought*. Tradução de Howard e Edna Hong. Princeton: Princeton University Press, 1971.

MALIK, Habib C. *Receiving Søren Kierkegaard*. Washington: Catholic University of America Press, 1997.

MARTENSEN, H. L. *Af mit Levnet: Meddelelser* [Da minha vida: comunicações]. 3 vols. København: Gyldendal, 1882-1883.

________. *Christian Dogmatics*. Tradução de William Urwick. Edimburgo: T&T Clark, 1866.

________. *Christian Ethics*. Tradução de C. Spence. Edimburgo: T&T Clark, 1873.

________. *Christian Ethics: Special Part, First Division; Individual Ethics.* Tradução de William Affleck. Edimburgo: T&T Clark, 1881.

________. *Christian Ethics: Special Part. Second Division; Social Ethics.* Tradução de Sophia Taylor. Edimburgo: T&T Clark, 1882.

________. *Outline to a System of Moral Philosophy.* Impresso em: *Between Hegel and Kierkegaard: Hans L. Martensen's Philosophy of Religion.* Tradução de Curtis L. Thompson e David J. Kangas. Atlanta: Scholars Press, 1997.

MERTON, Thomas. *Run to the Mountain: The Journals of Thomas Merton* (vol. 1). São Francisco: HarperCollins, 1997.

MICHELSEN, William. "Grundtvig's Place in Danish Intellectual Thought—With Particular Reference to Søren Kierkegaard." *N. F. S. Grundtvig: Tradition and Renewal.* Copenhague: The Danish Institute, 1983.

"Mike Tyson Explores Kierkegaard." *Wall Street Journal* (13. dez. 2013).

MOONEY, Edward. *On Søren Kierkegaard: Dialogue, Polemics, Lost Intimacy and Time.* Aldershot: Ashgate, 2007.

MUNRO, R. "Bishop Martensen." *Methodist Review* 68 S, 1886, pp. 701-717.

NORDENTOFT, Kresten. *'Hvad Siger Brand-Majoren?' Kierkegaards Opgør Med Sin Samtid.* København: G.E.C. Gad, 1973.

PASTUK, Slava. "Donald Glover: Fear and Trembling." Postado em: 31 out. 2013. *Vice Magazine.* Disponível em: <http://noisey.vice.com/en_uk/blog/donald-glover-childish-gambino-interview>.

PATTISON, George. "Great Britain: From 'Prophet of the Now' to Postmodern Ironist (and After)." *Kierkegaard's International Reception: Tome 1 Northern and Western Europe.* Editor: Jon Stewart. Burlington: Ashgate, 2009.

________. *Kierkegaard: Religion and the Nineteenth-Century Crisis of Culture.* Cambridge: Cambridge University Press, 2002.

________. *Kierkegaard's Upbuilding Discourses.* Londres: Routledge, 2002.

PAULA, Marcio Gimenes de. "Hannah Arendt." *Kierkegaard's Influence on Social-Political Thought.* Editor: Jon Stewart. Burlington: Ashgate, 2011.

PAULUS Jr., Michael J. "From a Publisher's Point of View: Charles Williams' Role in Publishing Kierkegaard in English." *Charles Williams and His*

Contemporaries. Editores: Suzanne Bray e Richard Sturch. Newcastle: Cambridge Scholars Publishing, 2009.

PERKINS, Frances. *The Roosevelt I Knew*. Nova York: The Viking Press, 1946.

PERKINS, Robert L. (editor). *International Kierkegaard Commentary: Eighteen Upbuilding Discourses*. Macon: Mercer, 2003.

________. *International Kierkegaard Commentary: The Concept of Anxiety*. Macon: Mercer, 1985.

________. *International Kierkegaard Commentary: Concluding Unscientific Postscript*. Macon: Mercer, 1997.

________. *International Kierkegaard Commentary: The Corsair Affair*. Macon: Mercer, 1990.

________. *International Kierkegaard Commentary: For Self-examination and Judge for Yourself!* Macon: Mercer, 2002.

________. *International Kierkegaard Commentary: Philosophical Fragments*. Macon: Mercer, 1994.

________. *International Kierkegaard Commentary: Practice in Christianity*. Macon: Mercer, 2004.

________. *International Kierkegaard Commentary: Two Ages*. Macon: Mercer, 1984.

________. *International Kierkegaard Commentary: Upbuilding Discourses in Various Spirits*. Macon: Mercer, 2005.

________. *International Kierkegaard Commentary: Without Authority*. Macon: Mercer University Press, 2006.

________. *International Kierkegaard Commentary: Works of Love*. Macon: Mercer University Press, 1999.

PLEKON, Michael. "Kierkegaard, the Church and the Theology of Golden-Age Denmark." *Journal of Ecclesiastical History*, vol. 34, 1983, pp. 245-266.

POOLE, Roger. *Kierkegaard: The Indirect Communication*. Charlottesville: University Press of Virginia, 1993.

________. "The Unknown Kierkegaard: Twentieth-Century Receptions." *The Cambridge Companion to Kierkegaard*. Editores: A. Hannay e G. Marino. Cambridge: Cambridge University Press, 1997.

REE, Jonathan. *Times Literary Supplement* n.o 17 (26 jun. 1998).

RERUP, Lorenz. "Grundtvig's Position in Danish Nationalism." *Heritage and Prophecy*. Editor: A. M. Allchin, *et al*. Norwich: Canterbury Press, 1994.

ROBINSON, Marcia C. "Cornel West." *Kierkegaard's Influence on Social-Political Thought*. Editor: Jon Stewart. Burlington: Ashgate, 2011.

ROGAN, Jan. "Keeping Silent Through Speaking." *Kierkegaard on Art and Communication*. Editor: George Pattison. Londres: St. Martin's Press, 1992.

SCHILLING, Peter A. *Søren Kierkegaard and Anglo-American Literary Culture of the Thirties and Forties*. Tese de doutorado, Universidade Columbia, 1994.

SCHIOLDANN, Johan; SØGAARD, Ib. *Søren Kierkegaard (1813-1855): A Bicentennial Pathographical Review*. *History of Psychiatry* 24(4): 387-398.

SCHJØRRING, J. H. "Martensen" in *Kierkegaardiana 10, Kierkegaard's Teachers*. Editores: Niels Thulstrup e Marie Mikulová Thulstrup. Copenhague: C. A. Reitzel, 1982.

SCHWANDT, Jack. *The Hong Kierkegaard Library*. Northfield: Friends of the Kierkegaard Library, 2011.

SKOVMAND, Roar. *De folkelig bevaegelser i Danmark*. Copenhague: Shultz, 1951.

SMITH, Ronald Gregor. *The Last Years: Journals 1853-1855*. Londres: Collins, 1965.

STEWART, Jon. *Kierkegaard's Relations to Hegel Reconsidered*. Cambridge: Cambridge University Press, 2003.

Thanning, Kaj. *N. F. S. Grundtvig*. Tradução de David Hohnen. Copenhague: The Danish Institute, 1972.

THOMPSON, Curtis L.; KANGAS, David J. *Between Hegel and Kierkegaard: Hans L. Martensen's Philosophy of Religion*. Atlanta: Scholars Press, 1997.

THOMPSON, Josiah. *Kierkegaard*. Nova York: Alfred A. Knopf, 1973.

THULSTRUP, Niels. *Kierkegaard's Relation to Hegel*. Tradução de G. Stengren. Princeton: Princeton University Press, 1980.

THYSSEN, Anders P. "Grundtvig's Ideas on the Church and the People 1848-1872." *N. F. S. Grundtvig: Tradition and Renewal*. Copenhague: The Danish Institute, 1983.

VENINGA, Jennifer Elisa. "Richard Wright." *Kierkegaard's Influence on Social-Political Thought*. Editor: Jon Stewart. Burlington: Ashgate, 2011.

WEST, Cornel. *Prophesy Deliverance! An Afro-American Revolutionary Christianity*. Filadélfia: Westminster Press, 1982.

WESTPHAL, Merold. *Kierkegaard's Critique of Reason and Society*. Pennsylvania: Pennsylvania University Press, 1991.

WILLIAMS, Charles. *Descent of the Dove*. Londres: Longman, 1939.

Permissões e Créditos

Gostaríamos de reconhecer as seguintes fontes das imagens usadas neste livro:

Museu de Copenhague (Københavns Bymuseum): p. 42.

Corsaren (periódico dinamarquês): p. 130 (9. jan. 1846, ed. 277), pp. 126, 127 e 129 (16 jan. 1846, ed. 278), p. 125 (23 jan. 1846, ed. 279), pp. 123, 124 (6 mar. 1846, ed. 285).

Museu de História Nacional da Dinamarca, Palácio de Frederiksborg: p. 45 (artista: F. C. Camrath), p. 48 (artista: F. C. Camrath).

Biblioteca do Congresso: p. 20 (LC-DIG-ppmsc-05749), p. 66 (LC-DIG-ppmsc-05746).

Biblioteca Real, Copenhague: pp. 23, 27, 56, 75, 97, 111, 116, 143, 159, 160 e 175.

Stephen Backhouse: pp. 154, 169, 171, 176 e 178.

Wikimedia Commons: p. 24 (fotografia de Thora Hallager, 1867), p. 65 (artista: David Monies), pp. 85, 89, 105 e 138 (artista: Vilhelm Gertner, 1842), p. 176.

Este livro foi impresso em 2019 pela Exklusiva
para a Thomas Nelson Brasil.
O papel do miolo é avena 80 g/m²,
e o da capa é cartão 250 g/m².